隳三都

蒙古灭金围城史

周思成 —— 著

山西出版传媒集团
山西人民出版社

图书在版编目（CIP）数据

隳三都：蒙古灭金围城史 / 周思成著 . -- 太原：山西人民出版社，2021.1

ISBN 978-7-203-11659-2

Ⅰ . ①隳… Ⅱ . ①周… Ⅲ . ① 中国历史—研究—金代

Ⅳ . K246.407

中国版本图书馆 CIP 数据核字 （2020）第 264791 号

隳三都：蒙古灭金围城史

著　 者：周思成
责任编辑：王新斐
复　 审：贾　娟
终　 审：李广洁
出 版 者：山西出版传媒集团·山西人民出版社
地　 址：太原市建设南路 21 号
邮　 编：030012
发行营销：010-62142290
　　　　　0351-4922220　4955996　4956039
　　　　　0351-4922127（传真）　4956038（邮购）
天猫官网：https://sxrmcbs.tmall.com　电话：0351-4922159
E - m a i l：sxskcb@163.com（发行部）
　　　　　　sxskcb@163.com（总编室）
网　 址：www.sxskcb.com
经 销 者：山西出版传媒集团·山西人民出版社
承 印 厂：北京汇林印务有限公司
开　 本：870mm×1168mm　1/32
印　 张：12.5
字　 数：270 千字
版　 次：2021 年 1 月　第 1 版
印　 次：2025 年 4 月　第 8 次印刷
书　 号：ISBN 978-7-203-11659-2
定　 价：68.00 元

蜘蛛在恺撒的宫殿中织网，

枭鸟在阿弗沙布的城堡上唱挽歌。

——1453年奥斯曼帝国苏丹攻陷君士坦丁堡后吟唱的波斯诗句

洛阳城阙变灰烟，暮虢朝虞只眼前。

为向杏梁双燕道，营巢何处过明年？

——1233年汴京陷落后元好问作《俳体雪香亭杂咏》，

亭在汴宫仁安殿西

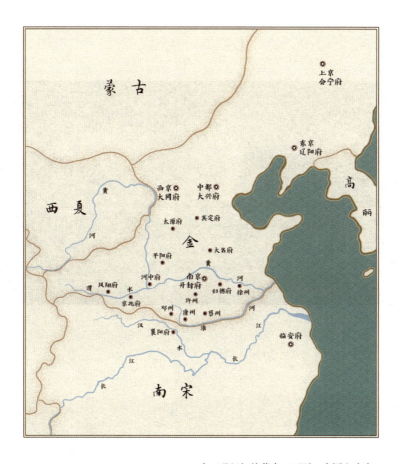

十三世纪初的蒙古、西夏、金国和南宋。

女真骑马武士。

出自（南宋）陈居中的《胡骑春猎图》。

"疾如飙至，劲如山压"——蒙古骑兵的骑射突击。
出自德国国家图书馆藏波斯细密画册 *Diez Albums*。

蒙古军围攻金中都（Jānkdū）城。

出自拉施特《史集》波斯文手稿插画。

一幅描绘伽色尼王朝的军队围攻伊朗城市的插画。

出自十四世纪波斯文手稿，可能借用了蒙古军队攻城的场面。画面右侧的要塞，城墙有砖包砌，城楼为攒尖顶，原型当是汉地的城池。左侧可见蒙古—突厥式的纛旗，一个西域砲手在操作一架重力抛石机（西域砲）。

北宋兵书《武经总要》所绘中古城池形制，城楼、瓮城、城墙、马面、敌棚、羊马墙、城壕等一应俱全。

金代中都（今北京市西南角）的外城（南城局部）。

出自日本元禄十二年（1699年）翻刻的元泰定二年（1325年）本《事林广记》。这是一部南宋编撰、元代增修的民间日用类书。和刻本乙集卷一《燕京图志》所收这幅《京城之图》，被认为是南宋流传的金中都图。图中"燕山府"为宋人旧称，在金为中都大兴府。

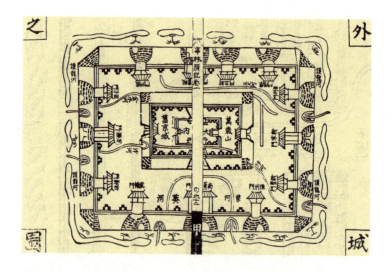

宋金时期的开封城（今河南开封。宋时称东京，金代改称南京）。

出自《事林广记》和刻本甲集卷十一《京都城阙》。外城的城楼、雉堞和瓮城，均清晰可见。

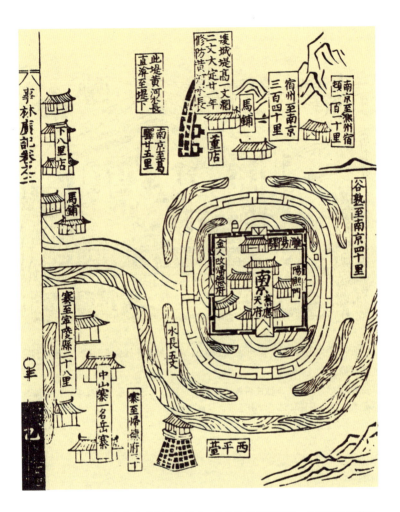

宋金时期的归德城（今河南商丘。北宋称南京应天府，金代改称归德）。出自《事林广记》和刻本乙集卷一《燕京图志》所收附图《南京城图》。（按：以上中都、开封、归德三图，虽系坊间版刻，略显粗糙，却是最接近本书涉及时期的原始地图。）

明清时期汝河岸边的"蔡州城"(汝阳县城)。城池非复金末旧貌,只能仿佛见其形势。

出自邱天英续修、李根茂同校:《(康熙)汝阳县志》卷一。陈学霖先生译注金末王鹗的围城日记《汝南遗事》就附了这张地图。

目 录

楔子

一段『崖山』之前的故事

一

贞祐二年（1214年）农历三月二十五日（庚寅），中都（今北京市西南角）城内，寒雨，无风。

几辆辎车驶出皇城正北的拱辰门，沿通往外城的长街缓缓行进，最后停在了通玄门附近。另一长列仿佛望不到尽头的车队，已在那里等候。珠帘卷起，金顶青盖的车上走下一位紫裳女子。

这名紫裳女子，史书说她"秀慧而貌不扬"，大概长相并不出众。甚至她的名字都没有留下来，只知道宫里的人都叫她"小姐姐"。[1]"小姐姐"是卫绍王第四女，封岐国公主。卫绍王

---

[1] 宇文懋昭撰、崔文印校证：《大金国志校证》，第325页。关于岐国公主，参见刘晓：《成吉思汗公主皇后杂考》。

是一年前在兵变中遇害的金朝第七位君主完颜允济，死后降封为王。当日，乱军正是从通玄门冲入城中的。

今天是"小姐姐"出嫁的日子。

城门内侧等候的那一长列车队，载着她的嫁妆："童男女各五百，彩绣衣三千件，御马三千匹，金银珠物等甚众。"

金朝公主出嫁，本有常例。金初皇统七年（1147年），熙宗下嫁代国公主，一口气送了"奴婢二千五百人，马二千，牛四千，羊三万，猪二千，彩币二千端，绢万匹，钱二十万贯，黄金千五百两，银万五百两，器皿、珠玉、首饰、服用称是"。到了崇尚节俭的金世宗，"公主断送"之例就减到了"驼三十只，马一百疋，牛二百头，羊二千口，猪二百口"。[1]

岐国公主的嫁妆，虽比不上女真国力鼎盛时期的豪奢，却远远高出普通公主的规格。更何况，车队前方竟然肃立着十名腰悬弓矢的护驾将军，外加一百名"细军"。"细军"就是金朝皇帝的禁军，称为侍卫亲军，专职护驾，"虽有大敌，悉不遣行"。

这百名侍卫亲军身披紫茸、青茸和黄茸连缀的铁甲，手握金缠竿枪，神情却各异：或愤怒，或不屑，或冷漠，或好奇。[2]这群官兵当中，有一个叫作合达的年轻人，再过十几年，将成为手握天下精兵，与蒙古大军决一生死的金军统帅。[3]此刻合

---

[1] 任文彪点校：《大金集礼》卷九《亲王公主》，第157页。

[2] 金朝"细军"的装束，参见楼钥：《北行日录》，赵永春辑注：《奉使辽金行程录》，第378页。

[3] 脱脱等撰：《金史·完颜合达传》，中华书局点校本（下同）。

达身边的这些袍泽，有不少人像他一样，未来将在蒙古和金朝的战争中叱咤风云。

不过，这一天，护驾将军和侍卫亲军现身送亲仪仗，是对方的强硬要求，因为，"小姐姐"未来丈夫的身份实在太过特殊——他是成吉思汗。

二

岐国公主出城这天，中都外城已遭受过蒙古军队多次进攻。通玄门附近，随处散落着焦黑的楼橹残片。为防备敌军夜袭，也害怕奸细渗透，城内大街小巷，一律横贯悬铃的铁索，阻隔行人。[1]车队出城时，沿街铃索一道道解开，发出叮当叮当的清响，竟成了当天唯一的送亲伴乐。

新娘看起来前路多舛。据说，成吉思汗极为鄙视她的父亲卫绍王，公开宣扬："我谓中原皇帝是天上人做，此等庸懦亦为之耶！"拒绝承认他的皇位。卫绍王即位不到两年，成吉思汗就挥军南下，攻掠金朝的西北境，屡屡围逼中都。就在强敌压境之时，至宁元年（1213年），大将胡沙虎发动兵变，杀害了卫绍王，拥立岐国公主的堂兄金宣宗完颜珣登基。又过了一年，成吉思汗再度兵临中都城下，宣宗许嫁公主，乞求讲和。

---

[1] 围城中"街陌横铃索断行"，见姚燧《中书左丞姚文献公神道碑》描述的壬辰（1232年）许州（今河南许昌）围攻战。拜占庭帝国的兵法著作《战略论》也建议在守城中使用悬挂在弦上的铃铛示警。

"时公主见在者七人"，入宫挑选的蒙古使臣，一眼就看中了这个长相并不出众，眼神却透出聪慧坚毅的小姑娘。她的母亲钦圣夫人袁氏心疼女儿，愿意一同远赴漠北。

从后来发生的事件看，这对母女仿佛又很幸运。公主出嫁不到三个月，宣宗为了躲避蒙古兵锋，迁都南京（又称汴京，今河南开封），史称"贞祐南渡"，这是金朝加速崩溃的历史性转折点。再过不到二十年，南京陷落，金朝诸王，连同宗室男女五百余人，被押往蒙古大将速不台驻扎的青城，悉遭杀戮。"青城之难"次年，金朝的末代皇帝在蒙古和南宋夹攻下，自焚于蔡州（今河南汝南）围城之中，金亡。

岐国公主若没有出嫁成吉思汗，必定要经受丧乱至极、肝脑涂地的围城和兵变，最终仍不免与自家兄弟姐妹一同喋血青城。

许多年前，成吉思汗还不是草原共主，被迫在克烈部王汗的羽翼下发展势力。明昌七年（1196年），蒙古高原东部的塔塔儿部叛金。金章宗派丞相完颜襄前往镇压，成吉思汗和王汗两人协助平叛有功。完颜丞相赏了成吉思汗一个叫作"札兀惕忽里"（ja'ut-quri，诸乣统领）的小官。[1] 完颜襄麾下的凯旋之师，大概象征着大金王朝最后的荣耀。当年，从远处眺望这支

---

[1] "乣"，读作"札"或"察"，辽金时期泛称杂居边地的西北部族俘降分子（乣民）。"札兀惕忽里"，是"乣"的复数形，再加上表示部族统领的"忽里"合成，表示管辖乣民的一般官员。除此以外，金朝还将乣编成一类特殊的军队（乣军），分隶金朝的东北、西北、西南三路招讨司，戍守北边各地。参见蔡美彪：《乣与乣军之演变》。

黑色洪流，羡慕不已的成吉思汗，也绝想不到，自己有一天会娶到血统高贵的金朝公主。

是故，记载蒙古历史的波斯文史书《史集》这样描述后来的岐国公主："四皇后公主哈敦，乞台君主阿勒坛汗（金朝皇帝）之女，我们知道，她长得不美，但由于其父是伟大的君主，就使她获得身份，受人尊敬。"[1]

不过，这都是后话。

三

连日紧闭的城门缓缓开启，经过一个多时辰，长长的车队才完全穿过通玄门，一位高鼻深目的西域使臣在城外迎候。史书还说，临行前，使臣命令公主朝着北方大蒙古国的方向遥遥跪拜，"公主不敢拒"。她回头望了望雨雾笼罩下的城阙，俯身屈膝，深深低下头去。

看到这一幕，我们几乎都要忘了，没多久前，岐国公主身后的金王朝还是亚欧大陆东部的真正霸主。

这个由东北女真人建立的政权，早早就令西夏和高丽俯首称臣，在极短时间内灭亡辽国，使北宋蒙受了"靖康之耻"，俘虏宋钦宗、宋徽宗北上，渡江追击宋高宗入海而还。

"绍兴和议"（1141年）后，宋高宗向金朝皇帝称臣，南宋每年要向金朝交付"岁币"银二十五万两、绢二十五万匹。

---

[1]（波斯）拉施特：《史集》第一卷第二分册，第89页。

"隆兴和议"（1164年）后，南宋每年要向金朝交付银二十万两、绢二十万匹，两国君主的关系从"君臣"改为"叔侄"。励精图治的中兴之主宋孝宗，递交给金世宗的国书，要具名"侄宋皇帝眘，谨再拜致书于叔大金圣明仁孝皇帝阙下"。更屈辱的是，接受金朝皇帝的回信时，南宋皇帝要从御榻起立，向前三步，称为"降榻受书"。

即使到了金朝国力由盛转衰的金章宗时期，"嘉定和议"（1208年）后，南宋朝廷不仅乖乖砍掉力主北伐的韩侂胄、苏师旦等人的首级函送金朝，还将岁币增至银三十万两、绢三十万匹，两国成了世为"伯侄"之国，南宋皇帝的辈分又降了一等。

泰和八年（1208年）五月，和议达成的消息连同前线元帅府告捷的露布，一同抵达中都。金章宗无比兴奋，分遣官员奏告天地、太庙和社稷，又亲自登上应天门（宫城南面正门）城楼，盛陈仪仗，接受装有韩侂胄、苏师旦首级的锦函。此后，两位南宋大臣的脑袋被高挂在长竿上，配上画像，置于通衢，纵令中都百姓围观三日，再涂上漆，入藏秘库。

就在同一年，金章宗病逝，遗诏皇叔卫王即位。

这一年，成吉思汗彻底消灭草原上的宿敌蔑儿乞部，他的九脚白纛旗，将指向南方。

这两起事件，猛然扭转了金朝的国运。

四

我们的讲述从岐国公主开始，因为她就像一个符号，几乎完美地象征了这段历史在后世的遭遇，那就是——被遗忘。

岐国公主的身影，几乎彻底消失在了历史的长河中。"全副武装"的现代历史学家，遍寻东西方载籍，只能找到关于她的三五条史料。并且，在蒙元帝国的历史记载中，她既不叫"小姐姐"，也不叫岐国公主，而是换了一个奇怪的称号。

在波斯文史书中，作为成吉思汗的五位"正后"之一，她叫"公主哈敦"（kūnjū khātūn，哈敦意为娘子、皇后），主掌第四斡耳朵——成吉思汗的宫帐之一。在寥寥几条汉文记载中，她的称号被翻译成"公主皇后"。在蒙古人的记忆中，她仿佛依然是那个盛极一时的女真王朝的天之骄女；实际上，却只是世界征服者搜集陈列的战利品的一部分。

很少有人说起见过岐国公主，只有全真教教主大概是例外。《长春真人西游记》记载，丘处机应邀前往西域大雪山与成吉思汗会面，途经和林（今蒙古国前杭爱省额尔德尼昭北），"汉、夏公主"送来了一些干粮，接济师徒一行人。[1]汉公主就是岐国公主，夏公主是西夏国主李安全献给成吉思汗的公主，名叫察合。身世相仿，或许让两位年轻女孩子一见如故，感情甚笃。

事实上，岐国公主和母亲袁氏，不仅见过丘处机、尹志平先后两位全真掌教，袁氏还拜丘道长为师，成为全真女冠。《道

---

[1] 党宝海译注：《长春真人西游记》，第35—36页。《长春真人西游记》原文作"汉、夏公主皆送寒具等食"。寒具为当时北方中国的一种油炸的面食，类似麻花，据传在寒食节食用。

家金石略》中保存着两道以"公主皇后"名义颁发的懿旨，分别护持卫州汲县北极观、孟州王屋县灵都宫。

这两位逃脱浩劫的皇室女子，或许在宗教中找到了某种寄托和慰藉。一望无际的草原上，毡帐一顶，孤灯一盏，清香一炷，她们大概常常为家国丧乱中非命而死的一切亡魂，当然，还为无数同样幸存下来的人，默默祈福。

岐国公主，不过是在金朝土地上生活过的芸芸众生之一。

鼎盛时期的金朝，北起外兴安岭，南至大散关、淮河一线与南宋交界，东濒大海，西邻西夏，领有今天的黑龙江、吉林、辽宁、河北、河南、山东、山西七省之地，加上内蒙古、陕西、甘肃的一部分，面积相当于南宋的两倍。南宋人口最多时有六千万，金朝疆域内也生活着四千八百万人。[1]

比起南宋，古往今来为这群人书写的历史，实在少得可怜。

五

金朝的亡国史，吸引人的还有其浓重的悲剧色彩。

金朝皇位迭传九代，凡一百二十年，最后二十四年都在苦苦抵抗蒙古对中原的侵袭。这期间，金朝更换了三位皇帝。

成吉思汗斥为"庸懦"的卫绍王，《金史》赞美他身形颀长，美髯须，生性俭约，不好华饰。胡沙虎发动兵变后，一些

---

[1] 四千八百万是《金史·食货志》记载的明昌六年（1195年）人口总数。见吴松弟：《中国人口史》第3卷《辽宋金元时期》，第209—210页。

见风使舵的大臣纷纷污蔑卫绍王"失道"，罪有应得。他身边的人却觉得，从他当政期间的作为看，"中材不及者多矣"。卫绍王之后的宣宗，史家赞许他"励精图治""勤政忧民"，中兴有望，惋惜他生性苛刻，喜好猜忌，卒无成功。金朝真正意义上的末代皇帝哀宗，在四面楚歌的蔡州围城中，对着侍臣悲叹：我当了"金紫十年，太子十年，人主十年"，并没犯下什么大错，下场却和历代荒淫暴乱之君一样，"等为亡国"，好不甘心！

这些历史评骘，多半寄托了中原文化精英对故国和旧主的哀思。不过，从种种迹象看，金朝最后这三位君主，秉性确实不坏。

卫绍王刚即位，山东境内的一段黄河忽然变清。相传"黄河清，圣人生"，举国大庆。不料一个叫杨珪的人上书扬言：浊水反清，分明是灾异，何况，"假使圣人生，恐不在今日"。这种话放到哪一朝都是死罪，卫绍王只是吩咐"锁还本管"。宣宗末年，两位太医给小皇孙治病，用药过猛，病人一命呜呼，法当抵命。宣宗说：若是朕的叔伯兄弟之子，就该法办，为朕的孙子而杀人，实属不忍。最终两太医只是挨了一顿板子后革职。哀宗刚即位，有人披麻戴孝，在宫门前大哭大笑，声称自己笑的是"许大天下将相无人"，哭的是"祖宗家国破荡至此"。臣僚要求严惩，哀宗不同意：不久前刚下过广开言路的诏书，何况"此人言亦有理，止不应哭笑阙下耳"，杖责了事。[1]

一个专制君主，手握视草民为蝼蚁的生杀大权，在国步艰

---

[1]《金史·宣宗本纪》;《金史·五行志》。

难、沧海横流的岁月，遇上有人主动挑衅添堵，尚愿意克制一下动用"合法伤害权"的冲动，实在称得上宽仁之主。许多普通人，若在他们的处境，未必做得到。按照孟子的政治理想，若再加把劲，将这一分"恻隐之心"推及天下，就是"仁不可胜用"的圣王了。

可惜，哪怕是"仁君"，也无法应对深重的王朝危机。三位皇帝统治的二十多年，完整展现了一个有着相对稳定的统治基础和合法性的国家，如何在"军事失败——内部矛盾加剧、可支配资源锐减——军事失败……"的恶性循环中竭力挣扎，最终覆亡的过程。金朝就像一艘经历长途航行有些破损，却还不至于漏水沉没的大船。这三人，不过是这艘大船猛地撞上蒙古这座陡然出现的冰山之际，恰巧把手放在了船舵上的凡夫俗子。

亚里士多德认为，悲剧的主角不能太优秀，因为好人遭殃，徒增观众反感；悲剧的主角又不能穷凶极恶，否则观众会觉得他活该。最能同时激发道德感、怜悯和恐惧的悲剧主角，是平庸的，和我们一样的人。按照古希腊人的审美品位，武王伐纣写不出动人的悲剧，金朝的灭亡却可以。

六

这出悲剧，还带有一抹独特的壮烈色彩。这个王朝骨子里毕竟流淌着"北方蛮族"的鲜血。在臣服和抵抗之间，金朝更多选择了抵抗。它深知，当年自己正是以和谈为诱饵，所谓

"以和议佐攻战"，一点点拖垮了北宋。在二十多年断断续续的烽火硝烟中，金朝的抵抗运动中心从北方的中都迁到南京，从南京迁到了归德（今河南商丘），又从归德迁到了背靠南宋疆域的蔡州，以小搏大，以弱搏强。最后凭借河南的一隅之地，宁为玉碎，真如史家赞许的，"图存于亡，力尽乃毙"。[1]

面对更加强悍的蒙古，金朝的表现比当年的北宋要强。南宋配合蒙古攻陷蔡州后，金朝的临时宰相张天纲被南宋将领俘虏，很快被锁在囚车里送到临安（今浙江杭州）。临安知府薛琼负责审问他，开口就讥诮：你这个亡国奴，"有何面目到此？"张天纲昂起头回答："国之兴亡，何代无之！我金之亡，比汝二帝（徽宗、钦宗）何如？"一句话便让在场的宋人羞愧得无地自容。薛琼大吼："快来人，赶紧把这人拖下去！"[2]

这出悲剧的结局，更让人有些回味。从战争的废墟中爬出来，刀下余生、惊魂未定的前金朝子民，不少被吸纳进入了蒙元帝国的统治精英阶层。有人由此成为帮助奠定一代制度规模的人物，还有人对天崩地裂后中国文化价值的保存和重建，产生了无法忽视的历史影响，当然，还有更多被那个时代践踏、侮辱和损害的普通人，没有机会在历史上留下姓名。

岐国公主的父亲卫绍王即位前，中都城内传唱着一首童谣：

---

[1]《金史·哀宗本纪》。
[2]《金史·张天纲传》。

易水流，汴水流，更年易过又休休。两家都好住，前
后总成留。[1]

这首童谣似乎预示了，金朝的都城将从易水之畔的中都，
迁到汴水之畔的南京。不过，歌谣只讲了故事的前半——进入
南京，惊魂未定的皇帝及其扈从，很快又不得不匆匆踏上逃亡
之路，终点站就是蔡州。

本书并非概述蒙金战争的战役史、战例史，尽管这样一部
严肃的学术专著，迄今尚付阙如。我们接下来要讲述的，主要
是在那个近乎"天纲绝、地轴折、人理灭"的动乱年代中，中
都、南京、蔡州这三座都城[2]及其居民的遭遇，还有影响他们
命运的最重要事件。

----

[1]《金史·五行志》。
[2] 请读者诸君留意，中都大致在今天的北京，南京在今河南开封，而非
今江苏南京，蔡州在今河南汝南。如前文所言，金朝中央政权在从南京
迁往蔡州的途中，曾短暂驻跸归德，不过归德并未经历持久惨烈的围城
之战。

上
篇

第一章 危 机

一、射弓宴

大定十年（1170年）的三月初一，这天是金世宗的生日，叫作"万春节"。按惯例，南宋、高丽和西夏三国，都要算好日子，派出使节赶赴中都，行礼祝贺。

这一天，天还未亮，宫中的奉御、奉职等人，指挥着尚食、尚酝、教坊、宫苑一干局分的承应人，在预定举行典礼的大安殿进进出出，忙碌不休。不过，在整个中都城内，当天早上在床上睁开眼睛，心情最为忐忑不安的只有一人——"射弓宴"的押宴官。

按照金朝和南宋的外交礼节，"射弓宴"，换句话说，宴会形式的射箭比赛，是双方暗中较劲的重点节目。

射弓宴，可以上溯至北宋和辽国的交聘礼仪。此前，两国主要是借这个场合，把金银、表缎、鞍马一类的礼物回赐给对方使、副和三节随员。[1] 似乎只有到了南宋和女真对峙的时代，

---

[1] 参见陶晋生：《宋代外交史》，第107页。北宋射弓宴的开场致辞（口号）有"既嘉弓矢之审固，宜有器服之匪颁"之语，参见同书第119页。

原本还算顾及进退揖让的射弓宴，才被渲染得火药味扑鼻。对于以弓马自傲的女真人来说，这项比赛更是关系圣主颜面和国家荣誉的大事，丝毫不得懈怠。以往，金朝的成绩尚属可观，胜多负少。

这天，宾主按礼数互相敬过七轮酒，各自换上窄衫、束带，活动活动手脚，准备下场比试。"选手"可以用弓，也可以选用弩，各有助手协助。

靶场就设在庭下，两侧分列着几十名头戴金花帽、身穿锦衣的卫兵，左侧安排了一支乐队。庭当中是箭靶，靶子上方绘着一颗火珠图案，两侧各夹一只飞鹤，下方绘着一个彩色支架，两侧各夹一只立鹤、几杆绿竹。靶心周围盖着九个银碟子，算是比赛的一点小彩头。每支箭靶两边也站着两名卫兵负责"喝箭"：如果选手命中，卫兵就面向正厅鞠躬，摊开双手，表示射中了，乐队领班扯着嗓子喊："打著！"接着演奏一小段乐曲庆贺。

选手第一次射中，要向金朝皇帝的宫殿遥遥下拜，表示感谢。卫兵捧着箭矢贯穿的银碟子和其他奖品，送到选手跟前（如果命中靶心，还可以一次赢得全部九个碟子，发一笔小财）。获奖选手要挨个向大家再敬一轮酒，然后才能接着比赛。[1]

"万春节"那天，一共有五位选手下场比试：金朝的押宴官、负责接待的"馆伴"，南宋的正、副使节，加上主掌礼仪的"知阁"。金朝一方的王牌选手，向来充当押宴或伴射，这

---

[1] 楼钥：《北行日录》，赵永春辑注：《奉使辽金行程录》，第382页。

次是一名从御前护卫中精心挑选的"善射者"。[1]

孰料，这位"善射者"的表现，实在让人大跌眼镜。《金史·世宗本纪》用一种难以名状的无奈语气记下了当天的成绩：

宋使中五十，押宴者才中其七。

面对这份成绩，东道主金世宗显然无法心平气和。

金世宗本人非常喜爱骑射，"国人推为第一"，每次出京射猎，女真耆老纷纷前去围观欣赏。听完比赛结果汇报，金世宗火冒三丈，痛骂统领护卫的左右将军："朕身边的护卫，三天才轮一次班，也不用干什么体力活，当值满十年，就放出去当五品官。待遇这样好，是让这帮饭桶天天吃饱了就睡吗？弓矢不习，将焉用之？"[2]

其实，为了选出技艺超群的射手，好在射弓宴上扬眉吐气，金朝尝试过不少法子，比如搞几轮预选，把好苗子集中到南京"考射阅习"。为了夯实这项竞技的群众基础，朝廷甚至严禁女真人网捕野生动物，必须使用弓箭。[3]大定十年"万春节"之前的两个月，南宋使节来贺正旦（正月初一），双方已经举行过一场火药味还不那么浓烈的射弓宴。当时南宋使团的书状

---

[1] 金朝的护卫是皇帝的贴身武装侍卫（"近侍之执兵仗者也"），从中级官员子孙、宗室、侍卫亲军和宫中诸局分承应人中选拔，限额二百，见《金史·兵志》。

[2]《金史·世宗本纪》。

[3]《金史·章宗本纪》。

官楼钥留意到，负责押宴的完颜仲雄，言谈粗鄙，举止生硬，"于进趋酬应，一无所能"，但是手上有"雕青细字"文身，表明他是临时选拔上来的职业军人，专门对付南宋派来的高手。[1]

可惜，这么一位高手，楼钥的评价仍是"射虽不能命中，而善于发矢，人多服之"，就是说，姿势娴熟标准，命中率很低，中看不中用。

从大定十年前后两次射弓宴看，金朝为了提升战绩而设计的预选和集训，显然并未收到预期效果。

到了卫绍王在位的崇庆元年（1212年），这次来贺正旦的南宋使团，正使名叫程卓，一个籍贯安徽的年轻人，副使名叫赵师嵒，是南宋宗室。这个使团上一年秋天从杭州出发，冒着霜雪严寒赶路，十二月底才抵达中都。正月初一行过大宴，三天后，照例又要举办一场射弓宴。

程卓回忆，在这场射弓宴上，金朝的昭勇大将军、殿前右卫将军完颜守荣，也就是御前护卫的长官，亲自操弓上阵，充当伴射。不料，从中午开始，"伴射连不中"，反而让南宋一方的赵师嵒抢了头彩。程卓和赵师嵒两人，一人赢了二十一个碟子，另一人竟赢了九十七个。

在接下来漫长的加时赛中，金人颜面扫地，不愿喊停，双方一直比试到黄昏时分。庭中寒气袭人，完颜守荣却满头大汗，绝望地请求再比一轮。最终，南宋赵师嵒"连中的"，金朝选

---

[1] 楼钥：《北行日录》，赵永春辑注：《奉使辽金行程录》，第382页。

手心理崩溃，手脚发软，"皆脱箭"。[1]

宋朝选派的正、副二使，通常是一文一武。赵师喦之前所带官职是忠州防御使，和军事多少沾点边，前刑部员外郎程卓却是个出身书香世家的徽州文人，叔叔是南宋著名的学者程大昌。然而，这对组合在"射弓宴"上给金人造成的压力，毫不留情地揭示，尚武的女真人已经颓唐到了何种境地。

当年，金朝的开国君臣同第一拨宋朝使节打交道的时候，常常瞧不起南人的弓马。粘罕（完颜宗翰）见马扩，劈头就问："我闻南朝人只会文章，不会武艺，是真的吗？"还特意扔给马扩一张弓，说："愿得略见南人射弓手段！"[2]

从收国元年（1115年）到崇庆元年，在这不到百年的时间里，女真人究竟何以沦落至此？

二、"用夏变夷"[3]

建国前的女真族，发祥于东北一隅，所谓白山黑水的森林地带，[4]又分为居住在混同江以南、臣属辽国的"熟女真"和混同江以北的"生女真"。金王朝的统治家族完颜部，就是居于按出虎水（女真语"金"）流域的生女真一部。生女真地区气

---

[1] 程卓：《使金录》，赵永春辑注：《奉使辽金行程录》，第543页。

[2] 马扩：《茅斋自叙》，赵永春辑注：《奉使辽金行程录》，第175—176页。

[3] 出自郝经《〈删注刑统赋〉序》："金有天下，席辽、宋之盛，用夏变夷，拥八州而征南海。"

[4] 白山指长白山，黑水又名混同江，指松花江和黑龙江下游。

候寒冷，土多林木，田宜麻谷。[1]女真人以渔猎、农耕和牧畜为生，虽不是突厥、蒙古那样的草原游牧民，生活条件同样原始和艰苦。

多次出使金朝的马扩回忆，他曾经遇上金太祖阿骨打邀请各部首领聚餐。贵客都坐在炕上，前面摆上矮桌子或者木盘。主食是一碗糙米饭，加上一些腌黄瓜、韭菜和野蒜。野味家禽之类的肉食倒是不少，也用木盘子盛着，"或烹，或生裔，多以芥蒜汁渍沃"，末了供应一些淡薄无味的冷酒。所谓"御宴"，不过如此。[2]女真百姓还爱吃一种主食，"以半生米为饭，渍以生狗血及葱韭之属，和而食之"。对于这种"狗血拌饭"，宋朝使节纷纷表示"污秽不可向口"。[3]

女真人的居住条件也很简陋，就算是阿骨打住的地方，看起来也同中国内地的小州县衙门差不多。居民往来，径直穿行皇城，毫无禁忌。邻里有红白喜事，杀鸡煮酒，也大摇大摆登门"召其君同食"。[4]浴室、浴池自然没有，君长和百姓都在同一条小河里洗澡。立春那天，举行"击土牛"典礼，送寒迎春，远近父老乡亲，男女老少，纷纷赶来围着宫殿看热闹。阿骨打就在这里接见宋使，还心平气和地解释说：

---

[2] 马扩：《茅斋自叙》，第177页。

[3] 许亢宗：《宣和乙巳奉使金国行程录》，赵永春辑注：《奉使辽金行程录》，第213页。

[4] 洪皓：《松漠纪闻》，赵永春辑注：《奉使辽金行程录》，第324页。

我家自上祖相传，止有如此风俗，不会奢饰，只得这个屋子冬暖夏凉，更不别修宫殿，劳费百姓也。[1]

这样艰苦的环境里出来的女真人，能征善战，却对中国传统文化和仪文制度缺乏了解。

女真军队占领燕京（后来的金中都、今北京）后，当地官员和豪族为了取悦阿骨打，特意准备了天子仪仗，迎接阿骨打进入燕京大内。阿骨打和手下一起，大大咧咧坐在宫殿的门槛上，接受投降。他还打听，皇帝用的"黄盖"有多少柄，想给在场的女真贵族一人撑上一柄，"中国传以为笑"。[2]

女真旧无历法，"草一青，为一岁"。金朝开国君臣发迹之后，也不记得自己的生辰，知道有农历，遂各自拣了个好日子当生日："粘罕以正旦，悟室以元夕，乌拽马以上巳"，还有一些贵族选了重午、七夕、重九、中秋、中元、下元、四月八日（佛诞日），等等。[3]

所以，《金图经》形容初兴时期的女真人，只用了一个形容词——"野"。

不料，女真入主中原以后，皇位才传了两代，第三位君主熙宗完颜亶（本名合剌）就开始"赋诗染翰，雅歌儒服，分茶焚香，弈棋象戏"。这样一个风流天子，看开国旧臣很不顺眼，

---

[1] 马扩：《茅斋自叙》，第178页。

[2] 徐梦莘撰：《三朝北盟会编》政宣上帙一二引《北征纪实》。

[3] 洪皓：《松漠纪闻》，第322页。

有时背地里骂这些老家伙是"无知夷狄"。对方也不甘示弱，背地里纷纷议论，皇帝如今成了"一汉户少年子"。[1]

接着靠政变登上皇位的海陵王完颜亮（本名迪古乃），从小也下棋点茶，好读经史。他能诗擅赋，字里行间往往洋溢一股豪横俊爽之气。正隆二年（1157年）中秋节，皓月当空，完颜亮在汴京设宴赏月。倏然，一片黑云横过，遮住了月亮，他即兴挥毫，创作了一首《鹊桥仙》：

> 停杯不举，停歌不发，等候银蟾出海。
> 不知何处片云来，做许大通天障碍！
> 虬髯拈断，星眸睁煞，唯恨剑锋不快。
> 一挥挥断紫云根，要细看姮娥体态。[2]

完颜亮读《晋书》，不但崇拜统一北方的氐族君主苻坚，还打算完成苻坚未竟的大业——统一南北。[3]他亲率三十二总管打算渡江南征，为乱军所杀，金世宗完颜雍（本名乌禄）在辽阳登基。

世宗、章宗祖孙俩统治时期，外能与宋讲和，保境安民，内能修明政治，劝课农桑，五十年间号称"大定明昌之治"，金世宗甚至有"小尧舜"的美誉。南宋大儒朱熹听弟子讲起

---

[1] 宇文懋昭撰，崔文印校证：《大金国志校证》，第179页。

[2] 李大谅：《炀王江上录》，傅朗云编注：《金史辑佚》，第241页。

[3] 张棣：《正隆事迹》，傅朗云编注：《金史辑佚》，第223页。

这个风评，酸溜溜地讲："他要真能遵行尧舜之道，要做大尧舜也由他。"还说："他岂变夷狄之风？恐只是天资高，偶合仁政耳。"[1]

其实，金世宗苦恼的，绝不是朱熹说的要"变狄夷之风"，反倒是如何扭转"汉化之风"。因为到了这个时候，女真人濡染汉文化并走向腐化颓废的恶果逐渐显现。于是，金世宗开始用其余生致力于一项极为艰巨的任务，那就是复兴女真民族传统：大力推广女真语、女真字，创立女真进士科，注重皇子皇孙的女真文化教育，提倡女真的骑射长技，等等。[2]现代学者借用了一个人类学术语来形容金世宗的努力——"nativistic movement"（本土主义运动），即外来文化的冲击所引发的重振传统的反应。[3]

金世宗的"本土主义运动"注定付诸东流。看看他一手培养的接班人章宗完颜璟（本名麻达葛）就清楚了。

金世宗的太子允恭早逝，所以以立允恭之子璟为皇太孙。谢恩之际，完颜璟对世宗流利地讲了一大段女真话。世宗兴奋不已，动情地对大臣说："我让诸王都学学本朝的语言，只有原

---

[1] 黎靖德编，王星贤点校：《朱子语类》卷一三三《本朝七·狄夷》，第4161页。

[2] 关于女真的汉化，参见刘浦江：《女真的汉化道路与大金帝国的覆亡》。

[3] Hok-Iam Chan: *The Fall of the Jurchen Chin: Wang E's Memoir of Ts'ai-chou under the Mongol Siege*（1233—1234），p.4. 此书系陈学霖先生译注的王鹗《汝南遗事》（题为《女真金朝的衰亡：王鹗对蒙古围攻蔡州的回忆》），后文在讲述蔡州围城时还要重点参考。

王（完颜璟）说得最好，朕心欢喜。"[1]其实，完颜璟这番举动，无非是哄哄老祖父开心罢了。转过身去，他展现出的汉文化修养，着实令人惊叹。

金章宗雅好诗词，格调一如花间、南唐的婉约绮丽，还写得一手瘦金体，字迹酷肖宋徽宗，以至于民间讹传他是徽宗的曾外孙。大英博物馆收藏的顾恺之名画《女史箴图》，图卷后幅题有一首瘦金体的《女史箴》。一些著名的明清画谱如《石渠宝笈》都误以为是宋徽宗的手书。经过学者仔细辨识，根据"恭"字缺笔（避允恭的讳）和"群玉中秘"印鉴，才确认这是出自金章宗之手。[2]除了《女史箴图》，金章宗还搜集了大量的法书名画，包括王羲之《快雪时晴帖》、怀素《自叙帖》、顾恺之《洛神赋图》等。他在字画上题签也仿照宋徽宗，用"磁蓝纸、泥金字"，而且有七方收藏印章，称为"明昌七玺"。[3]

金朝君主的汉文化素养，不啻是测量女真人变质程度的水位尺。从收国元年往后，不到百年间，女真王朝便蜕去了原始军事民主制色彩，确立了专制皇权和官僚行政制度。同时，女真人原有的尚武精神和军事实力也迅速衰竭，以致金元之际流传着"金以儒亡"的说法。再往后，进入元代，尽管女真人不一定都丧失了自身的族群认同，但在蒙古统治者看来，他们在语言和文化上已和中原汉人没有分别，统统贴上"汉人"（相

[1]《金史·章宗本纪》。

[2]（日）外山军治：《金朝史研究》，第461—469页。

[3]（日）外山军治：《金朝史研究》，第470—473页。

对于原南宋统治区的"南人")这一标签加以治理。

三、北方来的强敌

"金以儒亡"的教训，一度自命"后金"的清朝看在了眼里。清朝皇帝自皇太极开始，就不断强调"满洲传统""国语骑射"。相传，在北京日坛附近的校场，立过一块石碑，碑文大意如下：

> 金亡于学习汉人风俗，以致逐渐文弱，终为蒙古所灭。我朝自关外入主中原，即因人民习武善战，故能一举灭明。凡我满人以金人为前车之鉴，勿蹈覆辙，如能保持原有风气，始免为人破灭。

从女真到蒙古，从蒙古到清朝，为何北方民族对"汉化"的陷阱，总是既恐惧又身不由己沉溺其中？马克思的名言"野蛮的征服者总是被那些他们所征服的民族的较高文明所征服，这是一条永恒的历史规律"，常被当作标准答案。不过，今日流行文化相对论，进化论意义上的"文明"和"野蛮"，绝对界线日益模糊，具体问题还需具体分析。

英国哲人穆勒（J.S.Mill）认为，不论是自然人还是社会人，追求的终极人生目标都是快乐的最大化，而快乐有质量之差，学会欣赏和享受高质量快乐的人，很难放弃并转而追求低等快乐。叛逃匈奴的汉人提醒单于，汉人的缯絮，不如毡裘便于驰骋，汉人的佳肴，不如干酪食用便捷；《阙特勤碑》叮嘱突厥子孙，千万小心唐人的甜言蜜语、金银锦缎。这恰恰证明，对于被排斥在发达农耕社会边缘的人群来说，这些单凭感官就能体验到的诱惑，委实难以抵抗。

由俭入奢易。绫罗绸缎，纵马驰骋一蹭就破，却比兽皮缝制的衣袍华丽舒适。青瓷白瓷，行军途中一颠就碎，却比木盘木碗赏心悦目。品位再精致一点，自然觉得"风吹草低见牛羊"不如"金缕小钿花草斗，翠绦更结同心扣"（金章宗《蝶恋花·聚骨扇》）……对征服了中原富庶之地的女真人来说，这份享受的清单还可以无限扩大下去。享乐自然要付出代价，出舆入辇、洞房清宫、甘脆肥浓、明眸皓齿，这些都是裹着糖衣的"毒药"，先哲的教诲岂是虚言！

当然，耳目口腹之欲只是一方面，可谓是自下而上的，还有自上而下的。

金朝废掉刘豫的傀儡政权，直接统治中原地区，女真人大批迁徙进入汉地。要建设和统治这样一个超部族的、复杂的政治体，原来那些"约法三章"的简陋习俗、"哥哥弟弟"的亲缘关系，都不太管用。如果没有蒙古、突厥那样别树一帜的内亚政治传统，那么，势必要充分利用华夏共同体的意识形态和仪文制度等政治资源。学者将这种现象精辟地总结为"能夏则大"。[1]女真人原本生活方式就接近汉人，又缺乏自成套数的民

---

[1] 参见胡鸿：《能夏则大与渐慕华风：政治体视角下的华夏与华夏化》。

族文化，实在别无更好的选择。[1]

天会十二年（1134年），金军还在南边与宋军大战，金太宗就下令在燕京举行科举考试，试题正是《天下不可以马上治赋》。[2]

《金史》还记载，某日，金世宗外出春猎。两个皇家侍从，寝殿"小底"（仆役）驼满九住、太子侍读完颜匡，在队伍后方窃窃私语。驼满九住问完颜匡："伯夷、叔齐是什么人？"匡回答："孔子说，是求仁得仁的圣贤。"九住反驳："汝等只知道读死书。伯夷、叔齐抛弃家人，又拒绝归顺周朝，也算仁者吗？"匡解释："古之贤者行其义也，行其道也"，伯夷、叔齐让国，一人"成其父之志"，一人"不苟从父之志"，又不食周粟，"正君臣之分"，为后世楷模，怎么不是仁者？太子允恭听说此事，赞叹良久。[3]

驼满九住和完颜匡，都是纯粹的女真人，儒学探讨却能够达到这样的层次，既说明女真人濡染华风之深，也说明儒家那套君臣父子的政治伦理，恰恰满足了金朝弥缝民族裂痕的统治需要。不过，这些满口孔孟之学、君臣大义的女真人，大概不会想到，本朝开国之时，大将粘罕打下曲阜，听说"宣圣陵"里面埋了不少财宝，差点就挖开了孔子的墓。[4]这件事，其实

---

[1] 参见刘浦江：《女真的汉化道路与大金帝国的覆亡》。

[2] 李心传：《建炎以来系年要录》卷八一。

[3] 《金史·完颜匡传》。

[4] 宇文懋昭撰，崔文印校证：《大金国志校证》，第248页。

也才过去了不到半个世纪。

总之，女真的文弱化和武力衰颓，乃是自然进程与人为设计共同作用的结果，在绝大多数情况下是不可逆的。这个进程导致的最大恶果，形象点说，就体现在崇庆元年那场射弓宴上，体现在南宋使节、金朝馆伴和押宴众人等目瞪口呆之下，完颜大将军那一箭又一箭脱靶的"武艺"上。

不过，程卓使团绝不是为了看女真人出洋相才专程赶来中都的。除了履行外交礼仪，他们负有更加严肃的政治任务。

就在上一年，大安三年（1211年，南宋嘉定四年），南宋派往金朝恭贺卫绍王生日"万秋节"的余嵘使团，眼看就要抵达中都，半路竟遇到河北地区进入最高警备状态，"铃声迅急，驿马交驰，溃军累累"。他们一打听，原来，漠北一支强悍的游牧部落，"鞑靼"（金人对蒙古的称呼）的军队已经打到了西边的宣德附近。[1] 前不久，倒霉的高丽使团误打误撞，邂逅来敌，全团尽没。使命虽要紧，也不能白白送死，余嵘使团只好原路退回。

这种事可谓破天荒头一遭。

不可一世的金朝，竟然被逼到如此窘迫的境地，极大地激

---

[1] "鞑靼"一名，源于蒙古高原东部盛极一时的塔塔儿（Tatar）部，是蒙古部的宿敌，为成吉思汗所灭。但是，"鞑靼"已经成为周边族群（包括女真人、南宋人）对蒙古高原所讲突厥—蒙古语的游牧民的泛称。在金朝遗民或元朝人编写的金代文献中，常将蒙古军称为"大兵""北骑"，是一种后来的文饰。以下在从金朝一方视角谈及蒙古人时，恢复使用"鞑靼"或者"鞑兵"。

起了南宋君臣的好奇心。贺正旦的程卓使团，就负有明确的情报搜集任务。渡过淮河，进入金朝境内，程卓一行特别留意沿途战略物资和人力的价格及供给状况，同时要打探一下北方战线的形势。

十二月九日，程卓使团进入南京开封府，也就是北宋的故都汴京。听负责招待使团的人说，鞑靼军队刚刚退回漠北，来年初春估计还要南下。

渡过黄河，到了卫县（今河南浚县西南），峻拔绵亘的太行山脉已经遥遥在望。程卓借故四处溜达，在县城的市集上，他看到一张大字布告，勒令逃避兵役的士兵限期自首："征军逃亡，五日不出者，死！停藏之家，科以流罪。"他暗中感叹，一路上听说金房和鞑靼作战，"屡战皆北，兵多溃散"，看来是真的。

冲风冒雪又走了半月，使团经过良乡（今北京房山区），只见满目残垣断壁，焦木瓦砾，烟味刺鼻。原来，县城在不久前的战火中被毁，只有城外一座驿站尚存。

十二月底，使团终于抵达中都郊外。不料，招待使团下榻会同馆的金方人员，带着程卓等人绕了一个大大的弯路，"行墟墓间十余里"，才从南门入城。后来程卓打听出，外城西南角也被鞑靼人打坏，还没修葺好。金人觉得面上无光，只好迂回引领使团出入。

次年正月，使团冒着风沙返程。程卓又在真定（今河北正定）看到金朝催发壮丁北上，加固中都城。同时，往中都运输粮草的车队也络绎不绝。时限急迫，倒毙的驮兽草草往车上一扔，继续赶路……

对南宋使团不合时宜的好奇心，心虚的金人显然并不欢迎。

金朝接待南宋使节，设有负责在边境迎接的"接伴使"、陪同入住招待所的"馆伴使"、回程一直送到边境的"送伴使"，主要就是为了盯住来人，防止他们随意走动，搞间谍活动。如今，负责送程卓使团归国的金方送伴使李希道、蒲察信等人，更是一路上面色阴沉，装聋作哑，一言不发。程卓弄到的情报，除了亲眼所见，大多是从车夫、马夫一类厮役口中打探出来的。

崇庆元年二月初，在泗州（今安徽泗县）城外的淮河岸边，程卓使团与金方送伴使分别。此前，宋金交聘，不但劝酒殷勤，临别时，双方人员还要互道"遽尔言别，岂胜依恋""自此执别，善加保重"一类的场面话，作依依不舍态。这类虚文客套，此番大概也免了。

金人送南宋使团登舟，双方隔水默默长揖，解缆，发船。[1]

尽管如此，程卓使团实在不虚此行。南宋人观察到的，正是金朝遭遇的两大致命危机，而且还是两大危机的叠加。一个危机来自汉化的女真人内部，另一个危机则来自外部——遥远的北方草原深处。

---

[1] 程卓：《使金录》，第445—455页。关于程卓使团的经历，参见党宝海：《外交使节所述早期蒙金战争》。

第二章 防　秋

一、以一敌百

历史记载灭亡北宋的那支金朝军队，语气一度充满了敬畏："耐寒忍饥""勇悍不畏死""精射猎"。[1]北宋灭亡前夕，给事中李邺曾去金朝军营议和，回来后大肆渲染金人"如虎，如马，如龙，上山如猿，下水如獭，其势如泰山，中国如累卵"，人送外号"六如给事"。[2]元朝修的《金史》，也夸赞曾经的敌人一度"用兵如神，战胜攻取，无敌当世"。[3]

大金王朝的创业之主，对自己麾下军队的战斗力，同样极为自信。

女真在北方强悍崛起之时，北宋君臣利令智昏，采取了联金灭辽的方针，并自告奋勇收复燕京。不料，宋宣和四年（1122年），宋军屡攻燕京不下，反而暴露了自身低劣的军事实

---

[1] 徐梦莘撰：《三朝北盟会编》卷三。

[2] 徐梦莘撰：《三朝北盟会编》卷二八。

[3] 《金史·兵志》。

力。年底，阿骨打率军亲至，调侃宋人："燕京一分地土，我着人马三面逼着，令汝家就取，却恁生受，奈何不下？"他还故意询问宋使马扩，北宋对"一夜走了"（连夜败退）的都统刘延庆等人有何惩罚？行不行军法？

说罢，阿骨打举起马鞭，指着前方铁甲生寒、枪戟如林、杀气腾腾的女真大军，骄横地说："等过两天，到了居庸关，你看我家兵将战斗，有敢走么！"[1]

衡量金朝早期军队的实力，举一个例子足矣。《三朝北盟会编》抄录了宋人的一则战役简报：

> 河北路兵马钤辖李侃以兵二千与金人十七骑战，败绩。

原来，宋靖康元年（1126年）二月，宋钦宗割地求和，汴京城外的金军统帅斡离不派了十七名骑兵，护送和议文书回女真本土，路过磁州（今河北磁县）。当地的北宋驻军没接到议和的消息，见到落单的金朝骑兵，以为人少可欺。兵马钤辖李侃带着二千名禁军和民兵出城，宣扬要"掩杀"来敌：

> ……与十七骑相遇。
>
> 金人曰："不须用兵，今城下已媾和矣，我乃被太子郎君差往国中干事。"
>
> 侃不信，欲与之战。十七骑者分为三，以七骑居前，

---

[1] 马扩：《茅斋自叙》，第187页。

各分五骑为左右翼而稍近后。前七骑驰进，官军少却，左右翼乘势掩之，且驰且射，官军奔乱，死者几半。[1]

原来，李侃率领的二千宋军，拦住了那十几名金军骑兵。金军小队的头领解释："仗不打了，汴京城下已经议和，我等奉斡离不太子之命，回国公干。"李侃偏不信，非战不可。于是，眼见这十七名骑兵从容不迫，变换成战斗阵形，共分三队，前锋七骑，左右两翼各五骑。金军前锋端起长枪，只用了第一次冲击，就打乱了宋军的行列，剩下两队从侧翼包抄，彻底击溃了宋军，宋军伤亡过半。

1∶118。这样人数对比悬殊的胜仗，整个中国历史恐怕很难找出第二例。昆阳之战，刘秀以万余人击破号称四十万人的新莽大军，是以少胜多的著名战例。不过，新莽政权的四十三万士兵，绵延"数百里"，大多没有实际投入战斗。

值得注意的是，居于劣势的一方人数再少，也要成一定规模和组织，才可能发挥战力：在极端情形下，如1∶118，如果这个1代表一万军队，面对无法同时进入战场的百万敌军，在特殊条件下或能一战。但是，如果这个1只代表一个人，对阵118人，结局不问可知。整起事件最诡异的莫过于，金军骑兵始终只有十七人。

不过，在欧亚大陆的另一端，也就是中世纪的欧洲，类似战例却并不鲜见。不难解释——这些金军骑兵，与西欧封建社

---

[1] 徐梦莘撰：《三朝北盟会编》卷三六。

会的骑士一样，皆是重装骑兵。在火药时代来临前，只有这样的重型铁甲杀人机器，面对步兵，才能无视任何伤害，像坦克一样横冲直撞。

初期的金军，"专尚骑"，主要由骑兵构成，有轻、重二种。轻骑兵牵着备用的副马，行军时"约五十为一队，相去百步而行"，作战时往往部署在左右翼，在敌军薄弱的翼侧实施突击，称为"拐子马"。

金军用来破阵攻坚的王牌部队，乃是一种"重铠全装"的骑兵，远远望去，仿佛一座座铁塔，宋人称为"铁浮屠"。"铁浮屠"骑兵戴着铁面具，"只露两眼，枪箭不能入"，上半身披挂沉重的铁甲，由于骑马作战，下半身的甲裙"独用过膝三寸"。腰上系着八棱棍棒或刀，握着一丈二尺的铁枪，背着弓和百余只长箭，箭镞形状如凿，入不可出。战马也覆以铁甲，可能还用铁索将骑士固定在马背上，"虽死马上不落"，后来讹传为用铁索将战马勾连的"连环马"。[1]

金军的王牌是重骑兵，还有一个关键证据。金军的基干编制是谋克（百户）、猛安（千户），这是从部族演化而来的军事和地方行政单位。[2]初以三百户为一谋克，十谋克为一猛安。谋克下辖的每名普通士兵（"正军""甲兵"），配备一到两名"阿里喜"，汉译"贴军"。设置"阿里喜"，据说因为金军主要

---

[1] 王兆春：《中国古代军事工程技术史》，第94—95页；王曾瑜：《金朝军制》，第140—142页。

[2]（日）三上次男著，金启孮译：《金代女真研究》。

是骑兵，需要有人承担马匹、战具的保养和其他杂务。[1]这个看法有道理。蒙古军队也是骑兵，不过主要是轻骑兵，需要专门的仆役（多是奴隶）照料备用马匹（kötöl），这种助手称为阔端赤（kötölchi）。[2]

金军的"阿里喜"，被视作正军的"副从""傔人"，起初应该类似欧洲封建社会的骑士扈从（squire）。"铁浮屠"这种用铁甲层层包裹的骑兵，同欧洲的骑士一样，不仅需人保管和携带战马、盔甲及武器，还需人协助穿戴盔甲、上下马和换马，战斗中施加救援。同时期的西夏起初也以重骑兵为主，上战场每名"正军"有"负赡"三名，也是一个道理。

这种重骑兵，金人自己称为"硬军"，类似西夏的重骑兵"铁鹞子"，所以，宋人也偶尔把金朝重骑兵叫作"铁鹞子"。

除了磁州一战外，靖康年间的另一支北宋勤王军，东道总管胡直孺率领的军队，也在襄邑（今河南睢县）附近遭遇金军"铁鹞子百余骑"。

结果，宋军"一万之众，不战自溃"。[3]

二、女真长城

时过境迁，势不可当的铁骑虎旅，今已凋零殆尽。

---

[1] 王曾瑜：《金朝军制》，第88页。

[2] 韩儒林：《元代阔端赤考》。后来元代也有所谓"贴军"，属于一种辅助兵役制度，贴军不是正军在战场上的副手。

[3] 徐梦莘撰：《三朝北盟会编》卷七二。

元代女真作家李直夫的杂剧《虎头牌》，描写了一个金末的破落女真家族。这家祖上也是"开国旧功臣"，世袭猛安。传到这一辈，叔父金住马，早年是一膏粱子弟，"打扮的别，梳妆的善"，脚蹬鹿皮皂靴，头戴粉花头巾，腰系金玉"兔鹘"（腰带），成天过着"吹弹那管弦，快活了万千"的荒唐生活。金住马的儿子狗皮更加不堪，追随一帮纨绔子弟，徜徉于中都的茶房、酒肆和勾栏瓦肆间，多年音信杳然。另一个叔父银住马，得了金牌，把守夹山口，觉得"如今太平天下，四海晏然，便吃几杯酒儿，有什么事？"故上任后"每日吹笛擂鼓做筵席"，喝得烂醉如泥，导致关隘失守。[1]

这不完全是文学家的夸张笔调。金世宗大定九年（1169年）入境的南宋使团随员楼钥，亲耳听见半路邂逅的金军士兵倒苦水："旧时见说厮杀都欢喜，而今只怕签起去（当兵）。"[2]

这样的金朝军队，实际还有多少战斗力？

于是，金朝不知不觉沾上了中原王朝的另一个老毛病，那就是"防秋"。

"防秋"之名，大概始于唐代。唐中后期，每年秋天都要征调关东各道的军队，分守长安以西的要害地区，抵御吐蕃侵袭，称为"防秋"。此后，每到秋高马肥的时候，面对呼啸南下的游牧骑兵，弱势的中原王朝大多采取类似的被动防御：北

---

[1] 臧懋循选编，王学奇主编：《元曲选校注》，第1126—1137页。参见刘浦江：《女真的汉化道路与大金帝国的覆亡》。
[2] 楼钥：《北行日录》，赵永春辑注：《奉使辽金行程录》，第384页。

宋防备契丹，南宋防备女真，明朝防备蒙古，一脉相承，统谓之"防秋"。

勇悍的女真人，一度是"防秋"的汉人士兵恐惧的对象。就算迁入中原，面对更北边的游牧民族，金朝也一度保持强势。为了不让蒙古诸部形成威胁，金世宗下令"每三岁遣兵向北剿杀"。这种攻势防御战略，称为"灭丁"。[1]

不料，"防秋"竟然成了金章宗以后金朝君臣的口头禅，真是讽刺。

为了"防秋"，金朝仿佛从昔日的"铁浮屠"那里找到了一丝灵感：虽然"重铠全装"的铁骑无法重现，薄弱的西北边境却可以用层层"甲胄"遮护起来，也许一样毫无破绽。

于是，金朝启动了恐怕是秦朝"万里长城"之后最宏大的一项边境筑垒工程——金界壕，也称金长城。

金界壕的修筑，始于金章宗明昌初年，到承安三年（1198年）大抵竣工，此后间有补筑。这道防线绵延约五千里（2500公里），东起大兴安岭南麓的嫩江西岸，沿着大兴安岭向西南方向穿过锡林郭勒草原，最终消失在大青山北部的群山之中，横跨金朝的临潢府、庆州、桓州、昌州和净州；另有一道位置更靠北的防线，从今呼伦贝尔市根河南岸，向西穿过满洲里，进入俄罗斯和蒙古境内肯特山东南麓，绵延约1400里（700公里），其间还分布着长短不等的支线，加起来居然也长

---

[1] 赵珙撰，王国维笺证：《蒙鞑备录》。

达万里。[1]

这个防御体系的主体工事一般由主壕、主墙、副墙、副壕和壕堡组成：

主壕，深4—5米，宽5—6米。

主墙，高6—8米，宽8—10米，多用黄土夯筑，少数为土石混筑或土包石，顶部平坦，向敌一侧筑有女墙。主墙上每隔130—150米还有一段凸出墙体的城墙，称为马面或敌台。主墙上供出入的门还筑有瓮门进行保护。

在一些重要地段，还加筑了副墙、副壕，形成双墙双壕。副墙宽约5米，高1米多，修筑在主壕和主墙外侧，在主墙凸出的两个马面之间，与主墙平行，可以防护主墙，又可以抵御风沙积雪。副墙外的副壕浅于主壕，但要宽得多。

壕堡紧贴主墙内侧，借用了主墙的部分墙体，周长约100米，或方或圆，各堡相距数里，控扼谷口或者要道。

在主体工事后方，还有大大小小的要塞，构成疏密相间的纵深防御：

距离界壕几十米到数百米，有方形成堡，周长100多米至两三百米，凭依优越地势，驻有守军百余名，各堡相距10余里至20里，遥相呼应。

再往后20—40里的地带，还有更大的军城，周长在五六百米乃至1000—2000米之间，各城相距约百里。

---

[1] 关于"金长城"，由于记载零碎，遗址考古也不够充分，此处折中各家比较可信的说法，做出大致的描述。

考古学家发现，界壕附近这些戍堡和军城，也大都修筑了角楼、马面、瓮门等防御工事，有的还挖了护城河、壕，易守难攻，其间各处烽燧、关隘与河口，也都有筑垒和驻防。[1]

这道巨型防线，耗费了迟暮之年的金朝的大量人力物力：单是西北一路的界壕、边堡，由于工期急促，没有修建女墙和副墙，承安三年的补修工程就费工七十五万。[2]时至今日，在内蒙古、吉林和黑龙江等地，巨型防线的城墙、壕沟和烽燧遗迹，仍然依稀可辨。

"女真版的长城"，分别由金朝在边疆设立的三大军区——东北、西北、西南三路招讨司负责，[3]主要用来对付活动地域与金国接壤、频繁入境袭扰的草原各部，包括弘吉剌、塔塔儿、合答斤、撒勒只兀惕，等等。后来，这些部落都被成吉思汗整合到了蒙古之中。如今，面对草原上骤然兴起的"大蒙古国"，对主动出击丧失自信的金朝军队，就躲在这道俨然"金城汤

---

[1] 参见贾洲杰：《金代长城初议》；冯永谦：《金长城的构造形式、特点与定名》；李鸿宾：《金界壕与长城》；中国军事史编写组：《中国历代军事工程》，第343—347页。火器时代之前的中国古代筑城和围攻技术，尤应参见（英）李约瑟·（加）叶山著，钟少异等译：《中国科学技术史》第五卷第六分册《军事技术：抛射武器和攻守城技术》，第189—379页。原文见 Joseph Needham, Robin D. S. Yates: *Science and Civilisation in China*, *Volume 5*, *Chemistry and Chemical Technology Part 6*, *Military Technology Missiles and Sieges*, pp.281—485.

[2]《金史·独吉思忠传》。

[3] 金朝全国的大军区，除北方的三个招讨司外，还有山西、河南、陕西三路统军司，分统天下兵马。

池"的巨型防线后方，准备"防秋"。

三、游牧民与城墙

这道防线，仅仅是金朝裹在最外面的一层重铠。一旦游牧骑兵突破了遮护国境的界壕和边堡，想再进一步，还有另一番景象等着他。

同界壕一样，内地的城池也多采用夯土版筑，也就是筑土城，一般是正方形或者长方形。在中国南方，由于降雨偏多，土城容易塌陷，如果财力允许，会考虑用砖、灰包砌土城内外两壁。[1]在北方，明代以前，砖包砌城很少见。有一次，金世宗想给上京（今黑龙江哈尔滨市阿城区南）的城郭包上砖石，宰相劝他爱惜民力，只好作罢。[2]当然，黄土夯筑的城墙一样坚固，若再采用赫连勃勃那样的"蒸土"法，甚至可以达到锥子都插不进的硬度。

土城倒不可怕，可怕的是中国发展了上千年，到宋金时期已经相当成熟的军事工程学。

想象一下，一群漠北赶来的骑士，马鞍下垫的障泥覆盖着一层薄薄的黄沙，黝黑的面庞犹带着边地厮杀溅上的血污，驻马怅望平原上矗立的那一座座伟岸城池。

距离城池老远，草原汉子当成心肝宝贝的战马，就会遇到

---

[1] 黄宽重：《宋代城郭的防御设施及材料》。
[2]《金史·乌古论元忠传》。

各种危险的障碍器材：带尖刺的铁蒺藜、满布铁钉的地涩，等于现代的"布雷区"，还有截断道路的拒马枪、绊马索、鹿砦，等等。

再走近一点，骑士大概会遇到一条环绕城墙的护城河，或无水的壕。护城河是一条面阔、底窄的人工河，通常阔二丈以上，深一丈，上面只有一道狭窄的吊桥，通过绞车升降。换句话说，骑士没法像在草原上那样，找个下游的浅滩便涉水而渡。河、壕的底部，可能设有削尖的木刺或其他杀人装置。在护城河外围，是威力巨大的床子弩或抛石机（砲）的杀戮地带。

如果骑士平安越过护城河，便可近距离感受一下眼前这座庞然大物。

稍具规模的城池，城墙高大宽厚，而且越往下越厚，四角筑有供瞭望和射击的角楼。城墙顶端有一圈面向外侧的雉堞，高约二米，开有射孔，每隔数尺还开一个垛口，让雉堞看起来呈锯齿状，绵密相续。守城士兵藏身雉堞之后，通过射孔或垛口狙击城外之敌。垛口内外，敷设篱笆、木桩、土囊、布幔、绳网一类的护具，缓冲城外射入的矢石，甚至有一些应急用的"移动碉堡"，如行城、杂楼，为守军提供防护。夜幕降临后，铁链吊着大火炬，从雉堞后垂下，照亮城墙外的一圈警戒地带，防备夜袭。

城墙上每隔一定距离，筑有凸出于墙体的一种碉堡，下宽上窄，就是前面说的"马面"。马面上也有雉堞或战棚，瞰制城脚，与角楼、垛口呼应，形成无死角的交叉火力。宋元时期很多城池的马面修筑得非常密集，远远望去如同由长墙连锁起来的一座座高塔，煞是壮观。

城墙的最薄弱处，是容易被撞开或者叛徒偷偷打开的城门。城门通常有吊门做双重保险。城门上，筑有单檐或重檐的城楼，城门外侧，加筑半圆形或矩形的狭小外堡"瓮城"，堪称全方位立体掩护。瓮城的小门开在一侧或两侧，不会正对城门，所以，从瓮城到城门，要曲折出入。

距离城门五十到一百米远，在护城河内侧，有时还筑有一道低矮的挡墙，大概一人多高，也开有射孔，叫作羊马墙，进一步掩护主城。除了一层叠一层的各类城墙，为了抵御北骑冲突，金朝军队还在城门内外构筑过一种"迷魂墙"，也称"八卦墙"。顾名思义，应该是一种曲折往复的迷宫式屏障。[1]

在这每一项防御工事后面，都集结了武装到牙齿的守城士兵，向一切来犯者倾泻密集的弩箭、石砲、滚木礌石（石头或布满铁钉的木头柱子，通过绞车投放）、烧得滚沸的油和粪便，还有杀伤力强大的初级火器——火球、火药箭和飞火枪。

骑士站在护城河边上，昂起头，可以依稀辨认出城上守军那一张张愤怒而恐惧的面孔。在他们之间，是一段难以跨越、分判生死的距离，是名副其实的"死亡地带"。

粗悍的游牧民心里大概有点发怵。最符合骑士美学的线条是纵横驰突的直线，而城池设计的美学，乃是折线和曲线。在

---

[1]《金史·强伸传》。

这里，步步惊心，处处杀机，所有空间仿佛都被处心积虑地设计成不利于他和他的战马。

骑士费了九牛二虎之力，穿过羊马墙和迷魂墙，闯进瓮城，才发现这其实是个伪装的城门，要拐个弯才能看到正门。冲入正门，也许还有一个坑煞人的内瓮城，这个地方狭窄得要命，马掉个头都很困难。

待骑士历尽艰险，终于从正门冲入城内，也休想纵马驰骋，从东头酣畅淋漓地杀到西头——中国城池普遍设计有大量的丁字街、死胡同，以便巷战……

这种"重铠全装"的坚城，别说游牧民了，对这套防御体系再熟悉不过的中原军队也常常望而却步。

《孙子兵法》说"上兵伐谋，其次伐交，其次伐兵，其下攻城"，将攻城视为下下策："攻城之法为不得已。修橹（大盾牌）轒辒（攻城车），具器械，三月而后成。距堙（土山），又三月而后已。将不胜其忿而蚁附之，杀士卒三分之一而城不拔者，此攻之灾也。"中国史书描述攻城，使用频率最高的一个词恐怕就是"蚁附"，形容城墙外侧像蚂蚁一样密密麻麻攀爬的士兵。也可见，在这种场合，人命同蝼蚁一样轻贱。

美国汉学家欧阳泰（Tonio Andrade）想到过一个有趣的问题：为什么中世纪以来西欧发展出了轰塌城墙的火炮，而中国的火器仍然是以杀伤人员为主？他的答案居然很简单：因为中国的城墙太厚，与西欧城堡完全不在同一级别上。中世纪欧洲的城堡，幕墙厚度绝少超过十米。而在当时的技术条件下，任何火炮也轰不开十多米厚的中国城墙。[1]

虽然没有火炮，但为了对付这套城池防御体系，古代至中世纪的中西方战术，基本都是三板斧及其不同组合：翻越城墙，径直穿透城墙，挖掘地下坑道。一旦这三板斧都不管用，就只好靠长期围困饿死渴死守军。[2]为了方便运用这三条策略，中国古人发明了许多攻城器械和方法，什么巢车、望楼车、壕桥、尖头木驴、木幔车、钩撞车、搭车、杷车、云梯、飞梯，各种型号的抛石机和弩箭，还有土山、地道，等等。其中好些自先秦以来一直沿用，也有一些属于新发明或改进品。不过，对这些凝聚了几千年古老智慧的军用技术，即将来到城墙脚下的游牧民，暂时还叫不出名字。

---

[1]（美）欧阳泰著，张孝铎译：《从丹药到枪炮：世界史上的中国军事格局》，第73—84页。

[2] Duncan B. Campbell: *Besieged*: *Siege Warfare in the Ancient World*, p.11。

第三章　焦　土

一、哀兵必胜

十三世纪初，在欧亚大陆的东端，呈现出一种奇特的军事格局：最南边的南宋人在"防秋"，敌人是盘踞中原的女真人；女真人自己也在"防秋"，敌人是更北边的游牧族群——即将站在这片大陆的"食物链顶端"的蒙古人。

古代蒙古族群共同体的核心成员，据说是唐代就居住在呼伦贝尔草原和额尔古纳河下游的室韦部落之一，[1]"蒙兀室韦"，后来被周边其他势力称为"萌古""莽骨子""蒙古""鞑靼"等。[2]室韦人原本驯养猪狗，捕鱼打猎，"无羊、少马，有牛不用"，同后来弓马娴熟、左旋右折的蒙古骑士形象，可谓相隔霄壤。到了公元八九世纪以后，突厥、回鹘和黠戛斯等草原霸主先后败亡、迁离，室韦人趁机向西渗透发展，进入今天的蒙

---

[1] "室韦"通常被认为是与匈奴同时的草原民族"东胡"的一支，是（东胡后裔）鲜卑各部南下后，留居鲜卑故地的"原始鲜卑人"，故所谓"室韦"（Serbi、Sirbi）是"鲜卑"的另一译音。

[2] "蒙古"（Mongyol）的这些不同名称，主要来自中古汉语对蒙古人自称，以及契丹、女真对蒙古的他称的不同译写。

古高原，与突厥遗民混居，转化为草原游牧民。

随着游牧经济的进一步发展，加上同中原文明、突厥——畏兀儿文明的长期交流，在蒙古高原各部中，氏族社会结构瓦解，新兴草原贵族（那颜，Noyan）集团崛起。这些草原贵族，控制着大量的依附人口（养子、家庭奴隶、伴当、自由民），彼此混战兼并，漠北草原长期纷争扰攘，烽火不绝。用《元朝秘史》的话说，是"有星的天，旋转着，众百姓反了，不进自己的卧内，互相抢掠财物；有草皮的地，翻转着，全部百姓反了，不卧自己被儿里，互相攻打"。[1]

终于，在十三世纪初，一位"深沉有大略，用兵如神"的军事统帅和政治家——出自蒙古部孛儿只斤氏的铁木真（成吉思汗），在群雄争峙之间脱颖而出，成功统一了东起呼伦贝尔草原、西迄阿尔泰山区广大土地上的全部"毡帐里的百姓"。大蒙古国（Yeke Mongyol Ulus）由此建立，这是一个具有空前的整合程度和凝聚力的超部族政治体，一个草原游牧帝国。[2]

新兴的大蒙古国，在三次敲打西夏，大致清除了肘腋之患后，几乎是本能地将兵锋指向了东南边的最强宿敌——金朝。

两个同这场战争相隔十万八千里的外国人，记下了当年蒙古大军誓师南征的详情。

第一个人叫术兹札尼，德里苏丹国的高官。他用波斯文写

---

[1]《元朝秘史》第254节（译文见韩儒林：《论成吉思汗》）。
[2] 亦邻真：《成吉思汗与蒙古民族共同体的形成》；萧启庆：《蒙古帝国的崛兴与分裂》。

了一部从人类始祖到蒙古西征的全史：《纳昔儿史话》。术兹札尼的消息来源，可能是同时代中亚的霸主花剌子模国派去蒙古的使节。这部书记载，第一次南下进攻金朝之前：

> 成吉思汗整顿好军队，首先下令：蒙古各家各户在一座山脚下集合。他命令全体男子同女子隔离，子女同其母亲隔离，如此三日三夜，所有人头上不得戴任何装饰。在此三日内，不得进食，牲畜也不得哺乳。
>
> 成吉思汗本人立起一顶毡帐，把一条帐索挂在脖子上，三日三夜不曾出帐。在此期间，全体蒙古人齐声大喊："腾格里！腾格里！"
>
> 三日后，第四日傍晚，成吉思汗自帐中出，宣布："腾格里已经授予我胜利。现在，让我们整兵出发，向阿勒坦汗（金朝皇帝）复仇！"
>
> 又过了三日，在同一地点举行宴会。之后，成吉思汗率军出发。他们经过逃亡者札八儿穿越群山的道路，走了出来，攻击桃花石之国（中国）。他们发动了对该国的袭击，将其百姓置于屠刀之下。[1]

第二个人叫拉施特，后来统治伊朗地区的蒙古伊利汗国的宰相。他用波斯文写的世界史《史集》，对祈求长生天（腾格

---

[1] Maulana, Minhaj-ud-Din, Abu-Umar-i-Usman（Author）, Major H.G. Raverty（Tr.）: *Tabakat-i-Nasiri*, p.954.

里）的庄严仪式，讲得不如《纳昔儿史话》细致，却补充了成吉思汗的大段誓词：

> 长生天啊，你知道和看到，阿勒坦汗是刮起战乱的风，他挑起了战乱。他无辜地杀害了塔塔儿部执送的我的先祖斡勒巴儿合黑和俺巴孩汗，我要为他们复血仇。如果你认为我的想法是正确的，请从天上佑助我，命令天使、众人、善恶仙魔都来帮助我！[1]

不管是即兴表演，还是事后追认，蒙古人显然觉得，自己对金朝的战争具有正义性，是天神护佑下的复仇之战。

的确，金朝不仅年年派兵来草原"灭丁"，还残忍杀害了成吉思汗族曾祖俺巴孩和伯祖斡勒巴儿合黑，与蒙古诸部结下了世仇。早在金章宗时代，窥视北朝动静的南宋人就知道，女真"与鞑为仇"。[2]

不过，对成吉思汗这番话，似乎也不必过于当真。

明朝杀的是努尔哈赤的祖父和生父，努尔哈赤可能真的是以"遗甲十三副"含恨起兵。不过，他以"七大恨"告天，正式向明朝宣战，已是万历四十六年（1618年）。其间这三十多年，努尔哈赤佯装恭顺，接受了明朝指挥使的职位，还多次入京进贡。羽翼未丰之时隐忍不发，伺机而动，自是枭雄本色。

---

[1]（波斯）拉施特：《史集》第一卷第二分册，第359页。
[2] 叶绍翁：《四朝闻见录》，第88页。

成吉思汗也是一样。当年，他投奔王汗，亟须积累政治资本和壮大实力。他从金章宗的宰相完颜襄手里接过"诸乣统领"的官职时，可一个字都没提到俺巴孩。

成吉思汗幼年丧父，一家孤儿寡母长期被族人遗弃和孤立。对那两个先祖，他未必有几分真感情。他需要的是一个掷地有声，能激起同仇敌忾的名字，一个符号，一个象征，一个名分，一把打开潘多拉盒子的钥匙。

其实，在某个非正式场合，成吉思汗透露过，男子汉一生最大的乐趣，莫过于战胜敌人，"夺取他们所有的一切；使他们的已婚妇女号哭、流泪，骑乘他们的后背平滑的骏马，将他们美貌后妃的腹部当作睡衣和垫子，注视着她们的玫瑰色的面颊并亲吻着，吮她们的乳头色的甜蜜的嘴唇"。[1]

或许，这才是他发动征服战争的真实动机。

不过，女人的腹部或胸脯这类话题，还是更适合不拘礼数的场合，比如，酒酣耳热之际，同一起打天下的老兄弟抚今追昔。如今，兵锋未试，成吉思汗更懂得哀兵必胜的重要性。

于是，金大安三年（1211年）春二月的祈天仪式之后，成吉思汗带着十余万蒙古大军来到了金朝势力在草原的尽头。

多年后，元朝官员张德辉奉诏北上，前往蒙古帝国的权力中心哈剌和林（今蒙古国前杭爱省额尔德尼昭北）。途中，他遇到了一片逐渐被风沙湮塞的废墟，所谓"长城颓址"。

---

[1]（波斯）拉施特：《史集》第一卷第二分册，第362页。

张德辉形容说："望之绵延不尽"。[1]

其实，这道长城还不算真正的金界壕，它就是前面说过的那道从根河南岸一直延伸到肯特山东南麓的北线，成吉思汗入塞时，早已被金朝边防军弃守。不过，这仍然是他将要越过的第一道敌国防线。

成吉思汗驻马高丘，他知道，在这层围墙里面，还有许多层围墙，层层围墙守护着的，是普通游牧民无法想象的数之不尽的财富、女人和美酒，还有身为中国之主的通天权势。

他回过头，先看到近旁肃立的怯薛禁卫军，这万余名精锐是大汗亲自掌控的大中军；然后是左右两翼的万户长木华黎、博尔术，接下来是骁将哲别、忽必来、者勒蔑、速不台。在草原上，后四人被传为"铜额凿齿，锥舌铁心，饮露骑风，好吃人肉"的"四狗"（dörvön nohois），[2]不久，他们的名字还将传遍从大兴安岭到多瑙河的整个大陆。"四狗"之后是几位宗王和皇子，最后是站在全军前方的各千户长、百户长。

这支大军，旌旗并不整齐划一，军装也是五花八门，身披甲胄的将士更是只有不到十分之一，[3]却依然难掩那所向无前的凌厉杀气。

---

[1] 张德辉：《岭北纪行》，贾敬颜：《五代宋金元人边疆行记十三种疏证稿》，第343页。

[2]《元朝秘史》第195节。

[3] 西蒙·圣宽庭原著，让·里夏尔法译、注释，张晓慧译：《鞑靼史》，第251页。

在此之前，蒙古帝国的军人和大金王朝的军人从未正式交过手。

二、世界第一野战军

1211 年春天第一次踏出草原的这支蒙古大军，几乎完全由轻型的弓骑兵组成。

定居农耕社会总是苦恼怎么把庄稼汉训练成合格的战士，蒙古人却生来就是骑兵。同时代的亲历者莫不惊叹，蒙古人"生长于鞍马间，人自习战"，游牧和围猎，让骑射几乎成了他们的本能。

在蒙古人还是幼儿的时候，他的木头摇篮就拴在马背上，随母亲驰骋出入；等到他满三岁，就在马鞍上套一条绳索，好让他用小手紧紧攥着；四五岁，他就能夹小弓、短箭，随大人射猎；长大之后更是身手矫健，弓马娴熟，"疾如飙至，劲如山压，左旋右折如飞翼"。[1]

这样优秀的骑手，身穿轻捷的皮甲，手持最大射程 300 米、极限射程达 500 米的复合弓，备有两三个装满箭的箭筒，还携带了环刀、长枪或短枪一类近战兵器。蒙古箭镞制式多样，除了狩猎用的木镞和骨镞，还有征战用的铁镞。一部分铁质箭镞，镞尖宽而平，刃部呈水平状，侧棱则锋利无比，造成的创口面积又大又深，用来对付骑兵和战马，一部分镞尖又尖又长，用

---

[1] 许全胜校注：《黑鞑事略校注》，第 116 页。

来射穿重甲。

蒙古马比西欧和中东的马矮，却更加强壮和坚忍。马驹生下来一两年，蒙古人就在"草地苦骑而教之，却养三年，而后再乘骑"，故能调教得"千百为群，寂无嘶鸣"。[1]蒙古骑兵的马鞍多是木质，十分轻巧，"鞍之雁翅，前竖而后平，故折旋而膊不伤。镫圆，故足中立而不偏。底阔，故靴易入"。[2]可见，战马和马鞍，也同他们的骑射技艺配合得天衣无缝。

在野外，蒙古骑兵制胜的三大法宝是机动性、火力和诡计。

遭遇敌人之后，蒙古骑兵团通常会集中火力，从远处射出迅猛的箭雨，袭扰敌军，甚至破坏敌军阵形。接着，他们骑马冲向敌阵，一边驰骋一边射箭，在距离敌阵40—50米的地方射出最后一轮箭雨，向右拨转马头退回本阵。这个距离足以射穿甲胄，又不便于敌军发起反突击。蒙古骑兵一边调头，还一边转身向后射箭。这个动作，西方称为"帕提亚射术"，中国称为"抹鞦"。按照每名骑兵携带六十支弓箭计算，蒙古骑兵能够这样反复冲击敌阵长达一小时之久。[3]

南宋人这样描述实战中蒙古骑兵的"半回转战术"：

> 交锋之始，每以骑队径突敌阵。一冲才动，则不论众寡，长驱直入，敌虽十万，亦不能支。不动则前队横过，

---

[1] 赵珙撰，王国维笺证：《蒙鞑备录》。

[2] 许全胜校注：《黑鞑事略校注》，第128页。

[3] Timothy May: *The Mongol Art of War*, pp.71—74.

次队再冲。再不能入，则后队如之。

　　方其冲敌之时，乃迁延时刻，为布兵左右与后之计。兵既四合，则最后至者一声姑诡（号角），四方八面响应齐力，一时俱撞。[1]

"一时俱撞"如能摧破敌阵，敌军溃兵还要面对蒙古骑兵几乎无休无止的追杀，直至全军覆没。蒙古人还将"半回转战术"和佯败示弱、虚张声势、拖延疲敌、侧翼包抄等战术结合起来。南宋人总结说，蒙古骑兵作战，"在乎彼纵此横之间，有古法之所未言者"。[2]

蒙古骑兵，堪称当时世界上最强大的野战军。[3]

这样一支劲旅，千好万好，却有一个明显的短板，那就是——还不擅于攻城。

《元朝秘史》里有一段很有趣味的话。成吉思汗的继承者窝阔台汗发动"长子西征"，他的皇子贵由（后来的第三代大汗）在前线得罪了长辈拔都。窝阔台汗听说了，大骂儿子："这下等的，听谁的言语，敢将哥哥毁詈！"接着，他威胁要惩罚贵由："如今教去边远处，做探马赤，攻取坚城，受辛苦者！"

《秘史》的译文有节略，其实，这句话从蒙古原文翻译要

[1] 许全胜校注：《黑鞑事略校注》，第164页。

[2] 许全胜校注：《黑鞑事略校注》，第165页。

[3] 严苛的军事律令对于锻造蒙古军队强悍的战斗力，发挥了重要作用。读者若想更深入地了解，可参阅周思成的《规训、惩罚与征服：蒙元帝国的军事礼仪与军事法》（山西人民出版社，2020年4月版）——编者注。

传神得多：

> 派他当头哨，直到他的十个指甲揭盖，
>
> 叫他攻攀山一般的城池；
>
> 派他当探马赤，直到他的五个指甲磨秃，
>
> 叫他攻攀锻铁一般的城池！[1]

在游牧人的原始观念中，对旷野厮杀，天然感到亲切；对攻城，则是本能地反感厌恶。

三、骑兵也能攻城？

此前说，1211年的蒙古军还不擅于攻城，但终究只是"还"字而已。蒙古军堪称当时世界上最擅长模仿和综合的军队。起初，蒙古骑兵不配大型盾牌，为了攻城，他们学会了用"拐子木牌，为攻城避砲之具"。接下来，蒙古人学到了金朝的攻城砲术，攻打凤翔之时，曾树砲四百座，"专力打城之一角"。[2] 再过若干年，蒙古人把同金朝的战争中获得的抛石机，挪用到了中亚和西亚的城堡跟前。再过半个多世纪，蒙古人还将带着西征中学来的"西域砲"——一种中国从未见过的大型

[1]《元朝秘史》第276节。译文参见阿尔达扎布译注：《新译集注〈蒙古秘史〉》，第508页。

[2] 许全胜校注：《黑鞑事略校注》，第132页。

配重式抛石机[1]——来到南宋的樊城和襄阳城下，"一砲中其谯楼，声如雷霆，震城中。城中汹汹"。

不过，在与金朝开战后的很长一段时间，缺乏攻城纵列，只装备了弓矢和刀枪的蒙古骑兵，常常只能面对平地拔起的坚城干瞪眼。

为了克服这一大短板，成吉思汗及其将领采取了三大策略：

第一策，扬长避短，求歼敌于野战。

蒙古骑兵擅长机动作战，大可长途奔袭，包抄迂回，深入敌人的侧翼和后方，发动迅猛突击，寻找合适的时机与地形，在野战中歼灭金军的有生力量。

初兴的蒙古骑兵，以掳掠为资粮，本无固定的后勤补给线，沿途那些难啃的坚城险隘，特别是首府城市，不妨暂时甩到侧翼或背后。散落各处的小城小堡，防御薄弱，往往迅速沦陷。这样一来，野战军被歼，主城与周边地区的联系被切断，难民从四面八方涌入主城，散布恐慌心理，造成了严重物资短缺，主城陷落也就指日可待。

后来，蒙古西征花剌子模时，对这种战略运用得炉火纯青，大获成功，多半要归功于在对金战争中的磨砺。

第二策，谁说骑兵不能攻城？蒙古骑兵居然很快摸索出了一套不靠攻城机械也能攻克城池（甚至大型城池）的战法。

---

[1] "西域砲"在砲梢头部悬挂巨石或巨铁作为"配重体"，加大杠杆抛射力，能长距离抛射150斤重的巨石，威力远过于宋砲中威力较大的"七梢砲"（砲石重90斤，射程50步）。

先是依靠哨马寻找破绽。在主力部队前方探路的前锋，蒙古语称为"莽来"，就是前面《元朝秘史》说的"头哨"。在"头哨"前方还有"探哨"，蒙古语称为"合剌兀勒"。这些所谓"哨马"，不同于紧跟大部队，只负责警戒或通讯的汉式"哨马"，而是有相当战斗力的远程特种侦察部队，所谓"先发精骑，四散而出，登高眺远，深哨一二百里间，掩捕居者、行者，以审左右前后之虚实"。[1]南宋官员李曾伯还报告，蒙古军"窥人城壁，先以哨骑绕其诸门"，[2]一边断绝外援，一边乘隙进攻。

其次是依靠机动性对城市发起闪击。蒙古骑兵一人往往备有几匹副马，蒙古语称为"可团勒"，以备长途机动。大队蒙古骑兵，平均一天能行进三十里（15公里）。[3]在极端情况下，如奔袭或追击，速度还能更快：追击花剌子模算端扎阑丁，蒙古军两天行进四百多里；拔都西征时，四天行进六百里，[4]同苏德战争初期的德军装甲师相比毫不逊色。战争初期，哲别攻打金朝的东京辽阳府（今辽宁辽阳），正是借助这种战术。他先佯退五百里，等城守懈怠，就命令士兵一人牵一匹副马，一昼夜驰还，袭取东京，大掠而归。

为了避免胶着于艰苦的巷战，蒙古军大概还摸索出了一些

---

[1] Timothy May: *The Mongol Art of War*, pp.83—84.

[2] 李曾伯：《可斋杂稿》卷一四《再乞免兼状》。

[3] Timothy May: *The Mongol Art of War*, p.56, pp.82—83.

[4] H.Desmond Martin: *The Mongol Army*.

特殊的战术条令。例如，金朝名将完颜陈和尚的庙碑提到，钧州（今河南禹州）陷落后，"北军（蒙古军）下城即纵兵，以防巷战者"。[1]大概就是在攻克外城后，不再固守墙头等待后援，而是以最快速度冲入内城，占领各交通要点，防止守军利用纵横交错的城内地形负隅顽抗。

第三策是一种虚实结合的恐怖心理战术——向敌人广泛宣传"城拔必屠"或"凡城邑以兵得者，悉坑之"的政策。换句话说，蒙古军攻城，守方如果进行武力抵抗，"矢石一发，则杀无赦"。南宋人也传言，蒙古军在北方围城，先驱赶附近地区的百姓充当炮灰，一旦"城破，不问老幼妍丑、贫富逆顺，皆诛之，略不少恕"。[2]这种战术是一把双刃剑：怯懦的守将，听闻大屠杀的恐怖，可能不战而降，但心志坚定的守将加上绝望的民众，稍做抵抗便已毫无退路，也可能死守到底。

总之，从大安三年（1211年）到贞祐四年（1216年）这短短六年间，成吉思汗的蒙古军就是凭借这三大策略，对外强中干的金朝先翦枝叶，再摧根本。富庶繁华的中原州县在蒙古铁骑的践踏下，化为"赤地千里，人烟断绝"的焦土。[3]

[1] 元好问：《赠镇南军节度使良佐碑》。

[2] 赵珙撰，王国维笺证：《蒙鞑备录》。

[3] 李心传撰：《建炎以来朝野杂记》，第852页。

第四章 敌 袭

一、"护国坛被焚！"

对生活在中都的金朝百姓来说，卫绍王的大安二年（1210年）到三年（1211年）之交，这段日子过得实在是心惊肉跳。

不知怎么，这一阵子，中都城内经常发生莫名其妙的火灾。街头巷尾传言，凡是起火的人家，"或墙壁间，先有朱书字记之"，过不了多久就会遭殃。大火延烧的范围多达三万多家。起初，无人在意墙壁上的朱砂字迹，后来这类怪事多了，好事者辗转求证，才发现这一奇怪的征兆。

无名大火是妖魔鬼怪作祟？是宋国或西夏潜伏的间谍所为？又或是什么地下宗教组织？就在京城人心惶惶的时候，大安三年正月刚过，一股沙暴从西北边席卷而来，吹得城内天昏地暗，"发屋折木"，连清夷门的大门闩都被狂风吹断。春天，中都周边地区又发生大旱，收获季节，颗粒无收，一斗米的价钱飙升到数千铜钱。中秋节没过多久，每天入夜只要到初更时分，也就是七八点左右，各城区巡军手中的梆子刚一响起，东边和西北边的夜空就突然闪起一片耀眼的白光，"如月初出"，这样奇怪的天象持续了一个月。[1]

最令人恐惧的灾异，出现在这年的三月。中都的北城区有一座唐代留下来的著名佛阁，辽代称为"护国仁王佛坛"或"千手眼大悲阁"。从去年底开始，这座大悲阁就出了怪事——阁前立着的幡竿的石头基座下方，忽然窜出二三尺高的火焰，只要人一靠近，火焰就消失不见，一连十几天。终于，在三月六日（戊午）这天，大悲阁内忽然冒出烟雾，顷刻间，烈焰就吞噬了整幢建筑。

卫绍王完颜永济从宫城楼台的高处，远眺大悲阁腾起的火光和浓烟，忽然记起，大悲阁的匾额是唐代书法名家虞世南的手书，珍贵无比，连忙下旨：负责城防的武卫军必须不惜一切代价救火，至少要把匾额抢救出来。无奈火势实在过于猛烈，朝野上下只能眼睁睁看着虞世南的榜书墨宝、无数珍稀木材构建的佛阁，连同周围的大片民居，一同化为灰烬。[2]

大悲阁既然又名"护国仁王佛坛"，当与供奉《仁王经》有关。这是一部传说有"护国"神异的密教经典，全称《仁王护国般若波罗蜜多经》。经中的《护国品》有几段类似政治预言的记载，说是大乱降临人世，先有七种天地灾难：

　　一、日月失度；

　　二、星辰失度；

---

[1]《金史·五行志》。

[2] 元好问撰：《续夷坚志》，第43页。

三、大火四起，焚烧万物；

四、时节改变，寒暑不恒；

五、暴风数起，昏蔽日月；

六、天地亢阳，百谷不成；

七、四方贼来，侵国内外，兵戈竞起，百姓丧亡。

隋唐以来的官方和民间信仰认为，供奉《仁王经》，甚至只要诵持经末那段以"娜谟啰怛娜"开头的咒语，就能起到消灾除难、国泰民安的神效。唐代宗时期，每逢吐蕃入侵，就要广集名僧大德，设百尺高座，讲说《仁王经》，希冀得佛法庇佑，消弭西北游牧民族造成的忧患。

所以，"护国佛坛"大悲阁被焚，成了当年灾异中最轰动的一起事件。六日那天，远近围观火灾的无数士子、平民和商旅当中，大多数人只能在心中默默祈祷，但少数口无遮拦之辈当场就失声惊呼："护国坛被焚，不祥之甚！"[1]从大悲阁被焚这天开始，"有黑气起北方，广长若大堤，内有三白气贯之，如龙虎状"。[2]

在儒家政治哲学中，火灾、旱灾、大风、黑气，显示天意不满人间的政治社会秩序，才降下灾害，警示统治者应该修德改过。有人真心相信这一套理论。大悲阁火灾之后不久，有个叫郝赟的书生只身来到尚书省，递交了一份建议书，敦请圣主

[1] 元好问撰：《续夷坚志》，第43页。

[2]《金史·卫绍王本纪》。

退位让贤：

> 　　上即位之后，天变屡见，火焚万家，风折门关，非小
> 异也！宜退位让有德。

　　负责转递上书的官员不忍心让这个书呆子白白送死，提醒了他一句："你是不是病得不轻？"郝赞旁若无人，继续大放厥词："俺没疯，只一心为了江山社稷。当权宰相都是尸位素餐，难当大任！"官员大怒，当即命人将这个不识好歹的狂徒赶了出去。

　　不料，一连半个月，郝赞每日都站在尚书省衙门前大喊。最终，连被成吉思汗斥为"庸懦"的卫绍王也觉得实在忍无可忍，吩咐侍从将这个人悄悄抓走，"诛之隐处"。[1]

　　如果说释、儒两家的仁王护国论和天谴灾异论，只是隐约预示金朝及其统治者前途堪忧的话，当时在北方地区兴起的一个新道教教团，则急于表现他们能够更加清晰地感知引发天翻地覆的那股未知力量。

　　大悲阁被焚之前不久，中都城东边百余公里外的蓟州玉田县，来了一个作法事的老道士。老道名叫王处一，道号"玉阳子"，也是全真教祖师王重阳的七名大弟子（七真）之一。王处一据传有"度人逐鬼""出神入梦""召雨摇峰"等神通，名声早已传遍中都内外，连金世宗、金章宗祖孙也忍不住要延见

---

[1]《金史·五行志》。

一番，问问养生全性之道。

据说，在那天，王处一完成几个昼夜的黄箓大醮法事，很严肃地对身边的小道士说：

> 若闻空中剑、盾撞击声乎？北方气运将回，生齿（生灵）必有横罹其毒者！[1]

二、扼胡岭，难扼胡

成吉思汗率领入塞的蒙古大军，是在大安三年（1211年）二月，也就是大悲阁火灾的前一个月，从怯绿连河上游南下的。据记载，蒙古军先来到了金朝西北边境外，阴山以北一个叫作"汪古"的部族的领地。

汪古人本来是金朝的边疆属民，还负有为女真人守卫西北界壕的任务。他们扼守的边界，据考证是金朝的净州以北、今内蒙古四子王旗直到达尔罕茂明安联合旗的一段界壕。[2]不过，金朝尚不知道，此时汪古部首领早已公开投靠了草原上崛起的蒙古霸权，后来还成为与成吉思汗家族世代通婚的帝国新贵。

在汪古部首领阿剌兀思·剔吉·忽里的热心指引下，蒙古大军绕道金界壕，进入阴山以南，向金朝抚州（今河北张家口市张北县）地区边防军发起了试探性进攻，很快夺取了抚州西

---

[1] 姚燧：《玉阳体玄广度真人王宗师道行碑铭并序》。
[2] 盖山林：《阴山汪古》，第381—385页。

北的大水泺（今内蒙古乌兰察布市商都县境内）和丰利（今河北张家口市尚义县境内）等地，还暂时攻占了金朝军队的一个重要边堡——乌沙堡（今河北张家口市张北县西）。金朝前后数十年、耗费大量人力物力打造的第一道边防线，几乎没有发挥任何阻碍甚至迟滞敌军的作用。

此后三个月，首战告捷的蒙古军退回阴山北部草原避暑休养。

界壕以南，金朝的西北边境，自北向南分布有三个边防重镇：抚州、昌州（今内蒙古太仆寺旗西南九连城）和桓州（今内蒙古正蓝旗北），这三座重镇，"素号富实，人皆勇健"，战略地位十分关键。其中，抚州下辖柔远、集宁、丰利、威宁四县，境内有鸳鸯泊、盖里泊、白水泊等众多水源，牧草丰茂，便于军队行进和屯驻。攻入长城以南的蒙古军队，若能占领抚州，就相当于突破了金朝边境三道纵深防御的中心环节。[1]

边境失守的急报，是四月初传到中都的。朝野皆知，从这一次势头看，蒙古军如若再度南下，兵锋所指应该就是抚州。

卫绍王派往抚州地区主持军事的，是两位带宰执头衔的少壮派将领，平章政事独吉思忠和参知政事完颜承裕，[2]二人具备

---

[1] 韩志远：《略论金抚州地区在蒙金战争期间的战略地位及元武宗在抚州建元中都的军事原因》。

[2] 金朝中后期的中央宰辅机构包括：尚书令（正一品）、左右丞相（从一品）、平章政事（从一品），以上为宰相；左右丞（正二品）、参知政事（从二品）为执政，副宰相。尚书令多用来优礼宗室、外戚和勋贵。宰执的僚属有左右司郎中、员外郎等。

丰富的边防经验，负责调度西北和西南的军队加固工事，准备迎战。同时，西京（今山西大同）留守纥石烈胡沙虎奉命从西面牵制或策应。不过，在战争初期，金朝军官团的中坚，大都是在金章宗时期对南宋的冲突中崭露头角，成长起来的，对于新式的蒙古"闪击战"，他们可谓毫无心理准备。

七月，秋风飒起，蒙古军果然大举南下。成吉思汗率领的主力军，以哲别为前锋，突袭了抚州境内的金军戍堡"乌月营"。乌月营位于乌沙堡西南，乌月营一失，乌沙堡也再度易主。

八月，成吉思汗军进逼抚州。乌沙堡失守后，独吉思忠被撤，新前线总司令完颜承裕甚至不敢应战，主动后撤到宣平府（今河北张家口市怀安县），将失去掩护的抚、昌、桓三州拱手让敌。再往南，蒙古军攻陷白登城，进逼西京，纥石烈胡沙虎一矢未发，弃城往中都方向奔逃，在翠屏口被蒙古军截击，伤亡惨重。与此同时，成吉思汗的三位皇子术赤、察合台和窝阔台率领的另一支蒙古军，也从汪古部戍守的界壕入境，翻越大青山，南出丰州，扫荡西京西边的云内、东胜和武州等地。

抚州南边的野狐岭，是一道东西走向、蜿蜒五里，海拔一千六百多米的石头山脉。后来元朝人用"高岭出云表，白昼生虚寒""涧谷深叵测，梯磴纡百盘"这样的诗句来形容它的险峻（周伯琦《野狐岭》）。往来使节行旅，如有幸北上途经野狐岭，一定会惊讶地发现，只要翻过这座山，便骤然闯进了另一方世界，四处散落着游牧民的白色帐篷和毡车，羊马成群。前往大雪山觐见成吉思汗的长春真人丘处机，伫立在野狐岭上极目北望，只见满眼"寒沙衰草"，不禁感叹："中原之风，自此隔绝矣！"[1]不过，北方南下的骑士，如在同一地方驻马俯瞰，肯定有另一番感叹：自野狐岭向南，便是利于铁骑驰骋的一马平川。

因此，野狐岭有一个更具史诗色彩的名字——扼胡岭。这道天险横亘在南北农牧的自然分界线上，仿佛冥冥之中自有天意，要借此将那群纵马咆哮的"胡人"阻拦在温润惬意的农耕文明之外。大安三年九月，在连失三州之地后，奉命在野狐岭一线布防，阻击蒙古军继续南下的金朝军队，浑然不觉他们正处在一个自然和历史意义如此关键的地理坐标之上。

对于此后野狐岭发生的那场大战，金朝的记载十分简略，大概因为卫绍王一朝"政乱于内，兵败于外"，他自己"身死国蹙，记注亡失"，所以史料大多散佚。遗憾的是，胜利一方蒙古人的记载同样简单，再加上个别与双方记载都龃龉的南宋传闻之辞，使得野狐岭之战的真相十分模糊。[2]

据元朝和南宋的史料记载，在野狐岭阻击成吉思汗军的金朝军队，数量高达四十万到五十万，显然是夸张了。但是，这肯定是一支大军。金军指挥官是"招讨"九斤（纥石烈执中）和"监军"蒲鲜万奴，二人只听从皇帝的直接调度。前锋是一名叫作定薛的武将，而撤到宣平的完颜承裕，在后方充

---

[1] 党宝海译注：《长春真人西游记》，第27页；张德辉：《岭北纪行》，第339页。

[2] 不仅野狐岭之战如此，崇庆、大安年间的史事，大都缺乏详细记载，我们接下来还要一再遇到同样的困难。

当预备队。[1]

列阵之后，双方都未轻举妄动，而是互相试探了一番。金朝派去见成吉思汗的契丹人石抹明安，转身就投靠了蒙古。蒙古派出侦察的西夏人察罕，却留意到金军的骑兵"马足轻动，不足畏也"。[2]看来，这支金军人数虽多，却并非训练有素、沉着冷静，要么就是缺乏拼死一战的勇气。于是，蒙古军率先抢占了野狐岭北的山口獾儿嘴，双方激战竟日。

当天日头偏西，金军将帅正打算就地扎寨防御。没想到，在这个时候，蒙古军左翼万户木华黎对成吉思汗说："敌众我寡，不豁出命来厮杀，恐怕不易取胜！"成吉思汗颔首。木华黎说完，便带着最精锐的拔都军，一手擎着自己的旗帜，一手挺着长枪，大喊着冲入金军阵中，成吉思汗率主力压上。[3]

木华黎一马当先，他的军旗是洁白的底子，上面绘着一弯乌黑的月牙。这个"策马横戈，大呼陷阵"的勇士，后来成了中原战区的总指挥官。此后十余年中，野狐岭的血色残阳映照下的黑月标志，将是金朝军队挥之不去的噩梦。

木华黎率领死士冲向野狐岭北的金军大阵，很像在滑铁卢战场上，"勇士中的勇士"内伊元帅（Michel Ney）奋不顾身率领五千名法军重骑兵，冲击圣让山上的英军阵地。那同样是日落之前决定胜负的一刻。不过，成吉思汗远比滑铁卢的拿破仑

---

[1] 贾敬颜校注，陈晓伟整理：《圣武亲征录》，第217—218页。

[2] 宋濂等撰：《元史·察罕传》，中华书局点校本（下同）。

[3]《元史·木华黎传》。

幸运，他的"格鲁希"（Grouchy）准时到达了战场——据《大金国志》说，当时，有一支蒙古军悄悄迂回到了金军侧后，配合木华黎发动了突袭：

> 大军（蒙古军）乘国兵不备，出谷冲突，又调一军转出其后。[1]

金军忽然腹背受敌，败如山倒，"死者蔽野塞川"，波斯文史书《史集》也说："整个原野充满了血腥气。"[2] 蒙古骑兵呼啸着追逐四处溃逃的金军：刀砍、枪刺、杀戮、围歼。沿途"僵尸百里"，败军委弃的军资堆积如山。

蒙古军一直追击到浍河川（今河北怀安东），追上了撤退中的完颜承裕军。不久前，承裕撤到宣平，马上就向当地人打听去宣德府（今河北张家口市宣化区）的小路。此时，他更是如惊弓之鸟，丢下军队，借着夜色掩护，头也不回，一路狂奔到了宣德。

十年后，长春真人丘处机带领弟子北上觐见成吉思汗，途经野狐岭，但见白骨皑皑，布满山岭。弟子宋德方等人指着草丛中的枯骨说："我辈归来时，定要举行金箓道场，超度此地

---

[1] 宇文懋昭撰，崔文印校证：《大金国志校证》，第299页。在1815年的滑铁卢战役中，拿破仑派格鲁希牵制普军，自己率领主力进攻滑铁卢的英军惠灵顿部。格鲁希未达成原定任务，又不能毅然转身增援拿破仑。结果，及时靠拢英军的普军突然出现在拿破仑右方，法军大溃。

[2] （波斯）拉施特：《史集》第一卷第二分册，第231页。

亡魂，这也是此行的一段因缘！"[1]

野狐岭战败，给金朝的命运投下了漫长的阴影。经此一役，女真人苦心经营数十年的西北军精锐一朝尽丧。此后有十年左右的时间，金朝再无能力同蒙古军打一场旗鼓相当的野战。南宋还传言，金朝为此投入的"百年兵力"，都"销折溃散殆尽"。[2]史家甚至评论："金之亡，决于是役。"[3]

野狐岭之战后，蒙古军接连攻占宣德府、奉圣州（今河北张家口市涿鹿县）、德兴府（今河北张家口市怀来县）。从此再往南，只剩下中都北面的最后一道门户——居庸关（今北京昌平区西北）。这个险峻的关隘，控扼着横穿太行山的通道中最北面的那一条"军都陉"。哲别轻施小计，引出了守关的金军，随即歼灭之，夺取了关口。九月，成吉思汗把他的大帐扎在了居庸关南面一片凸起的宽阔平地上。此地叫作龙虎台，距离中都不过百里。少数奉命向前方查探的蒙古哨马，已经能够遥遥望见平原上那座壮丽的都城了。

三、范成大的诅咒

金朝的京城中都，坐落在华北北部的一块小平原上，燕山余脉军都山和太行山余脉西山，一北一西，环抱着这座大城。

---

[1] 党宝海译注：《长春真人西游记》，第27页。

[2] 赵珙撰，王国维笺证：《蒙鞑备录》。

[3] 《金史·完颜承裕传》。

中都的前身是辽朝的南京（亦称燕京）。金天德三年（1151年），海陵王完颜亮决意将京城从北方的上京会宁府迁移到此。完颜亮先派画工按照北宋汴京城的形制绘制施工地图，而"宏侈过汴京"，[1]"役民夫八十万，兵夫四十万，作治数年，死者不可胜计"。[2] 从天德五年（1153年）完颜亮正式下诏定都、改名算起，到野狐岭之战，中都成为大金王朝的首都不过一甲子光阴。

同北宋汴京城一样，中都也有外城、皇城和宫城三重。[3] 外城周回七十五里，开有十三座城门，外围皆筑有瓮城，瓮城外有石桥横跨护城河。举一门为例：金大定九年（1169年）来贺正旦的南宋使团随员楼钥，从外城的正南门（丰宜门）入城，见到护城河外"土岸高厚，夹道植柳甚整"。穿过大石桥，进入丰宜门的瓮城，城上筑有城楼七间，开通六门以供出入。有人告诉他，这里是侍卫亲军负责警备的区域。穿过瓮城，抬头便可见到高大雄伟的丰宜门，"门楼九间，尤伟丽，分三门"。[4]

再往里走便是皇城，周回九里三十步，有四座城门。最后是宫城，有九重三十六处宫殿，其中大安殿和仁政殿最为重要。大定十年（1170年）来访的南宋使节范成大，有幸倚着仁

---

[1] 范成大：《使金绝句七十二首·燕宫》，赵永春辑注：《奉使辽金行程录》，第423页。

[2] 范成大：《揽辔录》，赵永春辑注：《奉使辽金行程录》，第396页。

[3] 北宋汴京，一说有四层（外城、内城、皇城、宫城），一说有三层（皇城、宫城实为一城），而金中都无内城。见孔庆赞：《北宋东京四城制及其对金中都城制的影响》。

[4] 楼钥：《北行日录》，赵永春辑注：《奉使辽金行程录》，第378页。

政殿外的白玉阑干，遥望前后重重殿宇，覆盖黄、碧两色琉璃瓦，日色辉映，千门万户，香风四溢，不禁感慨，真是"工巧无遗力，所谓穷奢极侈者！"[1]

事后，范成大写了一首诗，题为《燕宫》（"燕京宫阙"），是他的《使金绝句七十二首》之一：

> 金盆濯足段文昌，乞索家风饱便忘。
> 他日楚人能一炬，又从焦土说阿房。[2]

段文昌是晚唐宰相，相传他少时贫贱，乞讨度日，富贵之后竟用金盆洗脚、锦绣铺地来抵偿早年的艰辛。这一句是嘲讽野蛮的女真人，占领富庶的中原便忘了本，搜刮民脂民膏，大兴土木，穷奢极欲。后一句算是诅咒：别看这些宫阙壮丽无匹，终有一天，不免和秦始皇的阿房宫一样，被楚地的义军一把火烧成平地。

古语有言："楚虽三户，亡秦必楚"，六国之一的楚国虽然被秦国灭亡，但是，哪怕楚人被杀得只剩几户，也必将是秦王朝的掘墓人。宋金世仇，范成大诗中的"楚人"，自然是隐喻南宋收复中原、"直捣黄龙"的复仇之师。然而，这不过是个幻想。

---

[1] 范成大：《揽辔录》，赵永春辑注：《奉使辽金行程录》，第396页；周煇：《北辕录》，赵永春辑注：《奉使辽金行程录》，第430页。

[2] 范成大：《使金绝句七十二首·燕宫》，赵永春辑注：《奉使辽金行程录》，第423页。

范成大此次出使负有重大使命：请求金人免去宋孝宗"降榻受书"的屈辱礼节。那天，在大殿上进呈国书后，范成大忽然掏出一份商量更改礼仪的私疏，执意要当场递交。金世宗大惊，呵斥："这哪里是投私信的场合！"闹得不欢而散，传言金太子恨不得杀掉这个无礼之辈。[1]是故，在《使金绝句七十二首》中，范成大用了不少"犬羊""仇虏""腥膻"一类词句，对金朝极尽丑诋。清代编修《四库全书》的馆臣觉得，这些字眼对于女真人来说太过刺眼，痛加删削，甚至整句替他改写。[2]

这首《燕宫》诗，不过是诗人立下的众多诅咒之一。但范成大决计想不到，才过了几十年，他的诅咒居然以一种奇特的方式实现了。不同的是，打算将燕京宫室"一炬"为焦土的，并不是南边来的什么"楚人"……

大安三年（1211年）八月末，金朝的西北军团在野狐岭——浍河川遭遇空前惨败的噩耗，一夜间就传入中都的重重宫禁之中。卫绍王只瞥了一眼军情急报，默默转身走入内省，对着心爱的妃嫔大声哭泣，留下满朝文武惶惶相顾。

眼见零星蒙古游骑已出现在中都城门外，关于金朝的应对措施，惜墨如金的《金史·卫绍王本纪》只用了两三句话：

---

[1] 参见赵永春：《金宋关系史》，第266页。

[2] 例如，范成大形容滹沱河水"如今烂被胡膻浼"，四库馆臣改为"如今烂被风尘浼"；形容故都汴京"御床忽有犬羊鸣"，改为"多年沦陷最伤神"，等等。见赵永春辑注：《奉使辽金行程录》，第412页、第418—419页。

> 禁男子不得辄出中都城门。
>
> 大元前军至中都，中都戒严。

严禁男子逃出中都避难，是为了保存能站上城头防守的人力。至于城内的老弱妇孺，只会白白消耗城内积蓄的食物和燃料，在古今中外的围城战中，都是亟待甩掉的包袱，他们往往丧生于城墙和攻城军队的防线之间。

成吉思汗麾下的蒙古军先锋（所谓"大元前军"）必定尝试进攻过中都外城。可惜，今天常见的，只有一部拼凑的伪书《大金国志》，照抄了传为张师颜所撰的《南迁录》，还算详细地描述了这次战斗，依据的大概是南宋的传闻。《南迁录》将蒙古军进攻中都的时间往后推到了十二月至第二年正月初，明显有误。蒙古军在十一月就陆续撤回了草原。而且前面提到这年秋天从南宋出发的程卓使团，十二月九日进入金南京（今河南开封），就听说了"鞑靼方略退，约春初大相打（大战）"的消息。使团一路北上，二十七日抵达中都郊外的良乡，目睹残破的城池废墟，次年正月贺完正旦后平安归国。可见，第一次中都攻防战（1211年），只可能发生在当年九月、十月间。

下面讲的就是这场"南宋传闻版"的中都攻防战，相当传奇。需要强调的是，其中几乎全部人名、地名均与《金史》不符，无法订正，季节和气温的描述也对不上。我们姑以"疑以传疑"的态度采用这段记载。[1]

---

[1] 宇文懋昭撰，崔文印校证：《大金国志校证》，第299—300页。

据说，从第一名"鞑靼"骑兵出现在京城郊区开始，大兴府尹（正三品，相当于北京市市长）乌陵用章就奉命在各处通衢集市张贴通告，敦促手无寸铁的民众赶紧自谋生路，免得敌军一到，玉石俱焚。榜文甫出，中都内外顿时陷入无政府状态，"城内外乱甚，老弱奔号"。

乌陵用章的副手少尹张天和目睹这番惨状，连忙向卫绍王奏请，令把守中都各城门的卫军暂时放百姓任意出城，中都附近各个县城，多少有一道城墙环绕，民众可去这些处所避难。尽管如此，一连好几天，中都城外依然是"民皆饥冻，死者相望"。

南宋人还讹传，中都城的防御体系，最早是按照一个十分独特的理念设计的：七十余里外城包住内城，内城里的东西南北四区，又各有一个独立的小城（"子城"），拱卫着内城。每座子城周围三里，前后各开一门，楼橹城壕等一应防御设施，都按边境戍堡的高规格建造，里面有粮仓、甲仗库，等等，还有复道通往内城。这很像一个"十"字格局，横竖两画交叉的中心是内城，四个端点是四子城，笔画则是连接子城和内城的通道。[1]

更不可思议的是，这个设计思路，相传来自金朝的开国名将，攻占汴京、俘虏北宋二帝的粘罕。当年，女真占领辽国的燕京，粘罕就提出了这个筑城想法。别人笑他胆小怕事，粘罕

---

[1] 金中都的"四子城"之说，已经被文献记载和遗址勘测否定，认为是《南迁录》子虚乌有的编造。参见徐苹芳：《金中都"四子城"说辨误》。

预言："百年间，当以吾言为信！"海陵王完颜亮修筑中都的时候，本想把这四座寒酸的小城拆除，为扩建恢宏富丽的宫殿腾出空间，却被有心人劝阻了。

巧了，从粘罕时代到卫绍王时代，恰恰不到百年，这四座子城真的起到了保命的作用。卫绍王下令，中都城内的富人集中迁到东子城，文武百官和家眷入保南子城，天潢贵胄入保西子城，皇室外戚入保北子城，每城分守军二万人。剩下那些没有靠山的市井小民，只能爱哪哪去（"听其奔避"）。

这个月初七日，第一支蒙古军侦查分队才大模大样来到城下。为给敌人来个下马威，振奋己方士气，金将完颜天骥命令一名叫金突通的武士，带着敢死队，突然打开外城门冲出偷袭，第一次交锋就击毙了三十多个蒙古兵。金突通等人乘胜追击，追出大约三里地的时候，"望见烟尘涨天，鼓声震地"，显然是遭遇了敌军大部队，忙不迭撤回。

当晚，蒙古大军在城下砲石不及之处安营扎寨。大兴府尹乌陵用章连夜部署，在夜色掩护下拆毁护城河上的桥梁，一砖一瓦都要用船运入四座子城，来不及运走的就沉入护城河底，避免资敌。与此同时，金军全力拆毁城郭近旁的民居，木料运入城中，征集各处市场上的粮食等物资，搬入子城集中储备。

过了三天，也就是十一日，蒙古大军才着手攻城。一支精锐的千人队骑马直奔外城一座名为"南顺门"的城门而来。冲到城楼下，带队的蒙古千户不禁一愣——不知金军是疏忽还是傲慢，居然洞开城门，毫不设防。蒙古人当即大喜过望，也不下马，兴奋地呼喊着鱼贯而入。

不料，他们才从漆黑的门洞冲出，马首衔着马尾，涌入正对城门的一条长街（"南柳街"），还没来得及展开，无数矢石火器就朝着这支密集的队伍铺天盖地砸来，顷刻间死伤一大片。蒙古骑兵无暇旁顾，只好向前冲突，却见一层层密密麻麻的拒马栅，将长街横截为数段，金军士兵挺着长槊，躲在拒马后方，收割那些不幸闯进来的蒙古兵的生命。人喊马嘶之际，金军引燃了布置在长街两侧民居中的火药，一连串震耳欲聋的爆炸声后，"街狭，屋倒，大军（蒙古军）死伤甚重"，只好先退到南顺门附近避火。

原来，就在这两天，完颜天骥、完颜律明和聂希古（三人姓名皆不可考）筹划了一个颇为冒险的防御计划：放一部分蒙古人进外城，再利用城内的地形，打一场巷战。果然，初战告捷。不过，攻入南顺门的这名蒙古千户也十分强硬，长街的火势刚刚弱下去，他就带着剩余的几个百户又冲了上来。双方苦战竟日，金军一方的主将完颜天骥力战而死，完颜律明只好带着残部，退入内城。

十四日，蒙古军集中进攻东子城。他们拆除了东城附近的民屋，搭建了一座与城墙几乎齐平的攻城楼。金军自城中用大炮抛出巨石，将木楼轰得粉碎，蒙古人始终不肯放弃，"随毁随立"，两军死伤均十分惨重，但东城就是攻不下来。

二十三日，蒙古军大举进攻内城，四座子城的守军轮番通过复道输送援兵，击退了蒙古军的进攻。

二十八日，双方尝试议和，未果。

二十九日正午，蒙古军向内城发起了最后一轮凶猛的攻势。这次，他们居然懂得用大砲击碎了西承天门楼，又尝试将木料堆积在城下，打算攀登而上，并在木料上浇水，阻止金军火攻。完颜律明让守军制作了几百支火炬，从城头抛掷下去，又"发礌木拒之"。当晚，几十名金军百户军官，冒死偷袭蒙古军在城外的大营，黑暗之中杀伤颇多。此后，蒙古军似乎再未有大动作。

不论第一次中都围攻战的真相如何，到了十月，四方的勤王军队开始陆续抵达。上京留守徒单镒派遣他的副手同知乌古孙兀屯带来了二万援军，泰州刺史术虎高琪带着三千名善战的纠军（由高琪在泰州招募的迪烈、契丹、塔塔儿、撒勒只兀惕诸部人组成），[1]在城北通玄门外警戒，中都总算暂时脱离了危险。外城十三门一齐开放，卫绍王亲自犒劳远道而来的勤王之师，免不了又是一番君臣对泣。

与此同时，河北、山西等地的蒙古军也开始北撤，到十一月底，漠南再无"鞑靼"的一兵一卒。不过，九月到十一月间，除了留下围攻和监视中都的那支部队，其他各路蒙古军可没有片刻停歇。术赤等三皇子的右翼军攻略了西京以西的云内、东胜、宣宁、武州、丰州、净州、朔州等地；成吉思汗的大中军和木华黎的左翼军扫荡了西京和中都之间的弘州、昌平、怀来、缙山、密云、永济、抚宁、平州、滦州、清州、沧州等地；哲别一军还自中都绕出，奔袭了辽东的东京。大安三年（1211

---

[1] 参见蔡美彪：《纠与纠军之演变》。

年）战役的直接结果，用《金史》的话说就是：

> 东过平、滦，南至清、沧，由临潢过辽河，西南至忻、代，皆（一度）归大元。[1]

四、边风急兮城上寒[2]

战争第二年（1212年）的正月初一日，卫绍王下诏，除旧布新，改元"崇庆"。西夏和南宋的贺正使，也如往年一样按时抵达。尽管在射弓宴上，护卫大将军完颜守荣没能为女真人保住最后一点表面上的尊严，中都内外的军民，还是抱着劫后余生的欣慰，度过了新年号下的第一个春节。

不料，才过了半年，就在这一年七月，第一场秋雨还未降下，白莲潭（今北京积水潭）、琼花岛（今北京北海公园）等处的荷花还没有凋谢，小贩还在沿着大街小巷叫卖新出水的菱芡，北方传来的铁蹄声，便惊破了满城河池上的箫鼓弦歌。

今时不同往日，蒙古军变得更难对付了。

打探情报本是蒙古军的强项。作战之先，敌境"某道可进、某城可攻、某地可战、某处可营、某方有敌兵、某所有粮草"，皆先由蒙古哨马侦查汇报。[3]大安三年的战争，恰为蒙古军提

---

[1]《金史·卫绍王本纪》。

[2] 出自南朝鲍照：《芜城赋》。

[3] 许全胜校注：《黑鞑事略校注》，第149页。

供了千载难逢的机会，让他们将金朝的半壁江山用马足亲自丈量一遍。大批投靠蒙古阵营的俘虏、冒险家、投机分子和其他一切不满女真统治的人群，则为其提供了丰富的情报源。于是，蒙古人对金朝山西、河北、山东、辽东各处关隘、地势和兵力的了解，远非初入界壕之时可比。

在技术装备方面，战争第一年也让蒙古人收获颇丰。其中最关键的，是桓州等地本是金朝的群牧监牧养战马之地，蒙古军占领这些地区之后，将以百十万计的监马尽数俘获，实力大振。元人郝经的诗歌《沙陀行》还特意夸耀此事：

> 开国一战何所须？木枪五千跨生驹。
> 百万山崩排堵墙，乘胜逐北过燕都。
> 更得金源四十万，大青小青（名马）绝世无。

此消彼长之下，战争的第二、第三年，金军更是落得处处被动挨打的境地。

崇庆元年（1212年）秋冬的战事，集中在西京和中都周围。八月，蒙古军在密谷口（今山西阳高县西）消灭了金将奥屯襄率领的援军，再攻西京。成吉思汗在指挥作战时为流矢所伤，蒙古军撤回阴山。但是，根据《南迁录》和《大金国志》不太靠谱的记载，这年十一月，中都城遭受了一次较去年更为猛烈的围攻。

十一月初一，蒙古军进攻顺阳门、南顺门和四会门。城楼上的守军将粪便放入沸汤浸泡，再倾倒城下，挡住了蒙古军的几次突击。突然，一名蒙古军官率敢死队，搭云梯从外城北门翻入城墙，"大呼而前"；几乎同时，蒙古军的"黑骑"向各门发起了冲锋，金军在外城布置的防线崩溃。大兴府尹乌陵用章打开苑城洞门，仓皇接应溃军入城。

次日正午，蒙古军又集中攻击连接内城和南边子城的甬道。守将李思安从城上推下滚木、礌石，又用一种"牛鼻砲"轰击敌人，蒙古军死伤惨重。

初六日，蒙古军故伎重施，大肆搜罗民间的木料竹节，堆积在甬道的城墙下，只待与城墙齐平，就可踩着冲上城头。李思安从城内挖地道，直抵竹木堆下方，又连夜准备了一批干木片，涂上硫黄，又缠上碎布条，放入油中浸泡，之后偷偷塞入竹木堆的缝隙中。

初八日正午，蒙古军大举登上竹木堆，又用冲车载着大铁锤轰击城墙。守军点燃了事先布置的引火物，一瞬间，火舌遍地，触者皆焚，"众皆惊走"。蒙古大将命令帐前亲兵手握大刀，向前督战，不许后撤，结果，"焚死者臭不可闻"。

当夜，北风怒号，大雪漫天，真是"燕山雪花大如席，片片吹落轩辕台"。大雪一连下了五天。

十七日，蒙古军再次大举进攻内城，金军用强弩从城头往下射。蒙古军死伤惨重，仍然不放弃进攻，又将一尺多宽的大铁铲，削尖另一端，钉入墙砖，脚踏攀登而上。守军则藏在雉堞后，等到敌军一露头，便用"大刀斧斫碎，飞尸以下"。

蒙古军围城大半月，"百计攻城，不能克"，只好于二十五日黯然撤退。[1]

中都又逃过一劫。

战争转眼便进入了第三年（崇庆二年，1213年，当年五月改元"至宁"）。这年初春，卫绍王派了一名宦官，巡视蒙古大军蹂躏过的国土，为战乱中丧生的士兵和百姓"分设鱼肉酒炙，招魂，奠酹"，宣读御制祭文。卫绍王在祭文中深自痛责：

> 禁烟祭先，土俗所宜。
>
> 凡尔子孙，以此为恭。
>
> 乃令乏祀，鬼哭阴风。
>
> 惟予一人，致汝若此。
>
> 痛恨填臆，其颣有泚。

这篇祭文在各处市集和通衢张贴，往来民众听到识字的人高声诵读，想起各家各户都有亲人在战争中惨死、被掳或失散，无不驻足，失声痛哭。[2]

然而，蒙古人的战争机器，简直和季节变换或天体运行同一精确而不可逆：秋七月，成吉思汗大军依然如期而至，再次夺取宣德府和德兴府。八月，蒙古军进至妫川（今河北张家口市怀来县沙城镇），击溃完颜纲与术虎高琪的部队，金军"僵尸四十余里"，蒙古军乘胜追杀至居庸关北口。

---

[1] 宇文懋昭撰，崔文印校证：《大金国志校证》，第311—312页。
[2] 宇文懋昭撰，崔文印校证：《大金国志校证》，第313页。

这次，蒙古军无法像大安三年（1211 年）那样轻取居庸关。居庸关有南北两个关口，相距四十里，其间有两山夹峙，中有一线巨涧，悬崖峭壁，称为绝险。薄暮中眺望居庸关北口的蒙古军发现，从眼前直到关门，百余里内密密麻麻布满了经典的反骑兵设施铁蒺藜，难以前行。金军多少汲取了上一次战争的教训，不但重兵把守，甚至用熔化的铁汁，将关门浇铸得密不透风。不难想见，除非马生双翼，蒙古人断不能一夜飞渡"峻崖纡白日，叠嶂逼苍穹"的居庸天险。

金军虽然谨慎，却大大低估了前面说的蒙古军打探情报的能力和机动性。太行山脉号称"天下脊"，东西阻障，但是，穿过太行山往来山西、河北的孔道，可不止居庸关守护的"军都陉"这一条，而是至少有八条，统称"太行八陉"，均是东西向的横谷。北段的四陉——军都陉、飞狐陉、蒲阴陉和井陉，都能够作为直接或迂回进攻中都的通道。

其中，飞狐陉从河北蔚县至河北涞源县，蒲阴陉从涞源县至河北易县。东距易县八十里、西南距涞源县约百里的紫荆关，就横亘在蒲阴陉上。明末地理学家顾祖禹评论：居庸、紫荆两关都是京师的咽喉要地，通常认为居庸比紫荆更为重要，其实，"寇窥居庸，其得入者十之三；寇窥紫荆，其得入者十之七"。这一点，对当时的蒙古军来说，已不算什么秘密。

成吉思汗留下客台、薄察率军牵制居庸关北口的守军，自率主力沿着桑干河西行，取道蔚州（今河北张家口市蔚县）、广灵（今山西大同市广灵县）、灵丘（今山西大同市灵丘县），直入紫荆关。金军尚未反应过来，蒙古大军已冲入平原，在五回岭大败金军，攻占涿、易二州（今河北保定市涿州市、易县）。与此同时，哲别一军从间路迂回居庸关南口。南口一失陷，守卫北口的契丹将领当即向客台、薄察献出北口。三路蒙古军会师于中都近郊。

至此，在同蒙古的战争中，金朝可谓"野战则全军俱殁，城守则阖郡被屠"（御史陈规语），一片黑暗，看不见丝毫曙光。如今，三路蒙古军又会师中都近郊。局势如是，压力如是，足以让每一个面对它的人陷入疯狂。

果然，九重宫禁之中，陡生变故，一场奇祸降临到金朝皇帝卫绍王头上。

第五章　惊　变

一、卫绍王画像

大金王朝的第七位皇帝，卫绍王完颜永济究竟是个什么样的人？这里不得不多说几句。

首先他是金章宗完颜璟的继承人。在当时，甚至在金朝覆亡多年后，许多知识精英仍然觉得，章宗时代是一个令人缅怀的辉煌盛世。翰林赵秉文从金朝的国际威望来总结这个时代："孳宋（南宋）增币以乞盟，阻卜（蒙古）革心而效顺。西服银夏（西夏），东抚辰韩（高丽），岁时相望，琛赆入贡，由是蒸为瑞气，散为祥风……"[1]可是，这样一座国运巅峰，对继金章宗而坐上皇位的卫绍王来说，更多意味着浓重的阴影和沉重的负担。

金章宗在弥留之际选中自己的叔叔，金世宗第七子卫绍王永济，不是因为永济足够优秀，配得上这偌大一份遗产，而是另有缘故。

章宗风光一世，或许还能流芳千古。遗憾的是，在他咽气

---

[1] 赵秉文：《进呈〈章宗皇帝实录〉表》。

前，一个存活的子嗣都没有。雪上加霜的是，金章宗生前对和父亲（已故的金世宗太子允恭）同辈的几位叔叔十分猜忌，凡是显露些野心和才能的，如郑王永蹈、镐王永中，无不酿成大案被赐死。剩下两三人，不是耄耋昏聩，就是疲软懦弱。

史书中保存了不少对卫绍王性格的评骘。南宋那边，传闻他"为人仁厚，居兄弟中最贤"，这是最客气的。[1]元人修的《金史·卫绍王本纪》，很可能杂糅了亡金文人和元朝史官的看法，一面说他仪表堂堂，"天资俭约，不好华饰"，一面又说他"柔弱，鲜智能"，虽是永蹈的同母弟，却看着人畜无害，才苟全性命，与疑心重重的章宗相安无事。当然，最为直截了当的评价，来自同时代人成吉思汗——听到永济即位的消息，成吉思汗出口便骂："我谓中原皇帝是天上人做，此等庸懦亦为之耶！"

看完这些评价，一个老好人的形象呼之欲出。暂且不去深究这张脸谱，是大智若愚，是忍辱负重，还是本色当行。弥留之际的金章宗和他宠信的元妃李师儿等人，捧出这个老好人成为九五之尊，是有特殊考虑的——当时，金章宗的两个妃子贾氏和范氏已有身孕。金章宗虽然对外宣称，传位卫绍王，是本着太祖皇帝"传授至公"之意，却在遗诏中给新皇帝安排下了一道紧箍咒："今朕之内人，见有娠者两位，已诏皇帝：如其中有男，当立为储贰，如皆是男子，择可立者立之。"[2]这份政

---

[1] 宇文懋昭撰，崔文印校证：《大金国志校证》，第314页。
[2]《金史·完颜匡传》。

治遗嘱的两大执行人，李元妃，还有章宗幼年的老师兼重臣完颜匡，负责确保柔弱的卫绍王不负所托，将来章宗的遗腹子顺利继位。

虽然卫绍王才具平庸，权力的加持和诱惑，有时却能给人壮胆。很快，他就利用完颜匡和李元妃的矛盾，让范氏莫名其妙"胎气有损""胎形已失"，只好落发为尼；又诬陷贾氏诈称怀孕，实与李元妃勾结，妄图偷梁换柱，让李家儿冒充皇嗣。李元妃势力遭到铲除没几个月，大安元年（1209 年）十二月，完颜匡居然病死了，只留下卫绍王孤身一人，心惊胆战地看守着这个由盛转衰的王朝。

以金朝当时的状况，国内出点问题，比如阶级矛盾、民族矛盾，甚至天灾人祸，凭借传统社会的惯性、官僚体系和基层制度的缓冲，多少还能够架漏过时，牵补度日。然而，谁能料想，三十多年前"除影子外无伴当，尾子外无鞭子"的落魄青年铁木真，[1] 不久前还四分五裂、自寻干戈的漠北草原，这两者的奇妙结合，竟然迸发出最终改变了世界历史的能量？

对当时东亚世界的一切政权，尤其对金朝而言，蒙古的崛起，是百年未有之大变局。要应付这样复杂微妙的国际政治形势，中材之主都不行，非雄才大略不办。不过，正如卢梭《社会契约论》所言，世袭君主制的弊端，总是只顾表面的宁静，而不要贤明的政治，为此不惮于把小孩、恶魔或者白痴捧上皇位。卫绍王无非证明了，时代急需的英主，恰在此时此刻出现

---

[1]《元朝秘史》第 78 节。

于金朝皇室的概率，实在是微乎其微。

南宋传言，卫绍王颇有先见之明，屡屡谋划在成吉思汗羽翼丰满之前消除隐患。金章宗在世时，卫绍王奉命前往净州接受蒙古入贡，目睹当时的铁木真"桀骜不逊"，就想禀告章宗除掉他，因章宗病逝而未果。不久，蒙古又来入贡，卫绍王埋伏下重兵，打算袭杀成吉思汗，再率大军深入沙漠，又因内部有人告密而失败。[1]

这些记载显然不大靠得住。

因为，就在成吉思汗为消除南下的牵掣，屡屡攻打西夏，西夏主向宗主国金朝紧急求援之际，卫绍王还毫不在意唇亡齿寒的危险，扬言："敌人相攻，吾国之福，何患焉？"[2]结果，西夏转投蒙古，与金朝反目成仇，打了十余年的边境战争，弄得"一胜一负，精锐皆尽，而两国俱弊"，替蒙古人省了不少力气。[3]蒙古大举南下之初，宰相徒单镒劝说卫绍王收缩防线，将桓、昌、抚三州军民迁入内地，卫绍王舍不得，觉得是平白无故"自蹙境土"，不听。徒单镒又劝说他外派中央大臣，在东京设置行省，防备蒙古进攻，卫绍王又觉得这是小题大做，"徒摇人心"，不听。这些判断无异于掩耳盗铃，后果严重。[4]还有记载表明，战事最吃紧的时候，卫绍王只知道成天斋戒吃

[1] 李心传撰：《建炎以来朝野杂记》，第842页。

[2] 吴广成撰，龚世俊等校证：《西夏书事校证》卷四十。

[3]《金史·西夏传》。

[4]《金史·徒单镒传》。

素，"焚香告天"，哀叹为何偏偏到自己当皇帝的时候，就遇上蒙古南侵这样的倒霉事。[1]

可见，卫绍王倒是颇为忠实于别人给他设定的角色，最在乎的，莫过于守住继承来的那几分田几间屋，唯求做一世太平天子。这么一个毫无战略眼光和政治魄力的君主，竭力推动金世宗祖孙如臂使指的国家暴力机器，应对蒙古南下这样的剧变，别人说他是"力不逮心"，确实没错。

马基雅维利一再警告，一个君主，如果不能受人爱戴和畏惧，至少必须避免受人轻蔑和憎恨。卫绍王不仅遭到外敌成吉思汗的轻蔑，还遭到自己臣民的轻蔑。他就好比一个懵懂孩童，想要嗾使一群桀骜难驯的看家犬对付草原来的饿狼，怎能不遭受反噬？

这群"看家犬"当中最危险的一头，就是前面多次提到的西京留守纥石烈胡沙虎，时人贬称其"虎贼"。

二、通玄门之变

纥石烈胡沙虎，又名纥石烈执中，属于家世悠久的女真贵族，先祖是完颜部称雄前的纥石烈部的首领。胡沙虎的政治资历，最重要的一笔，就是出身于金世宗的太子、金章宗之父允恭（显宗）的护卫。他的汉名"执中"，大概也是精通汉文化的允恭赐给他的，因为"胡沙虎"（hušahu），女真语的意思是鸱

---

[1] 宇文懋昭撰，崔文印校证：《大金国志校证》，第314页。

鸮，俗称猫头鹰，在汉文化中是一种不祥的恶鸟。"执中"则出自伪古文《尚书·大禹谟》中的"人心惟危，道心惟微。惟精惟一，允执厥中"。在宋明儒学传统中，这十六字被尊为尧舜的道统心传。"允执厥中"，大概是想提醒胡沙虎，遇事切勿过激，循中道而行。

这个名字，确实非常对症胡沙虎的一贯作风，那就是"凶悍骜横"。[1]

金章宗即位不久，胡沙虎的狠傲本性就暴露无遗。明昌四年（1193年），胡沙虎出京公干，因为迎候的官员迟到片刻，给他准备的酒味道又不够醇，他便大打出手，被罚杖打五十。后来，他在知大兴府事任上也是劣迹斑斑。御史中丞孟铸历数其罪状："雄州诈认马"、"平州冒支俸"、"破魏廷实家"（还掘人祖坟）、"拜表不赴"、"祈雨聚妓"、"殴詈同僚"，等等。

不过，金章宗一贯包庇显宗旧臣，胡沙虎又善于讨好皇帝身边的亲信。皇帝屡屡接到弹章，颇不耐烦地说：汝辈难道无他事可做，为何专盯住胡沙虎一个人？这厮是个粗人，"止是跋扈耳！"孟铸反驳："明君在上，怎么能纵容跋扈之臣！"金章宗只好把他调到武卫军任职，暂避风头。[2]

蒙古南下之后，胡沙虎因有些戎马功劳，得到卫绍王的重用。前面说过，大安三年（1211年）秋，他作为西京留守，先率军弃城，大败于翠屏口，后逃到蔚州，一路强征官私马匹，

[1] 刘祁：《归潜志》，第114页。
[2]《金史·纥石烈执中传》；刘祁：《归潜志》，第114页。

私人紫荆关，杖杀涞水县令，终于逃回中都。崇庆元年（1212年）春，胡沙虎率军屯驻妫川，敌人还未现身，他就请求移驻关内，暂避锋芒。尽管如此，胡沙虎仍然屡得起用，愈加桀骜难制。至宁元年（1213年）春夏之交，卫绍王又任命胡沙虎为权右副元帅，[1]悬带金牌，率领五千武卫军，在中都城北面驻防。

手里又有了军队，胡沙虎居然萌生了废立君主的念头，与党羽完颜丑奴（文绣局直长）、蒲察六斤（提控宿直将军）、乌古论夺刺（武卫军钤辖）密谋作乱。

就在这年秋天，蒙古军第三度大举南下，完颜纲、术虎高琪兵败妫川，蒙古军直抵居庸，迂回紫荆。卫绍王急得五内俱焚，连夜派特使前往胡沙虎军中，敦促他收敛起纨绔子弟那一套，并斥责他"专务驰猎，不恤军事"。特使口传圣旨的时候，胡沙虎居然背过身，漫不经心地逗弄他驯养的鹘鹰。

当年金章宗猜忌卫绍王等人，特地指派了王傅、府尉之类的官，监督钳制，"苛问严密，门户出入皆有籍"，实在可怜，怎能比得上当时就嚣张跋扈、不可一世的胡沙虎？如今，这么一个庸夫却敢在最需要自己的时候，当面让自己下不来台。一念及此，胡沙虎怒火中烧，双目圆睁，大吼一声，抓起鹘鹰狠

---

[1] 金前中期，元帅府为中央最高军事机构，成员有都元帅，左右副元帅，元帅左右监军，元帅左右都监等。海陵王改元帅府为枢密院，此后枢密院一直是中央最高军事机构，元帅府则在战时设立。金后期又多设行元帅府、行枢密院、行尚书省作为临时性的派出军事机构，元帅头衔也出现滥授。参见王曾瑜：《金朝军制》。

狠摔在地上，羽血飞溅，吓得特使生生把后半截话咽了回去。[1]

此事过后，君臣不共戴天之势已无可挽回。[2]

胡沙虎脾气火爆，却不是愚鲁之辈，心知皇帝不比他家里养的鹞鹰，能轻松玩弄于股掌之上。要谋反，至少得有个足以耸动人心的旗号，还得有恰当的时机。当时，卫绍王的心腹徒单南平（知大兴府事）和其子徒单没烈（驸马都尉、刑部侍郎）把持朝政。中都危急，卫绍王不得不大行赏赉，激励军前将士效命。[3]南平父子迎合卫绍王的悭吝心理，对该发的赏赐随便打折扣，军中怨声载道。[4]胡沙虎趁机编造了一个南平父子谋反，自己要"清君侧"的借口。

八月二十日（戊子），胡沙虎的五千武卫军接到调令，准备从中都开拔，迎击来犯的蒙古军。胡沙虎心里雪亮，箭在弦上，不得不发的时候到了。

此时，尚书左丞完颜纲已率数万大军先行北上，京城守备空虚。或许是天意，从二十日拂晓开始，一场大雾自中都城的上空降下，雾气的颜色呈妖异的"苍黑"色，浓郁得一两步开外就看不清东西（"跬步无所见"）。

---

[1]《金史·纥石烈执中传》。
[2] 以下关于胡沙虎兵变的描述，以《金史·纥石烈执中传》《建炎以来朝野杂记》中的相关记载为主，以《金史·卫绍王本纪》《归潜志》及《金史》其他列传的记载为辅助参考。关于这几种史料的史源关系，参见曾震宇：《论南宋史籍有关金卫绍王"遇害"诸记载》。
[3]《金史·卫绍王本纪》。
[4] 李心传撰：《建炎以来朝野杂记》，第843页。

这场莫名其妙的大雾，锁住京城足足四五天，二十四日至二十五日夜间（辰、巳）才渐渐消散。[1]

胡沙虎动手的时间，是二十三日夜幕降临、雾色深沉之时。

距离胡沙虎的武卫军大营不远，有另一支驻防城北的军队，由治中福海掌握。福海是徒单南平的亲家，于是，这支军队就成了胡沙虎的肘腋之患。二十三日夜，胡沙虎派一名得力亲信，前往福海的营地，神神秘秘，欲言又止，表示虎将军在营中设宴，有军情大事要同他商议。福海浑然不知大难将至，只身赴宴，刚入牙门就遭到拘禁。

二十三日午夜刚过，胡沙虎下令武卫军和福海军在城北操场紧急集合，当众宣读了一份伪造的圣旨，扬言圣主要诛杀南平父子，随后调发两军，兵分三路，在夜雾掩护下，直扑中都外城。

胡沙虎害怕拱卫皇城的侍卫亲军察觉城外有大军调动的响动，派兵出城查探。于是，他先派了一名骑兵，伪装成从居庸关前线回来的通信兵，跑到东华门大喊："鞑军（蒙古军）至北关，已接战矣！"这名骑兵才绝尘而去，另一名骑兵拍马继至，喊了同一番话。宫城内外军民尚睡意蒙眬，慌乱间，没人分辨得清究竟是敌袭还是内乱。

二十四日凌晨三点左右，胡沙虎率叛军主力部队，从通玄门（外城北门）斩关冲入中都，其他叛军从彰义门（外城西北门）陆续闯入。顺利拿下外城和皇城，胡沙虎愈加得意。他驻

---

[1]《金史·五行志》，又见《金史·卫绍王本纪》。

马东华门外，传唤徒单南平和徒单没烈。

南平带了几名随从，冒着雾气匆匆赶来，影影绰绰瞥见对面的胡沙虎甲士环绕，兵刃皆外露，心知不妙，还没来得及搭话，胡沙虎便跃马挺枪，径直将南平刺落马下。胡沙虎的帮凶、侍卫亲军大将徒单金寿上前割下南平的首级。接着，胡沙虎又指使自己的武卫军部下乌古论夺刺砍死了徒单没烈。[1]

这时，卫绍王才得知外面发生了兵变，下令护卫火速紧闭宫城各门。东华门是进出宫城的主要通道。屯驻在宫城外的侍卫亲军纷纷赶来东华门护驾。徒单金寿利用自己在军中的威信，晓谕来者："吾等只为诛杀乱臣贼子，并无叛乱之意！"

侍卫亲军得悉南平父子惨死，又忌惮胡沙虎的疯狂，噤若寒蝉，"无敢动者"。见势不妙，卫绍王草草写就一封悬赏诏书，让人从东华门城楼上掷下：凡能杀胡沙虎者，可从一介草民，直升大兴府尹，世袭千户。然而，满城军民，无一人敢应募。

卫绍王的重臣，右丞相徒单镒在家养病，听见宅外乱成一团，都说北城的武卫军暴动了。他唤来马夫，有心去宰相衙门坐镇。还没有走到巷子口，有人一把扯住他说："省府相幕（皇城南，宣阳门内），皆以军士守之，不可入矣！"很快，叛军开始在各处坊巷搜捕政敌。徒单镒犹豫片刻，还是决定躲在家里，

---

[1]《金史·纥石烈执中传》记载胡沙虎手刃南平之处，在"广阳门西富义坊"。不过，此地在中都南城，与胡沙虎的活动路线似乎有些龃龉，暂不取。

观望形势。[1]

后来，有人回忆当天的情形，感叹：胡沙虎发难的时候，中都城内的"百僚、将士，无敢谁何！"[2]

三、巨人卫队死战

此时此刻，居然还有人敢站出来，当真不可思议。

符宝祗侯完颜鄙阳，加上护卫十人长完颜石古乃，带着手下五百余士兵（番号"大汉军"，屯驻天王寺）匆匆赶到，于众军皆作壁上观之际，与叛军大战于东华门前，无一人生还，"流血满地"。

在这个戏剧性时刻，忽然冒出来的"大汉军"，究竟是什么军队？他们为什么要这样做？至今都是一个动人的谜团。

近侍和护卫能调动"大汉军"，说明它似乎隶属侍卫亲军体系，但在金军编制记载中，这支部队又无史可征。南宋人记得，当年海陵王完颜亮的南侵大军中，有一支"大汉军"。[3] 辛弃疾认为，这是从中原强行征发来的军队。[4] 番号如此，因为成员多是汉人。然而，"大金"王朝治下，"大汉""大契丹"，

---

[1]《金史·徒单镒传》。

[2]《金史·完颜从坦传》。

[3] 脱脱等撰：《宋史·李宝传》，中华书局点校本。

[4] 辛弃疾：《美芹十论·审势》。原文为："如中原所签，谓之大汉军者……怨愤所积，其心不一。"这似乎是一支被迫从军、不满女真统治的军队，可能只是辛弃疾的推测。

都涉嫌违碍。区别于女真人的汉人军队，应称"汉儿军"，并非"大汉军"。[1]

倒是《南村辍耕录》提到，元朝有一种镇殿将军，专门招募"身躯长大异常者"充任，配上量身定制的衣甲兵器，光凭气势就能唬住一大拨人，也称"大汉"。[2]这个说法有待证实，但至少显示，"大汉"当时有另一种解释，同今天一样，指身材魁伟异常的人。记载胡沙虎政变的南宋史料，称"大汉军"的完整番号为"关西大汉军"。[3]如非讹传，"大汉"的称谓或许与关西人身材颇为高大不无关系。[4]

这样一来，"大汉军"很可能是完颜亮异想天开的遗作，类似普鲁士国王腓特烈·威廉一世（Friedrich Wilhelm I）精心打造的波茨坦近卫军团。该军团士兵平均身高一米九以上，俗称"长人队"（Lange Kerls）、"巨人卫队"（Riesengarde）。[5]

事实或许就是如此。

这五百余名人高马大、长相凶悍的巨人，人数虽少，在东

---

[1] 范成大：《揽辔录》，赵永春辑注：《奉使辽金行程录》，第403页。书中提到右副点检耶律执中，兼管"汉儿军"或"汉卫军"。

[2] 陶宗仪：《南村辍耕录》，第19页。

[3] 李心传撰：《建炎以来朝野杂记》，第843页。

[4] 宋元时期最著名的相关记载，是俞文豹《吹剑录》戏说苏轼豪放词，须"关西大汉，执铁板，唱'大江东去'"。

[5] 参见 Rolf Fuhrmann: *Die Langen Kerls–Die preussische Riesengarde 1675/1713–1806.* "巨人卫队"的军服、装备和薪水，是普鲁士常规部队的四倍以上，极其昂贵。《南村辍耕录》也记载，朝廷为镇殿将军专门调拨装备和月给，称为"大汉衣粮"。

华门前排开，仿佛一堵铜墙铁壁，不怒自威，依然给叛军造成了相当的心理压力。《金史》记载，眼看手下的武卫军有些畏畏缩缩，胡沙虎扯开嗓子喊："大汉军反矣！杀一人者，赏银一锭（五十两）！"人数众多的叛军一窝蜂扑上去，"杀五百人殆尽"。[1]

大汉军的统帅完颜鄗阳，正是胡沙虎兵变前首先拿下的福海的儿子。胡沙虎见鄗阳在东华门前骁勇无比，己方人数虽多，一时却占不了上风，便将福海推到阵前，命他劝降。鄗阳听见远处传来父亲苍老的声音，却望不到父亲的身影，于是大喊了一声，更像是在鼓励周围浴血奋战的同袍："胡沙虎老贼，欲反朝廷，何谓降之！"此后，他便义无反顾，继续苦战，"自旦至午，手杀数十人，身中数矢而死。"[2]

正午过后，宫城外面喊杀声渐息，叛军好不容易消灭了最后一支抵抗力量，冲到了东华门下。

胡沙虎不打算与宫中执勤的护卫正面冲突，他自己就是护卫出身，深知这是一个不可小觑的势力集团。所以，一开始，他希望劝降当天轮值的侍卫亲军军官百户冬儿、五十户蒲察六斤。可是，派人喊话半天，却不见回应。胡沙虎又向二人开出了世袭千户、三品职官的价码，依然毫无动静。看来，对于在这场兵变中如何选边站队，侍卫亲军内部意见并不统一。

无奈，胡沙虎只好接着朝徒单渭河喊话。徒单渭河任职殿

---

[1]《金史·忠义传》。

[2] 李心传撰：《建炎以来朝野杂记》，第843页。

前都点检，是侍卫亲军和御前护卫两支卫队的总长。不一会儿，徒单渭河从墙头垂下绳索，爬了下来，投靠了叛军。接着，胡沙虎命人将柴火堆积在东华门下，威胁要纵火，又推出云梯，准备强行登城。

在徒单渭河的劝诱下，少数摇摆不定的亲军和护卫终于抽刀斩关，大开宫门。[1]胡沙虎率军冲入大内，卫绍王身边剩下的护卫见大势已去，顷刻之间散得一干二净。胡沙虎留下部分党羽，将卫绍王软禁在大安殿中，自己占据了大兴府尹的官邸，宣布自己为"监国都元帅"，等于"武装部队总司令兼临时政府首脑"，大肆赏赐兵变中立功的金寿、夺剌等人。当夜，叛党在府中摆酒席，召乐妓，欢歌宴舞，通宵达旦。

翌日（二十五日），胡沙虎带人气势汹汹直奔大安殿而来。卫绍王远远望见胡沙虎，就迫不及待喊道："圣主令臣何往？"看来，叛军到底有没有拥立新"圣主"，"圣主"又是哪位，卫绍王显然已经不在乎了。三年来，头上这顶沉重的皇冠，早就压得他喘不过气来，连身体衰老的速度都明显加快：这便宜天子，不当也罢，能苟全性命于乱世，足矣。

胡沙虎轻蔑一笑："送你回原来的王府！"

卫绍王心下大宽，连忙跑入后宫，拉着皇后一起走。皇后不肯，告诉他："出宫必死！"双方正争执，胡沙虎等得不耐烦了，干脆命令手下将帝、后二人绑至卫王府，加派武卫军二百

---

[1]《金史·纥石烈执中传》记载，开门投降的有"护卫斜烈、乞儿，亲军春山"等人。《建炎以来朝野杂记》记载，开门者是"守门将军合住"。

人，将王府团团围住。

眼看动乱和流血差不多该告一段落了，徒单镒出来劝胡沙虎：大位不可虚悬，翼王完颜珣（本名吾睹补），乃金章宗皇帝的兄长、金世宗太子允恭的长子，众望所归，"元帅决策立之，万世之功也！"其实，徒单镒还有一句潜台词：你就凭少数嫡系，虽然逞凶一时，挟制宫城，终难完全服众，见好就收吧！胡沙虎当下大悟，点头允诺。

当时，完颜珣正在彰德府（今河南安阳）任职，只有他的长子完颜守忠（后谥庄献太子）留在中都。于是，胡沙虎暂用皇太子的仪仗，将守忠送入东宫，表示大位已有所归，又命令奉御完颜忽失来等三人，护卫蒲鲜班底、完颜丑奴等十人，前往彰德府迎接宣宗。

八月二十六日夜间，卫绍王死在了胡沙虎派遣的宦官李思忠手下。

九月七日，完颜珣进入中都，在大安殿即位，这就是金宣宗。

翻开《金史·五行志》，从卫绍王大安元年（1209年）开始，对地震、巨响、火灾、大旱、狂风、妖人的记载，连篇累牍，几乎未曾断过。据说，卫绍王被害当日，渤海湾的海水忽然就不再每日涨潮了。设在宝坻县（今天津宝坻）负责煎煮海盐的盐司急了，担心规定的盐课完不成，千方百计祈祷海神，就是不见半点成效。不过，就在完颜珣即位那天，海水居然又恢复了涨潮。对于卫绍王时期"亡征已见"的大金王朝，[1]这或许算

---

[1]《金史·哀宗本纪》。

得上一丝曙光。

正是在完颜珣大约十年的统治期（1213—1223年）内，金朝的国运遇到了最后的两次决定生死的转折机会。

四、从彰德来的人

八月底，完颜珣的马车从相州（彰德府治）城北的朝京门驶出。由此去中都，路上大概要花十天左右的时间。

完颜珣在彰德府待了近二十年，对这个地方多少有些眷恋之情。不久前，他在城内一处故园里的竹子，竟然结出了白色小花，史书记载，形似"鹭鸶藤"，也就是忍冬，似乎是个吉兆。[1]完颜珣绝不会想到，没过多久，他就要匆匆南下，途经此地。不过，那次是要将避难的朝廷，迁到更靠南的南京开封府。

相州城，是黄河以北的一个交通要会，人烟稠密，市井繁华。往来商旅都记得，城里有两处售卖佳酿的大酒楼，一座名为"康乐楼"，一座名为"月白风清"，还有一条叫作秦楼街的商业街。此处地近古代的邺城，先后是曹魏、后赵、前燕、东魏、北齐的都城。所以，从相州北行，渡过漳河，便可看到众多遗迹。其中一座绵延十几里、气象雄壮的废墟，相传是魏武帝曹操的讲武城。讲武城的南边有一片起伏的丘陵，相传是曹

---

[1]《金史·五行志》。

操畏惧后人盗墓而布下的七十二座疑冢。[1]即将成为天下新主的完颜珣，目睹此景，抚今怀古，所思为何？

胡沙虎率领京城文武百官奉上的这袭黄袍，他本来可以拒绝。

首先，如今的大金不比他祖父金世宗的全盛时期，可谓外有虎，内有狼。替这个行将没落的政权宵衣旰食，显然不是一件惬意的工作。再说，他身处河南，远离叛军的兵刃，又不受胁迫。何况，蒙古叩关之际，走出险峻的城池，踏上平坦的官道，实属冒险之举——谁敢保证，望见燕京宫阙之前，"准皇帝"一行不会被突如其来的鞑靼游骑一网打尽？尽管有这些顾虑，这个允诺，完颜珣给得心甘情愿。

韦伯（Max Weber）在《政治作为一种志业》中告诫打算从政的人：切勿追逐权力表面的光晕，而要看清权力的实质。不过，权力的光晕，就像菩提树下诱惑佛陀的魔王，幻化出千万种形象，其中总有一种令人迷醉，无法自拔。皇位的诱惑力，对完颜珣也是如此。

完颜珣和金章宗是同父异母的兄弟，均系金世宗早逝的太子允恭所出。不同的是，完颜珣虽是长子，母亲只是一名侧妃。相反，金章宗是正妃所生，允恭嫡子，世宗嫡孙，预定的皇位接班人，一路走来光芒炫目。二人的成长经历，从出生开始就有霄壤之别。不过，在女真人当中，嫡庶有别的观念，不如在

---

[1] 关于彰德府风貌和北上行程的描述，见于南宋使臣的旅行记录，如楼钥《北行日录》、周煇《北辕录》、程卓《使金录》等。参见陈学霖：《楼钥使金所见之华北城镇——〈北行日录〉史料举隅》。

汉人心中那么根深蒂固。比如，弑杀金熙宗的完颜亮就认为：熙宗是金太祖阿骨打的嫡孙，自己的父亲（宗干）却是太祖长子，"己亦太祖孙"，所以有觊觎皇位的权利。[1]同理，完颜珣是允恭长子，自幼"美风姿，好学，善谈论"，诗写得也不错，各方面都不逊色于弟弟，凭什么幼年就永远失去了问鼎九五的希望？凭什么王叔永济这样的庸碌之徒也能一朝称帝？

在长子完颜珣的心底，必定有一分强烈的自我期许，化作对权力的欲望，成为长期困扰、折磨他的心结。所以才有人评论，完颜珣"少多符瑞，尝窃自负"。[2]只有如此，他才会在登基第二天就对宰相班子强调："事有规画者皆即规画，悉依世宗所行行之。"[3]这是摆出一副绍述"小尧舜"，同金章宗时代以及"后章宗时代"（卫绍王时代）划清界线的架势。

完颜珣刚过知天命之年（五十一岁）。我们后面会看到，他是一个坚韧、缜密、控制欲极强的人。后来，一人兼管天下的"万机之众、钱谷之冗""躬亲细务""夙夜不遑"，成为他的主政特色。应付国内的乱局和外敌的威胁，他起初也颇为自信。

九月七日，京城文武翘首以盼的完颜珣，平安抵达中都，成为大金王朝的第八位皇帝，仅存续了三个多月的"至宁"元年结束了，取而代之的是"贞祐"元年（1213年九月十五日开始）。不过，在直面长驱而入的蒙古大军之前，完颜珣（此后

[1]《金史·海陵庶人本纪》。

[2] 宇文懋昭撰，崔文印校证：《大金国志校证》，第351页。

[3]《金史·纥石烈执中传》《金史·宣宗本纪》。

我们只称他为金宣宗）至少有两件刻不容缓的大事要处理。

对这两件大事的处理，无一不揭示出金宣宗内心复杂的矛盾和挣扎。

先说第一件，如何妥善安置先帝卫绍王的身后事。

对这位永济皇叔，金宣宗尽管有些瞧不上眼，却并没有特殊的恶感。登基大典举行三天后，金宣宗亲自前往卫王府吊唁。主持丧礼的官员提醒说，根据旧礼，皇帝可以在设好的座位上从容致哀。宣宗当即命人撤去座位，"伏哭尽哀"。眼见同是世宗血胤的叔叔惨死，宣宗心里大概生出了几分怜悯，何况，这也是他收揽天下人心的一个姿态。出了王府大门，宣宗吩咐下去：以礼改葬。[1]这样，金宣宗也算表面上尽了做侄子的一点心意。

可是，有人不乐意了。政变的主角——纥石烈胡沙虎，如今已是泽王、太师、尚书令（尚书省名义上的最高长官）兼都元帅，他再三上奏，要求将卫绍王"废为庶人"，以示自己称兵犯阙，乃是出于公心和大义。此举也有完颜亮的先例。完颜亮在伐宋中途被乱军杀死后，金世宗先将他的封号降为郡王，后又废为"海陵庶人"。

九月二十三日，金宣宗在仁政殿举行了一次扩大会议，文武百官共计三百余人列席。胡沙虎坚持自己的意见，然而附和者寥寥。大部分官员都面面相觑，不敢明确站队。只有一个小文官田廷芳站出来说："海陵王荒淫暴虐，先皇帝却素无失德，

---

[1]《金史·宣宗本纪》。

削除尊号不合于礼！"以户部尚书武都为首的二十多人纷纷赞同，太子太保张行简还举出了西汉昌邑王刘贺等人的典故。于是，反对将先帝废为平民的阵营又多出十余人：侍御史完颜讹出等人建议，降为原来的卫王封号。

在权力意志和主流舆论之间，金宣宗左右为难，只好宣布：真理既不在少数人手上，也不在多数人手上。他打了个比方，就好像问路，"百人曰：东行是；十人曰：西行是"，"行道之人"究竟是向东走，还是向西走？怎么能按照十人、百人的数量来定是非呢？最后说了句："朕徐思之。"

金宣宗即位后的第一次大朝议，至此草草散场。

过了几天，折中的旨意出来了，将先帝降为"东海郡侯"，为金章宗两个冤死的妃子李氏（李元妃）、贾氏平反。贞祐四年（1216年），"东海郡侯"才得以复封为"卫绍王"。[1]

五、宣宗当国

金宣宗必须妥善处置的第二件大事，自然是如何面对"弑君功臣"纥石烈胡沙虎。

对于胡沙虎，金宣宗的感情比对死去的皇叔复杂微妙得多，可以说，是既爱又恨。

爱他，自然是因为他援立有功。先帝卫绍王有皇子六人，其中胙王从恪，早在大安二年（1210年）秋天就被立为皇太子。

---

[1]《金史·宣宗本纪》。

按常理，如果没有这场血腥政变和胡沙虎的拥戴，金宣宗再怎么"尝窃自负"，也只能在彰德故园里顾影自怜，中都的皇位是传不到他手上的。因此，金宣宗应该对胡沙虎心存感激，即位后回报以各种荣衔，对其种种作为也有意回护。

恨他，自然是因为胡沙虎手上沾染了完颜君主的鲜血。由弑君者拥戴继位，注定了金宣宗不具备完美的政治合法性。在有心理洁癖的人看来，仿佛白璧微瑕，越看越觉得恶心。且不说遥远的历史，祖父金世宗就幸运得多：前皇帝完颜亮不但形象足够邪恶，又死在乱军之中，拥戴他即位的人同前线弑君的叛军也素无瓜葛。待世宗即位，便可从容处置海陵余党和叛军将领。相反，如今胡沙虎远道送来，自己又无法拒绝的黄袍上，有擦拭不去的污点。想起此事，金宣宗实在恼火。

为君臣关系火上浇油的，是胡沙虎我行我素，甚至变本加厉的跋扈态度。

胡沙虎之流，如同扑向灯火的飞蛾——距离权力中心越近，越加速他的灭亡。嚣张跋扈惯了，如今废立君主，身受王封，手握军政大权，子弟布满朝堂，戴蝉珥貂，又岂会收敛？九月十一日，登基大典后的第四天，金宣宗在仁政殿举行朝会，胡沙虎随侍。史书说，金宣宗为示礼遇，命人给"相王"（宰相、泽王）赐座，胡沙虎居然也不"谢恩"，昂首挺胸，"就座不辞"。[1]

九月下旬，蒙古大军的前哨在中都以南出没，到了霸州（今

---

[1]《金史·纥石烈执中传》。

河北霸州）东面的高桥淀。这个信号可不太妙，说明敌人似乎成功迂回了居庸关。尚书省的主官（丞相、参政）紧急求见金宣宗，汇报军情。宣宗心中不安，派亲信询问胡沙虎，胡沙虎也不详细回奏，大大咧咧回复："计画已定矣！"转身就斥责尚书省："吾为尚书令，有事怎可不先同我商议，却草率上奏？"[1]

凡自视甚高的君主，最容不得臣下挑衅自己敏感的自尊；凡控制欲强的君主，最容不得臣下有阻绝天听、"浮云障日"（陆贾《新语·慎微篇》）的僭妄。胡沙虎的上述举动，显然触犯了金宣宗的逆鳞。

于是，金宣宗表面上隐忍不发，暗中却考虑摆脱这个随时可能失控的危险角色。他明白，在胡沙虎之难中不敢效忠卫绍王的那些京城文武，又怎会为自己抛头颅洒热血？在他心中，这群人早就被划入了有待考查或不值得信任的另册。于是，新皇帝选择了仰仗身边的近侍。近侍局提点庆山奴、副使惟弼、奉御惟康等人开始密谋除掉胡沙虎。

专制皇权依靠另一股依附势力来清除它自己产生的毒瘤，在中国历史上是一大常态。金宣宗用近侍，不过是故技重施。中国历史上另一个更有名的"跋扈将军"，东汉的外戚、大将军梁冀，就被汉桓帝借助五个心腹宦官（后称"五侯"）铲除。不过，眼见胡沙虎免不了要步梁大将军的后尘，又一起突发事件，竟然以一种荒谬的方式，化解了金宣宗一个多月来的痛苦纠结。

这个无意中为君分忧的人，就是前面出现过的术虎高琪。

---

[1]《金史·纥石烈执中传》。

术虎高琪的履历和胡沙虎十分相似。他也出身护卫（金世宗时期），也曾在武卫军中任职，在同南宋的战争中颇有建树。中都首次遭受围攻后，率领三千名乣军赶来，驻守通玄门外的就是他。此时，高琪已升任元帅右监军（总司令部的高级军衔）。

前面说到，贞祐元年（1213年）闰九月，蒙古军已攻陷涿、易二州，北上进逼中都。胡沙虎拼凑了中都周边的军队，打算与蒙古军展开决战。高琪的乣军也奉命调回中都。史书说，他运气不佳，与蒙古军"每出战辄败"。胡沙虎十分愤怒，冲高琪吼道："汝连败矣！若再不胜，当以军法从事！"[1]

这一句多半是无心之言的威胁，注定了胡沙虎的命运。

十月十五日，术虎高琪提兵与蒙古军大战，又一败涂地。日落后，高琪撤回中都，害怕胡沙虎施行军法的屠刀，又隐约听闻宫中早就不满胡沙虎，索性一不做二不休，带着乣军残部，披甲持刀，连夜将胡沙虎的官邸围得铁桶一般。

胡沙虎的结局，流传有两个非常不同的版本。

第一种说法是，胡沙虎正在宅中，听到门外哗变，连忙抓过弓箭，搭矢外射，架不住势单力孤，只好退到后院，打算逾墙逃命。大概他穿着睡袍，行动不利索，衣服被什么绊住了，从墙头跌落，受了重伤。乣军士兵一拥而上，将他砍死。[2]

第二种说法是，当时胡沙虎在内堂洗脚，抬头猛然见到冲

---

[1]《金史·术虎高琪传》。
[2]《金史·纥石烈执中传》。

进来的士兵，大惊失色，光着脚逃入卧室，还是被高琪的手下拖出来斩杀。[1]

不管怎样，金宣宗的心腹大患消失了，高琪拎着胡沙虎的首级，跪在应天门外请罪。金宣宗当即赦免高琪，先后拜为左副元帅、平章政事。十月三十日，金宣宗还专门下诏解释，让臣民不要胡乱猜疑，诛杀虎贼，其实是出自忠心耿耿的近侍局的动议，辗转传达，最终交由高琪执行：

> 胡沙虎畜无君之心，形迹露见，不可尽言。武卫副使提点近侍局庆山奴、近侍局使斜烈、直长撒合辇累曾陈奏，方慎图之。斜烈漏此意于按察判官胡鲁，胡鲁以告翰林待制讹出，讹出达于高琪，今月十五日将胡沙虎戮讫。惟兹臣庶将恐有疑，肆降札书，不匿厥旨。[2]

这份诏书的意义非同小可——从这一天开始，"近侍局"，这个特殊的皇家机构，从御座背后的暗影里，堂而皇之迈上了舞台中央。

金朝建立之初，"郎君"（皇族子弟）广泛参与决策。随着熙宗、海陵王加强集权、诛戮宗室，皇权衍生的另一股政治势力，也就是形形色色的近侍活跃起来，最终发展为一个特殊利益集团。

---

[1] 刘祁：《归潜志》，第115页。
[2]《金史·术虎高琪传》。

近侍局名义上隶属殿前司，长官为提点，下设局使、副使、直长，管辖奉御、奉职等一干办事员，只遴选本局人和宫中出身人员，外廷官员极难插足。这个机构虽然只是五品衙门，却位卑权重。有人说，金宣宗"视（尚书省）宰执、（御史）台、（六）部，皆若外人，而所谓心腹，则此局也"。他不仅任用近侍充当耳目，监察百官，还派他们外出察访民情，担任监军督战。[1]如要给这个机构一个准确定位，只要想一想蒋介石那个军务、政务、党务、外交、情报、人事无所不统的侍从室就足够了，二者都是实施独裁统治的御用工具。

五花八门、细如涓流的情报，通过近侍局的各条触角，汇总到金宣宗面前，非常投合他"躬亲细务"的政治性格。金宣宗也深信这一制度的可靠，甚至遇到臣下请求独对，都要"令近臣一人侍立"。后来，完颜素兰控告高琪，就是先被召入近侍局，用笔、纸写下要上奏的事情，过了一会，才在便殿受到宣宗接见，见证此事的只有一人——近侍局直长赵和和。

专靠近侍，并无法避免内外勾结、阿谀成风的弊端。[2]不过，在贞祐初年，宫中的金宣宗和他的近侍，在外廷"自为宰相，专固权宠，擅作威福"的术虎高琪，加上多数态度含混、得过且过的文武官员，多少形成了一种政权内部的势力均衡。于是，金朝终于得以腾出手来，应对更为刻不容缓的北方战局。此时战局之糜烂，也已经到了生死攸关的地步。

<hr />

[1] 关于金代中后期的近侍，参见李锡厚：《金朝的"郎君"与"近侍"》。
[2] 刘祁：《归潜志》，第70页。

第六章 抉 择

一、幽闭恐惧

几乎与蒙古大军渗透太行山北段关隘的同时，短短三个月内，中都城内就接二连三发生兵变，这对金朝的战争进程绝无可能产生积极影响。

八月末，胡沙虎废黜卫绍王后，害怕前线手握重兵的完颜纲对他不利，就逼迫完颜纲之子奉御和尚写信劝说父亲回来，又让家里的老仆到军中送信。完颜纲得知通玄门之变的消息，又接到儿子的家书，迟疑徘徊良久，还是决定回家。

完颜纲一入中都，胡沙虎就将他逮捕，囚禁在京城东边的悯忠寺中，翌日清晨就将他押到闹市口，以妫川兵败的罪名匆匆问斩。完颜纲虽然没有军事天才，却练达军务，老成持重。他一走，前方就没了足以镇抚三军的老将。

更糟糕的是，胡沙虎在兵变后，为求自保，"尽撤沿边诸军赴中都平州，骑兵屯蓟州以自重"。[1]这样一来，除中都孤城外，各处关隘和要地都失去了掩护，防御体系全面崩溃。不论

---

[1]《金史·纥石烈执中传》。

这种说法是不是打算将全部军事失败的责任都推到死人头上，赤裸裸的现实是：蒙古大军先后从居庸关、紫荆关涌入华北平原，如入无人之境。

开战以来中都城遭受的第三次围攻——更准确地说，是围困——开始了。

史书记载，成吉思汗汲取了前两次围攻中都的经验，又了解到金朝在"京城屯宿重兵"的新情况，便"不复叩城索战"，只留下部分军队封锁中都，派出游骑遮绝往来通路；同时，分大军为左、中、右三路，扫荡河北、河东、山东各地州县，作为"困京师之渐"。[1]

从贞祐元年（1213年）秋一直到贞祐二年（1214年）春，整片中原大地，府州尽破，火光冲天，伏尸遍野，只剩下十来座城池仅能自保，对于生活在这一地区的金朝百姓来说，这是他们记忆中最为可怕的一个寒冬。

在此期间，困守中都的军民又有一番什么样的经历呢？

最先袭来的，是深深的恐惧。恐惧的最显著症状，用身在围城内的参知政事耿端义的话总结，是"将帅皆不肯战"。

其实，中都城内的兵力着实富余，至少远超城外留守的蒙古军。除了常驻的侍卫亲军、武卫军和射粮军（杂役军），还有众多从外地赶来的勤王军，加上四面八方后撤或溃败回来的军队。耿端义粗略一算：普通士卒暂且不论，困在城内的中高级军官，"自都统至谋克（百户），不啻万余"，腰上插着或挂

---

[1]《金史·术虎高琪传》。

着金银牌符、神气十足的军官随处可见，可就是没有一个有胆子冲出去同城外的敌人厮杀。[1]目睹此情此景，元帅府参谋纳坦谋嘉也愤愤不平，讥讽帅臣麾下"数万众，不能出城一战"，不如干脆把自己五花大绑，开城投降算了！[2]

随后降临的，是严峻的饥饿。

中都地处华北小平原和运河北端，人口密集，单是中都城，常住人口就有四十万，[3]不事农业生产的游食者众多，本是严重仰赖粮食转输的大都市，加上大批士兵和军官龟缩在城内，只知坐吃山空，不肯死战解围；城外则游骑遍布，樵采艰难，农田荒芜，漕运断绝，粮食匮乏是必然结果。不多时，公共粮仓就快见底，朝廷只好求助于私家贮积，卖官买粮。知大兴府事胥鼎发布通告：京城官民人等，若能捐纳余粮，救济军队和贫民，按照捐助多少，先开收据，危机过后再行迁赏。不过，敌军在外虎视眈眈，各地杳无音信，不知存亡，官爵再好，也不如目前的性命宝贵，城内响应者寥寥。

眼看利诱不起作用，参知政事奥屯忠孝组建了暴力征粮队，强行"搜括民间积粟"：凡存有余粮之家，扣去够两个月消耗的份额，其余全部上缴国家，换回的是不知哪天就彻底作

---

[1]《金史·耿端义传》。金军的军衔，早期"自元帅而下，惟有万户"，后期在百户（谋克）、千户（猛安）、万户以上，元帅以下，设有副统、都统、副提控、提控等名目，末年又添设总领、都尉，统率数量不等的军队。

[2]《金史·纳坦谋嘉传》。

[3] 吴松弟：《中国人口史》第3卷《辽宋金元时期》，第586页。

废的"银钞"或僧道戒牒。

这番折腾过后，中都市面上的粮食几近绝迹。北方的正常粮价大概在一斗米值二三百钱的水准，如今黑市价格居然暴涨近五十倍，到了"白金三斤，不能易米三升"的地步。富贵之家惴惴不安，缩衣节食，本就家徒四壁的贫民只能闭户等死。后来有一种说法，在长达近半年的围城中，饿死的中都军民大概有十之四五。[1]

恐惧和饥饿的叠加，终于在中都城内引发了一出令人啼笑皆非的闹剧。

正月过后的某一天，晴朗无风，东边彰义门外巡逻警戒的武卫军百人队，忽听见门口爆发出一阵喧嚣，紧接着，城门开了一条窄缝，挤出来一支奇特的队伍。队伍的最前方举着一道白幡，上用朱砂写着四个歪歪扭扭、莫名其妙的大字："古今相对"。簇拥着白幡的百十来人，穿戴的不是戎装，似僧非僧，似道非道，衣衫褴褛，敲锣打鼓，一路行来，看得人目瞪口呆。

这支队伍消失在卫兵的视线之外不到一两个时辰，就又出现了。这次，人群中有人扛着从荒野上或废墟中拾来的柴火、干草或破布条，有人拎着几个死人的脑袋，趾高气扬，原路返回。

原来，围城之中苦闷无奈的金宣宗，在东华门外设立了一个"招贤所"，专事访求搜罗奇才异能之士，以便创造奇迹，打破困局。凡提出建设性意见并得到采纳的人，可获得"不次除官"的殊荣。流窜在中都各处的江湖骗子，闻风而动，麇集

---

[1] 宇文懋昭撰，崔文印校证：《大金国志校证》，第325页。

东华门外，竞相兜售自己的退敌奇术。

其中有个叫王守信的人，素喜吹牛，常称"诸葛亮为不知兵"，什么管仲、乐毅，更是不在话下。侍御史完颜讹出，不久前还在关于卫绍王降封的朝议中表现得冷静理智，不知道因何头脑发热，居然认定王某是个有真才实学的"王佐之才"，极力向招贤所举荐。

经过宣宗召见，王守信当场从一介村夫，直升"行军都统"。他腰悬银牌，出宫便大肆招募市井无赖，霸占了城内的讲武场，训练这些无赖"进、退、跳、掷"。他还发明了前面那套"古今相对"阵法，打造黄布袍、黑头巾、锡牌子各三十六件，牛头响环六十四枚，打算用这些法物吓跑蒙古人。每一操演，京城百姓观者如堵，稍有见识之人都摇头苦笑，直呼这套玩意简直就是"童戏"。[1]

北宋靖康年间，金军围困汴京，城内的无赖郭京就组建过这么一支"六甲神兵"。"神兵"出城，一触即溃，金军趁乱攻陷城池，北宋亡国，迄今传为笑谈。所幸的是，王守信的"神兵"并不敢出城与蒙古军厮杀，而是每天出城拾荒，顺便抓住一些路上遇见的落单百姓，砍去首级回来邀功。当年金朝开国的太祖、太宗，还有宗翰、宗弼等元勋，若是泉下有知，看到自己的不肖子孙重演当年宋人的闹剧，会做何感想？

个体心理学有个名词，"幽闭恐惧症"（claustrophobia），描述患者因身处密闭环境而产生的莫名焦虑和神经质。"神兵"事

---

[1]《金史·完颜讹传》。

件，也可以说是长期围城中的绝望催生的集体谵妄，一种集体性的幽闭恐惧。

贞祐二年（1214年）春，蒙古三路大军将金朝的半壁江山蹂躏殆遍，再度会师中都。成吉思汗驻跸中都北郊，接受诸皇子和将领进献的战利品。诸将纷纷请缨，希望大汗一鼓作气，攻下中都。成吉思汗判断天气向热，中都城池坚固，难以迅速攻克，此外，大军经过半年的征战掳掠，鞍前马后，驮载甚丰，无复来时锐气，亟待撤回草原休整。于是，他派出使节，表示愿意接受金朝的求和。毕竟，在围猎的最后阶段，那些挤在狭窄的猎圈中哀鸣求饶的猎物，蒙古大汗也是不妨网开一面的。成吉思汗让使者转告金宣宗：

> 汝山东、河北郡县悉为我有，汝所守惟燕京耳！
> 天既弱汝，我复迫汝于险，天其谓我何？
> 我今还军，汝不能犒师以弭我诸将之怒耶？[1]

于是，便有了本书"楔子"描述的岐国公主盛装出嫁的那一幕。和议前后，金宣宗不但约束各地金军不得有任何针对蒙古军的敌对行动，还特意指派丞相完颜承晖作为人质，一路陪伴，恭送蒙古大军北出居庸关。相传，蒙古人逾关之际，"尽驱山东、两河少壮数十万而去"。[2]

---

[1]《元史·太祖本纪》。

[2] 宇文懋昭撰，崔文印校证：《大金国志校证》，第325页。

金末诗人赵元根据亲身经历写了一首《邻妇哭》，道尽这场战火给河朔百姓带来的灾难：

> 邻妇哭，哭声苦，
> 一家十口今存五。
> 我亲问之："亡者谁？"
> 儿郎被杀夫遭虏。
> 邻妇哭，哭声哀，
> 儿郎未埋夫未回。
> 烧残破屋不暇葺，
> 田畴失锄多草莱。
> 邻妇哭，哭不停，
> 应当门户无余丁。
> 追胥夜至星火急，
> 并州运米云中行。[1]

二、1214年"南逃"大讨论

还没等最后一骑蒙古兵的背影在西北边境消失，金宣宗就迫不及待举行了即位后的第二次最大规模朝议。主题只有一个：是否应该迁都避难？如果是，迁都何处？

迁都这个主意，早在卫绍王崇庆元年（1212年），中都城

---

[1] 元好问：《中州集·赵元》。

第二次遭到围攻之前，就有人提出过。但是，当时蒙古大军已进至顺义，想逃跑也已经晚了。[1]如今，敌人总算撤退了，金宣宗在深沟高垒之中，战战兢兢做了半年的囚徒，这种滋味实在不好受。他希望回到一个相对宽松自由的环境中去。只有如此，他才能感到周围事态又重归他掌控了。

贞祐二年（1214年）四月十八日，金宣宗下诏：迁都与否，迁往何处，在京文武"盍各进言，以图长策"。

诏书一出，朝野大哗。有资格发声的文武百官，除了在殿上争得面红耳赤，退下之后意犹未尽，提交了连篇累牍的书面意见。

有人坚决主张不能走。从历史上看，一个政权为敌所逼，拱手放弃核心统治区，很少有什么好结局。北宋的苏东坡援古证今，说得斩钉截铁："避寇而迁都，未有不亡。虽不即亡，未有能复振者也！"他将此事比作败家子走投无路，只好变卖田宅祖业，便无翻身之日。[2]这么想的金人也不少。皇弟、霍王从彝就苦苦劝告："祖宗山陵、宗庙社稷、百司庶府，皆在燕京，岂宜弃之而去！"[3]除了宗庙、天子和政府历来就不能轻动外，左丞相徒单镒讲出了反对派最担心的后果：一旦放弃中都，几乎等于放弃了辽东、河北、山西大片疆土，"銮辂一动，北路皆不守矣"。反对派主张"聚兵积粟，固守京师"，正面抵

---

[1] 宇文懋昭撰，崔文印校证：《大金国志校证》，第310—311页。

[2] 苏东坡：《东坡志林》卷五《周东迁失计》。

[3] 李心传撰：《建炎以来朝野杂记》，第844页。

挡蒙古人的侵袭。[1]

有人坚决主张应该走。赞成派包括参知政事耿端义、南京留守仆散端、翰林直学士赵秉文、翰林待制李英、尚书省令史张公理，等等。然而，他们提出的迁都方案却五花八门：

有人说，应该去河南，"居中土以镇四方"。

有人说，应该去山东，据富庶之地，"海道可以通辽东，兵运直接上京"，再开黄河故道，将河南、山东连成一气。

还有人说，应该去陕西，那里自古有"金城、天府之险"，可进可退。

就连反对派徒单镒也认为，实在没办法，辽东也可以考虑，那里是女真族的"根本之地，依山负海，其险足恃"。[2]

说到底，大部分人心底里并不愿意放弃守御完备的京城，去一个情况不明的未知之地冒险。因此，史书总结当时的大形势是："百官士庶皆言其不可，太学生赵昉等四百人上书极论利害，宣宗慰遣之，乃下诏迁都。"[3]

最希望迁都的，莫过于皇帝自己。在他看来，中都左右是守不住了。

其一，近代以前的北京（中都），确实有某种特殊的战略地理优势。金元以降，论兵者大都赞不绝口，什么"北倚山险，南压区夏，若坐堂皇而俯视庭宇"，什么"南控江淮、北连朔

---

[1]《金史·徒单镒传》《金史·纳坦谋嘉传》。

[2] 参见霍明琨、胡晔：《试析金宣宗迁都开封》。

[3]《金史·仆散端传》。

漠",什么"据天下之脊,控华夏之防",云云。[1]但是,这些话,主要是针对一个强势政权说的。如果这个北京政权,不幸处于中衰阶段,北方又有更强悍的武力压境,结果会如何呢?那就好比清朝兴起前的明朝了。

金朝此刻的处境也好不到哪去,所谓"巍巍帝都邻为敌境,兵戈朝起夕已到京"。[2]从战争头三年的形势看,各种天然和人工屏障,对蒙古大军简直形同虚设。西北狼烟方起,不出两月,游骑必至城下。未来的第四次,甚至第五次围困,中都还能不能撑过去?金宣宗实在毫无信心。旦夕如有不测,靖康之变岂不是前车之鉴?

其二,哪怕中都的兵力可以勉强支绌,粮草补给也是个死结。前面说过,中都主要靠转运河北、山东等地的粮食来供养庞大的常驻和流动人口。为此,金朝耗费了巨大的精力,在中都周边疏通维护了多条运河。粮食在平日就已转输艰难,捉襟见肘。经过三年大战,季节性的农业生产遭到毁灭性打击,商旅绝迹,漕运壮丁也被征上前线;另一方面,大量援军和其他人口涌入当地,消耗倍增。此消彼长之下,粮食供给自然每况愈下。中都围城中的纳粟补官、粮食配给,还有大批饿死人的现象,都是这一困境的反映。临行前,金宣宗安慰迁都反对派说:"燕京之粮,不能应办朝廷百官诸军,今暂往南京,俟

---

[1] 顾祖禹:《读史方舆纪要》第1册,第440页。

[2] 宇文懋昭撰,崔文印校证:《大金国志校证》,第326页。

一二年间，粮储丰足，复归未晚也。"[1]不能说他强词夺理。

还有一起十分偶然的事件，或许帮助金宣宗最终下定了决心。

另一次无果而终的朝堂议论结束后，金宣宗用过晚膳，眼看天色尚早，就领着几位心腹侍从，便服出宫，想去西苑附近的蓬莱阁观音祠烧香。一行人路过一片叫浮碧池的小水潭，居然发现，对面岸边有一雌一雄两只红狐狸，旁若无人，大摇大摆，"相携以过"。手下人急忙上前驱逐，只见这两只狐狸噌的一下就蹿到了树上，眨眼工夫消失无踪。几名近侍互相嘀咕：不知怎的，这两天，这类东西特别多，甚至"有戏舞于宣华殿前者"。宣宗听见了，大惊失色，拍着大腿说："宫里都发生这样的怪事了，此时不走，更待何时？！"[2]

虽说决心要迁都，臣僚提出的备选方案少说也有七八个，包括河北大名府（今河北大名）、河东河中府（今山西永济）、关中京兆府（今陕西西安）、河南开封府（今河南开封），加上山东、辽东等地的大府，但金宣宗的选择余地其实不多。在山东半岛，杨安儿的叛军攻劫州县，杀掠官吏，甚至改元"天顺"，僭大号，置官属。在辽东，契丹叛军耶律留哥前一年已自立为"辽王"，改元"元统"，定都咸平（今辽宁开原老城），又向蒙古人输诚。这两个地方基本可以排除了，剩下的几座城池，要么缺少现成的宫室官署，格局逼仄，要么逼近南宋或西

---

[1] 李心传撰：《建炎以来朝野杂记》，第844页。

[2] 宇文懋昭撰，崔文印校证：《大金国志校证》，第330页。

夏，似乎也很难充当未来的京城。

挑来挑去，只有南京，也就是河南开封府，还算是个不错的选择。此地"阻长淮，拒大河（黄河），扼潼关"，有险可恃，漕运交通也比较便利，更让人心动的是，海陵王完颜亮在南京营建宫室，已经"务极华丽"。此时，南京城是南方三大军区之一的南京统军司，以及南京留守司、南京路转运司、按察司等机构的驻地。南京留守仆散端，联名河南统军使长寿、按察转运使王质三次上表。也不知道他们的奏表上到底写了些什么，最终说服了宣宗，不过，从三人的职衔看，大概代表了政治、军事和财政三方面的河南地方势力，向金宣宗拍胸脯做了保证。

贞祐二年（1214年）五月十一日，金宣宗正式颁诏：迁都南京。

"贞祐南渡"，这是金宣宗替大金国运做的两大关键抉择中的第一个。这个决定是昏？非昏？

后来，金朝遗民刘祁沉痛回忆："迁都大梁，可谓失谋。"清人李慈铭也评价这是"大失计"。时至今日，研究者还在争论：贞祐南渡，究竟是为金朝多延续了三十年国祚，还是向末日又迈进了一大步？[1]

其实，金宣宗等人究竟是根据什么情报、什么处境来权衡

[1] 学界对于"贞祐南渡"有"战略失误""正确选择""比较合理"等多种评价，详见参考书目中霍明琨、胡晔、李方昊、牛忠菁、乔芳等人的论文。

迁都利弊，今天我们所知甚少，难以给出一个公正的评判。这不像下棋，根据任意时刻的棋盘形势，高手都能大致反推对局者的计算过程，指出某一着法造成的局面优劣。何况，贞祐南渡之后，蒙金战争这盘历史棋局，才刚从中局转入残局。随着棋局的发展，看似昏招或庸招的一步棋，未必不能化腐朽为神奇。历史的演进可比对弈复杂得多，我们不妨暂且放下现代人那点可怜的后见之明，接着看双方的后续博弈。

《金史》记载，迁都诏书颁布于五月十一日。才过了三天，五月戊寅（十四日），金宣宗就宣布动身。不料，当日大雨滂沱，无法成行。苦等到十八日，金宣宗终于启程。天公不作美，一行人刚出丽泽门，又下起雨来，一连三天。[1]大队人马冒雨前行，狼狈不堪。看来，金宣宗一刻都不想在狐狸起舞的皇宫里多待了。

五月二十二日，车驾抵达定兴（今河北定兴）；二十九日，抵达中山府（今河北定州）。随后，金宣宗一行在真定（今河北正定）、大名（今河北大名）之间盘桓了十来天。

六月二十日，车驾抵达内丘（今河北内丘）。二十五日，金宣宗进入他驻守了二十多年的彰德府境内。月底，金宣宗一行渡过黄河。

七月初，金宣宗终于抵达新的京城，或者说"陪都"——南京开封府。

这趟旅程耗时近一个半月，比起金宣宗前一年北上登基的

---

[1]《金史·宣宗本纪》。

速度，慢了不止一半。圣驾南巡，沿途地方固然免不了盛情款待，迁延时日。究其根源，却是金宣宗动身仓促，南京方面还没准备好洒扫迎接半个中都的人口入驻，只能劳烦圣驾边走边等。

这是一支从中都至南京，首尾相衔的巨型搬家队伍。光是装载宫内和外省文件、书籍率先启程的车队，就有三万辆马车。涿州地方官安排盛馔，慰劳金宣宗的随行队伍，一次就是"二千舆"。车驾渡过黄河，泊系两岸的大小船舶竟有四千艘。[1]

由于动身仓促，一些真正的"国之重器"，因为太累赘，只好先扔下不管。太史局天文台上的浑天仪，是当年老祖宗攻陷北宋汴京后抢到的，不远千里运至中都。这座浑天仪的枢机轮轴复杂精密，已经无人懂得怎么拆卸组装，如果整体搬迁，又艰于辇载，只好放弃。[2]不过，朝廷的大部分"文籍、书画、图史、彝器"，还是陆续从中都运抵南京。这些什物在南京宫阙前面堆成一座座小山，等待分拣。

这时，南宋一方的记载，借前来围观的"汴京吏民"之口，说了一句幸灾乐祸的话，说这些文物珍玩，都是宣和（宋徽宗最后一个年号）旧物：

恰去九十年，谁知又归在此邪？！[3]

---

[1] 宇文懋昭撰，崔文印校证：《大金国志校证》，第331—332页。
[2]《金史·天文志》。
[3] 宇文懋昭撰，崔文印校证：《大金国志校证》，第333页。

这一年是甲戌年，公元1214年，上距北宋末年的靖康之变，不过八十七年。

三、中都陷落

贞祐二年（1214年）七月，南迁避难的朝廷终于赶在秋气肃杀、蒙古铁骑卷土重来之前，整体搬入了南京，只留下失去王气加持的中都，孤独地扼守在华北平原北端。中都到底能坚持到什么时候？

成吉思汗曾把金朝州县比喻成"围场中獐鹿"，收拾得差不多了，金宣宗则是剩下的那只野兔。[1] 放过猎圈中哀鸣的猎物是一回事，猎物擅自逸出猎圈，那可不行。金宣宗南逃的消息传到漠北，成吉思汗大怒："既和而迁，是有疑心而不释憾，特以和为款我之计耳！"[2] 一声令下，三木合拔都（Samuqa ba'atur）率领蒙古军，投诚的契丹人石抹明安率领汉军，从居庸关和山海关之间的一个燕山山口——古北口攻入河北。这也是一条"两崖壁立，中有路，仅容一车，下有深涧"的绝险通道。一出古北口，直至中都，地势平坦，无险可守。蒙古军接连攻陷景州（今河北遵化）、蓟州（今河北蓟县）、檀州（今北京密云东北）、顺州（今北京顺义）。

雪上加霜的是，金宣宗在前往南京的中途，为提防扈从南

---

[1] 李心传撰：《建炎以来朝野杂记》，第852页。

[2] 宇文懋昭撰，崔文印校证：《大金国志校证》，第334页。

下的乣军，竟然下令收缴已发放给他们的盔甲和马匹。这样一来，更加激起了乣军的不满，他们杀掉金朝长官，推举契丹人斫答等人为帅，掉头进犯中都。蒙古军南下后，乣军投靠了蒙古人，两军趁势联手围攻中都。

此时，中都周边的局势，正如后来元初文人郝经的摹画：

千群铁骑绕燕都（指蒙古围攻），
玉辇仓皇下殿走（指宣宗南渡）。
孤城弹丸当畿甸，
饮血登陴日酣战。

这几句诗出自郝经《金源十节士歌》的第一首《王子明》。《十节士歌》讴歌了在抵御蒙古的战争中有壮烈功绩的十名金朝官员或将领。王子明是山西人王晦（翰林侍读学士、劝农使），当时正率领自己招募的一万余名志愿军，防守中都城北面的顺州。贞祐二年十月六日，蒙古军攻陷顺州，六十岁的王晦被俘殉节。《王子明》诗最后说，被杀前，王晦"朝服南向再拜毕，意色不动握节死"。南向，就是朝着金宣宗所在的南京。

"孤城弹丸"，既是当时顺州城的写照，也预示了中都城的未来。

贞祐二年冬至三年春，接替金宣宗成为中都这座巨大围城中的第一号囚徒的，是另一位女真贵族，完颜承晖。

完颜承晖此前的职务是横海军节度使，镇守沧州（今河北沧州），上一年才应召入朝，升任尚书右丞。那年冬天，沧州沦陷，承晖留在当地的妻儿老小无一人生还，他从心底里恨死了"鞑靼"。[1]金宣宗仓皇南渡前，提拔承晖为右丞相兼都元帅，封为"定国公"，留守中都。本来，承晖上头还有一位皇太子（庄献太子）。不过，金宣宗转念一想，觉得风险太大，术虎高琪又从旁附和，八月，庄献太子就被召回了南京。[2]此后，保全中都孤城的责任，就全落在了完颜承晖一人身上。

完颜承晖已经一个多月没离开过尚书省一步。他每天坐在议事堂上，眉头紧锁，苦苦筹划守御之策。不过，面对蒙古军和乣军的南北合围，中都城仿佛狂风中的一片黄叶，摇摇欲坠。庄献太子刚走，嗅觉敏锐者就察觉出，圣主貌似无意死守中都。不久，右副元帅蒲察七斤带领亲信部队出城投降。城中士气大跌，人心浮动。

另外，与去年冬天一模一样，城里又缺粮草，开始饿死人了。其实，粮草倒是有，而且就在几百里外，只是运不上来。完颜承晖不知道，蒙古袭来，中都戒严之后，南面运河上的船主眼见北上无望，"往往沉舟而去"。他绞尽脑汁调度来的整船整船军粮，就这样化为鱼食。[3]完颜承晖也不知道，就算漕司官吏奋不顾身，保护下米、船，不可或缺的"篙工、役徒"，

---

[1]《金史·完颜承晖传》。
[2]《金史·完颜素兰传》。
[3] 郝经：《崔氏世德铭》。

也畏惧蒙古游骑，纷纷集体逃亡，屡禁不止。[1]

贞祐三年（1215年）冬春之交，内外交困的完颜承晖，设法向南京城内的金宣宗送出了一封"矾书"。矾书是用透明的明矾水书写晾干，收信人只要将纸浸入水中，字迹顿现。这是一种传承了千年的秘密通信手段。矾书写道：

> （蒲察）七斤既降，城中无有固志。臣虽以死守之，岂能持久？伏念一失中都，辽东、河朔皆非我有。诸军倍道来援，犹冀有济。

一句话，再不派援军来就晚了！

接到完颜承晖的哀求，金宣宗回复："中都重地，庙社在焉，朕岂一日忘也！已趣诸路兵与粮俱往，卿会知之。"——粮草、援兵都已经在路上了。[2]

金宣宗没有骗人。贞祐三年二月，金宣宗下诏，抽调真定、中山等地的军队，由元帅左监军永锡率领，抽调大名等地的军队一万八千人，由元帅左都监乌古论庆寿率领，外加西南路步骑一万一千人、河北兵一万人，向中都周边集结。御史中丞李英、参知政事术鲁德裕负责大军后勤，从清州（今河北青县）出发，转运各军和中都急需的粮草。

三月十六日，先行出发的李英护粮大队，自元帅以下，人

---

[1] 郝经：《广威将军潞州录事毛君墓志铭并序》。
[2] 《金史·完颜承晖传》。

人还要背负粮食三升。[1]他们在霸州城北遭遇前来阻截的蒙古军。

从蒙古一方的记载看，李英前方是神撒率领的四百蒙古骑兵，加上石抹明安增援的五百骑兵，一共不到一千人。[2]李英"驭众素无纪律"，当天又喝得酩酊大醉，一败涂地，金军"死及溺水者甚众"，一千余车粮草也被蒙古军掳获。[3]永锡和乌古论庆寿统率的两支大军，听闻粮草已失，军心涣散，一路溃退而归。

中都陷落前声势最浩大，也是最后一次真正的救援行动，就这样戛然而止。

话说回来，南京的朝廷似乎也没有不惜一切代价保卫旧都的决心。即位一年半，金宣宗的傲气和锐气消磨殆尽。虽然在宫里侍从眼中，圣主一如既往，日理万机，宵衣旰食，可是，那其实是一种机械的、没有活力的忙碌和重复，有时候仅为了给自己找点事情做。此外，他还偶尔叫上术虎高琪和其他几位侍从，打几场马球，纾解一下郁闷。[4]

有一天，金宣宗感觉御膳中的羊肉不如之前肥美，唤来太府监质问。太府监跪下说：御厨的羊确实瘦瘠，全怪转运使办

---

[1]（波斯）拉施特：《史集》第一卷第二分册，第238—239页。

[2]《元史·石抹明安传》。

[3]《金史·李英传》。

[4]《金史·术虎筠寿传》。

事不上心。时任南京转运使的是前户部侍郎王扩。金宣宗对王扩说：卿是先朝旧人，懂规矩，情况属实吗？王扩回答：圣主初到南京，人心未定，应该外示节俭，如今竟然"以一羊肥瘠，纷纷不已，以至庭辩"，宫里人了解是下面的人疏忽了，外间的天下万民，还以为圣主只顾自己享受呢！这事传出去，会不会有损圣德？金宣宗听了，赧然称是。

不料，过了两天，王扩去尚书省办事，发现术虎高琪又在"自阅御羊"，还亲自清点供给御厨的鹌鹑、乳鸽等每日耗费的水和饲料。王扩简直不敢相信自己的眼睛：区区一个厨子能办的事，"何至宰相亲临？"术虎高琪洋洋自得："圣上焦劳过甚，全藉膳馐资养精力，安敢不备肥好？"[1]

宣宗、高琪这一对君相，如此浅狭琐屑，其他大臣和将帅也不成器。仆散端力主金宣宗入汴，如今也荣升宰相。某日，宣宗训斥他政务松弛："近来朝廷纪纲安在！"他听了默然不语，出来就埋怨手下的郎官："圣主问，纪纲这个人哪去了，汝等几时让这个人见过我？"[2]负责领军救援中都的永锡，好写打油诗。他亲笔起草的征粮榜文，有一句是"雀无翅儿不飞，蛇无头儿不行"，把"而"字写成了"儿"，书吏不敢改正，京城传笑为"雀儿参政"。[3]

南京政府这样的军政班底，能去救，愿意去救水深火热之

---

[1] 元好问：《王公神道碑铭》；《金史·王扩传》。

[2]《金史·完颜奴申传》。

[3]《金史·完颜合周传》。

中的中都吗？

　　四五月间的中都，外无一兵来援，内乏粮草，已经到了"人相食"的绝望境地。[1]城头守军的武器储备也所剩无几，只好用"一切铁、黄铜、铅、锡、白镴的制品"，加上金条银块，塞入石砲，抵御攻击。[2]上自完颜承晖，下至普通军民，大家心里都清楚，城池沦陷，时日无多。

　　完颜承晖还有一个副手，平章政事、左副元帅抹撚尽忠，专门负责中都的军事。此前，二人与金宣宗在丽泽门执手泣别之际，曾立誓与中都城共存亡。

　　五月二日清晨，完颜承晖和抹撚尽忠在尚书省都堂议事。承晖提出，中都旦夕失守，希望平章大人兑现"同死社稷"的诺言。抹撚尽忠俛首不语良久，末了只说了一句："吾唯有一策，南下！"完颜承晖大怒，拂袖而去。

　　这天午后，完颜承晖将抹撚尽忠的心腹，元帅府经历官完颜师姑叫到府邸，对他说：之前，我对平章无比信赖，才将军事大权托付给他，他"尝许与我俱死，今忽异议，行期且在何日？汝必知之"。完颜师姑也不掩饰："今日向暮且行！"承晖生气地说："行李办未？"师姑也回答得很干脆："办矣！"被自己最信任的人欺骗，一股强烈的绝望感，忽然紧

---

[1]《元史·王檝传》；（波斯）拉施特：《史集》第一卷第二分册，第239页。

[2] Maulana，Minhaj-ud-Din，Abu-Umar-i-Usman（Author），Major H.G. Raverty（Tr.）：*Tabakat-i-Nasiri*，pp.962—963.

紧揪住承晖的心脏。他大吼一声：来人，把这个叛徒拖下去斩了！

杀掉师姑，承晖激动的心情平复了下来。他走进家庙，向父母和列祖列宗永诀。接着，他命家仆去找自己的下属兼老友，尚书省左右司郎中赵思文、尚书省令史师安石。赵思文走进承晖府邸时，已经暮色深沉，他在后园看到了承晖，园中只有一桌、二几，桌上摆着一壶酒、几个杯子。两人喝了几杯，承晖反复说了好几次："事势至此，惟有一死以报国家。"

送走赵思文，承晖走入书房，抬头看了一眼挂在墙上的司马光、苏轼的画像。这两位北宋先贤，他常常引为隔世的师友。在书房窗下，借着落日前一点余晖，他写下了身为宰相的最后一道奏章，"皆论国家大计，辨君子小人治乱之本"，直斥术虎高琪无心救援，只知在南京自作威福，终将危害国家，末尾，他"引咎，以不能保都城为谢"。这封奏章，他塞给了匆匆赶来的师安石，托他乘隙送往南京。

处分完公事，承晖想起妻儿都在沧州遇难，便给南京的侄子永怀写了一封简短的家书，让他继承本家香火，又把府邸上下的奴仆都召集起来，按照服侍年限，尽散家财与之，发给准许从良的凭据。一时间，举家号泣。

完颜承晖神色自若，倒满酒杯，同师安石一饮而尽，打算再写几句话赠别。不料，落款时，最后二字居然写反了。他苦笑了一声："平日欠却一段涵养功夫，临了不免神智昏乱，实在抱歉！不过，圣贤之学，我谨守而力行，此生不虚。"最后，他深深看了一眼师安石说："老友，快走吧！"

师安石才出大门，就听见内堂传出一阵撕心裂肺的哭喊，跑回去一看，堂上跪了一圈家眷，中间坐着服下了事先准备的毒药自尽的承晖。[1]

就在完颜承晖处分后事的时候，趁着暮色出城南逃的抹撚尽忠也动身了。他和几名随从来到通玄门一看，人头攒动，心知不妙。原来，宫里未能随行南下的妃嫔，听闻平章大人打算逃走，纷纷收拾行装，来此守候，希望带她们一起逃走。抹撚尽忠嫌这群女人累赘，目标又太明显，就骗她们说："我当先出，与诸妃启途。"接着，抹撚尽忠吩咐打开城门，带着爱妾和亲信率先出城，头也不回，扬长而去。等到抹撚尽忠一路疾驰，甩掉蒙古游骑，还恬不知耻地对手下人说："若与诸妃偕来，我辈岂能至此！"[2]

那天傍晚，渴望抓住最后一线希望逃生的中都居民，还有许许多多。中都留守高霖，也领着儿子高义杰和家丁，跟着大股人流，趁着夜色出奔。可是，没走几步，就被大军拦住了。一片混乱中，父亲对儿子说：我老了，跑不动了，"汝可求生，吾死于此矣！"高义杰趴在死尸堆中装死，最终逃过一劫。[3]

中都城最后陷落的情形，我们所知甚少。

完颜承晖还有一名僚属，契丹人耶律楚材，当时也在中都

---

[1]《金史·完颜承晖传》。

[2]《金史·抹撚尽忠传》。

[3]《金史·高霖传》。

城内，后来成为蒙古大汗的著名辅弼。楚材写了一首《怀古一百韵寄张敏之》，追忆金朝覆亡的史事，当中有一段就是描述他亲身经历的中都陷落。诗里提到的"宗臣""忠臣"，都是指他的老上级承晖：

> 天子潜巡狩，宗臣严守陴。
>
> 山西尽荆杞，河朔半豺狸。
>
> 食尽谋安出，兵嬴力不支。
>
> 长围重数匝，久困再周期。
>
> 太液生秋草，姑苏游野麋。
>
> 忠臣全节死，余众入降麾。

贞祐三年（1215年）五月二日（庚申），就在承晖自尽、尽忠出奔之后，中都很快沦陷了。从楚材"余众入降麾"一句看，中都似乎是和平投降，没有遭受大屠杀。蒙古一方记载也支持这种说法。《元史·石抹明安传》《元史·王檝传》都说，五月三日，中都城内的"官属、父老"开门投降。早先归附蒙古的契丹人和汉人，纷纷求情，不仅军民安业，饥荒也有所缓解。

尽管如此，烧杀掳掠的情形必定不在少数。据说，中都沦陷后，乱兵焚烧宫阙，大火燃了一个多月都没有熄灭。蒙古军进城后，用银器当作马槽，用金子铸成酒甕，"大者重数千两"。大将三木合的大帐里，甚至搬来了金饰龙床。[1]波斯文史

---

[1] 李心传撰：《建炎以来朝野杂记》，第852页。

书《纳昔儿史话》还讲述了花剌子模国的使节赛典赤·宝合丁在中都周边的所见所闻：

> 我等来到桃花石（中国）境内，走近阿勒坛汗（金朝皇帝）的都城，远远就望见一座高高的惨白山丘。而且，我们与那个山丘之间还相隔颇远，有二到三程，或者更远。我们这些花剌子模君主派来的使节纷纷猜测，那个白色山丘大概是一座雪山。询问向导和当地人，他们回答说："那里全是被杀者的骸骨！"
>
> 我们往前走了一程，发现土壤都渗透了人的脂肪，变得油腻，颜色发暗。我们只好硬着头皮继续往前走了三程，才进入干燥的地面。使团中许多人感染瘟疫而亡。
>
> 就在桃花石城（中都）大门边上，我们在城墙马面的下方发现了一块地方，堆积了大量的尸骸。一问之下才知道：城破当日，六万青年女子、待字闺中的少女，为了不落入蒙古军之手，从这段城墙上跃下自杀。这些便是她们的遗骨……[1]

四、命运的歧路

黄河是金国境内最重要的自然河流，它从云内、东胜二

---

[1] Maulana, Minhaj-ud-Din, Abu-Umar-i-Usman（Author）, Major H.G. Raverty（Tr.）: *Tabakat-i-Nasiri*, p.965.

州，沿着夏、金两国的边界流入金国境内，向南穿过山西、陕西之间，在潼关折向东流，掠过南京以北，再向东南经徐州、邳州入海。黄河两岸不乏灌溉便利的丰腴田地。不过，黄河流经黄土高原，裹挟大量泥沙而下，进入地势低缓的华北平原后，泥沙沉积，河床抬升。自五代以来，黄河下游便屡次泛滥成灾，金朝时期更是"或决或塞，迁徙无定"，牵制了金朝的大量财力人力。

以黄河下游为界，金朝疆域可区分出两大行政—地理区域：大河以北的河北、山东地区，拱卫中都，人口密集，屯戍重兵，属于富庶繁华的"内地"；大河以南的河南、淮北地区，地旷人稀，且密迩宋境，往往被视为"边陲"，[1]迟至贞祐南渡以后，才成为金朝统治的核心地区。

在区隔"内地"和"边陲"的黄河河道上，金人设置了一系列沟通南北的渡口和浮桥。当时，南京以北的汲县（卫州州治，今河南汲县）附近的渡口——李固渡最为有名。北上中都的南宋使团，在故都汴京（南京）稍事停留，北上延津，再走三十余里，一座壮观的黄河大桥就扑入眼帘。这座名为"天汉桥"或"顺天桥"的巨型浮桥，由近百艘大船连锁而成，每艘船用十具石锚固定，船宽一丈六尺，间隔约一丈远，中间铺上木板，木板上覆盖干草，"曳车牵马而过，如履平地"。浮桥中间，每六艘船就设有一座巡逻岗亭，南北两端是两艘巨舰，金碧辉煌，让宋人啧啧称羡。南宋使节每次渡河北上，照例要在

---

[1] 张良：《大河南徙与拒河北流——金代治河决策所涉诸问题考述》。

桥上祭祀黄河，将祭文沉入水中。[1]

渡过黄河，就到了汲县，往北可至彰德、大名等地。因此，李固渡近旁人烟辐辏，商旅往来，车轮马蹄之声昼夜不绝。入夜之后，风恬浪静，守卫黄河浮桥的埽兵，提铃巡夜，用悠长的中原唱腔报时，可算黄河边一道独特的景致。[2]类似的渡口，大河上下，不止一处，已知的，还有陕州大阳渡、河中大庆渡，等等。

贞祐三年（1215年）春夏之交，也就是中都陷落前后，这里的景象发生了翻天覆地的变化。浮桥巨舰的北端，黑压压阻塞了无数的车马和人流。巡河官吏和税吏的怒斥声、男男女女凄厉的哭喊和低声的哀求，夹杂着小儿的啼哭，一下子将往日祥和的风光，化为人间炼狱。

黄河，如今成了横亘在交战区和大后方之间的封锁线，并非人人都能平安顺利通过这道关卡。

金宣宗的小朝廷逃入南京后，便发布了"河禁"，内容只有两条：

第一条，由于河北被兵，群盗蜂起，为防备敌人奸细和不法之徒，"凡自北来而无公凭（官方出入证）者，勿听渡"！[3]

第二条，河南进入军管状态，为防止军需物资外流，"沿

---

[1] 关于黄河浮桥，见周煇《北辕录》、程卓《使金录》中的描述。

[2] 金朝埽兵"提铃唱夜，督守浮桥"，见程卓《使金录》，第454页。

[3]《金史·贾益谦传》。

河悉禁物斛（粮食）北渡"！[1]

本来，朝廷南渡，中都沦陷，"大河之北，民失稼穑，官无俸给。上下不安，皆欲逃窜"。[2]河北地区前一年饱受铁骑蹂躏，人丁锐减，耕种失时，又得不到外来接济，饿殍遍野。在朝野一片声讨之下，金宣宗只得暂缓执行第二条禁令，允许商人自愿贩粮入北，但是，一石粮食，过黄河时要扣掉十分之八，充当军储。侯挚等人指出，商人重利，政府加收如此重税，"虽有济物之名，而实无所渡之物，其与不渡何异？"劝宣宗不要强分南北，见死不救。朝廷这才极不情愿地取消禁令。

"河禁"显示，南京政府并不在乎河北百姓的死活。在战争中失去家园的人民纷纷扶老携幼，南下求生。守备河桥的官吏趁机大肆敲诈勒索，"要求民财，始听民渡河"，难民"至或饿死、自溺"。[3]

在黄河渡口前焦急等候的，有曾经的富足之家，如今不惜倾家荡产，换来一张穿过浮桥的通行证。但是，无数孑然一身的难民，只能跪在冷漠的官吏和守卒面前，苦苦哀求，得知无望之后，大哭而去。还有不少人，选择留下来，再碰碰运气，或者他们已经无路可退。各处渡口附近的难民营里拥挤不堪，缺衣少食，疾疫肆虐，"死十七八"。[4]

---

[1]《金史·陈规传》。

[2]《金史·侯挚传》。

[3]《金史·宣宗本纪》。

[4] 郝经：《先大父墓铭》。

《金史》还记载，有十一个河北人，为了躲避游骑追杀，不得已跳入黄河，历经千生万死，游到南边（"泅河而南"）。被巡逻兵丁抓到以后，司法官吏还要判他们死刑。有人劝说金宣宗：禁止私渡，为防备奸伪，不为惩罚只求保命的平民，如果他们"不死于敌而死于法"，往后人人都只有降敌这一条路了！[1]

在黄河渡口外守候的，除了形形色色的平民百姓，还有鲜衣怒马的官员。不过，他们的脸上流露出两种截然不同的表情。一种人，神清气爽，喜形于色，自顾自喝开哨卡，南去不顾，仿佛刚从监狱脱身的苦刑犯；另一种人，愁眉苦脸，唉声叹气，这是从南边来，被朝廷选中了，要去河北做官。

金宣宗既然做出以河为界的姿态，河北各州县的官吏也坐不住了，纷纷以病假事假为由，临阵脱逃。河南的官员和候补官员队伍中，也迅速流传开一种说法："吏任河北者以为不幸"，谁都不愿意碰上这种倒霉差事。[2]

无奈之下，贞祐三年（1215年）三月，金宣宗下诏：河北各州县空缺的岗位，朝中文武五品以上官员举荐。"有幸"得到举荐的人，不准以其他事务为由推脱，干完任期才准走人（"仍勒终任"）。任上表现优异者，予以名义上的升迁，不做实际调动；不称职应该降罚的，也在原地降级。[3]

---

[1]《金史·杨云翼传》。

[2]《金史·刘炳传》。

[3]《金史·宣宗本纪》。

不仅如此，把持朝政的宰相术虎高琪，还将河北选调作为陷害政敌的手段。那些得罪过他的人、才干引起皇帝注意的人、对他可能构成威胁的人，他都在金宣宗面前伪装推许，"使干当于河北，阴置之死地"。[1]

在黄河渡口，还有一群特殊的旅客，也无须瞧稽查官员的脸色，昂然穿行。这就是朝廷安排集体南迁的女真军人家眷（军户）。

金朝占领中原后，从东北发祥地大规模迁徙到河北、山东的女真军户，高达四百万之众。金朝通常按照户数或丁数，分配一定数量的国有土地，让他们屯种。官田不足，则夺占民田。这些份地，多被女真地主转租给了佃农，加上汉化风气不可阻遏，女真人逐渐沦为不事生产、只图享乐的寄生阶级。

如今，金朝失去对河北、山东的控制，那些失去土地的汉人，对女真人（"种人"）恨入骨髓，疯狂报复，必杀之而后已，甚至还要"发掘坟墓，荡弃骸骨"。[2]金宣宗南渡后，迅速安排河北、山东的百万军户南迁。为了赡养这些军户，金朝不得不在河南加倍征收土地租税，或者按照老办法，夺占平民世代耕种的所谓"荒地""牧地"，分给军户屯种。这样一来，无异于又激化了失去田地、沦为佃农的河南汉人对女真人的仇恨。

此刻，这些陆续南渡的女真军户，往往成群结队，大体维持着所属猛安（千户）、谋克（百户）的名义建制。他们拖家

---

[1]《金史·术虎高琪传》。
[2] 元好问：《临淄县令完颜公神道碑》。

带口，行李沉重，面色阴沉，看不出喜怒。

毕竟，这些女真人，并不情愿抛弃原来舒适安逸的生活。不过，他们也清楚，就算迁到河南，国家也不会亏待自己。尽管实战证明，这些女真军户并无多少战斗力，但他们是金朝统治的基干力量，比起契丹、汉儿来，他们是"自己人"。前秦王朝的氐族皇帝，大规模派氐族人去外地镇戍，却容许慕容鲜卑这类异族留在腹心，时人为之歌曰："远徙种人留鲜卑，一旦缓急当语谁？"金朝不打算重蹈覆辙。

就这样，贞祐三年（1215年）春夏之交，男人和女人、富人和穷人、文人和武夫、官吏和间谍……无数不同地域、族群、身份和职业的人们，在黄河上下的各处渡口汇聚起来，匆匆擦肩而过，又各自奔向全然不同的命运。

大约与此同时，金朝也站在了自身命运的另一个岔路口。

这个转折机遇，来得出乎所有人的意料——万里之外的中亚讹答剌城下，花剌子模帝国的某个总督，或是出于贪婪，血洗了成吉思汗派来的一个大型商务使团。

花剌子模是一个信仰伊斯兰教的突厥人政权，都城位于玉龙杰赤（今土库曼斯坦共和国阿姆河下游之库尼牙·乌尔根奇）。它先后臣属塞尔柱帝国和西辽，逐渐占据了河中地区（不花剌和撒马尔罕）、伊朗西部和阿富汗。算端摩诃末统治时期，花剌子模壮大成为当时伊斯兰世界的一大霸权，不但进犯哈里发的京城巴格达，目睹中都沦陷惨状的赛典赤·宝合丁，也是由花剌子模派往中国，搜集蒙古和金朝的情报。

算端摩诃末似乎对金朝、西夏也有垂涎之意。《纳昔儿史话》记载，"在算端摩诃末心中，夺取秦地（Chīn，北方中国）诸国的野心十分炽烈，他常向秦地和突厥斯坦来的人，询问关于这些国家的情况"。[1] 花剌子模和蒙古帝国，这两股新兴的势力迟早有一战，导火索就是今天已经很难说清楚的"讹答剌屠使"事件。

1219年夏，成吉思汗正式开始了震惊世界的蒙古西征，这一年是金宣宗兴定三年。

西征是一场迁延岁月的长途跋涉。《蒙古秘史》说，甚至黄金家族的成员，也不免担忧战争吉凶难测，敦请成吉思汗指定汗位继承人。蒙古帝国的左右翼各千户、西道诸王所部、投降蒙古的汉军和色目军，几乎所有精锐部队，无不倾巢而出，随成吉思汗西去。

这个生死攸关的喘息机会，即便没有准确的情报，金朝迟早可以真切感受到。早在两年前，平章政事胥鼎就提醒过金宣宗：近年不见鞑靼大举入侵的动静，很蹊跷，要么是北还之后需要休养，要么就是北方草原发生了什么重大变故，比如遇到了外敌，"别部相攻，未暇及我"。[2]

这是命运，或者说，这是世界历史留给金朝的最后一次机会。如果金宣宗真是"中兴英主"，大可以趁蒙古人在遥远的

---

[1] Maulana，Minhaj-ud-Din，Abu-Umar-i-Usman（Author），Major H.G. Raverty（Tr.）：*Tabakat-i-Nasiri*，p.963.
[2]《金史·胥鼎传》。

中亚浴血苦战的时候，对内整顿吏治和财政，对外以南京为中心，积极调整和部署国防。再积极一点，可以用心经营河北，收复蒙古人一口吃不掉的失地，至少也要把敌人拖入地区混战的泥潭，使之无暇西顾，搞什么迂回包抄。

可他没有，他做了一个令后世大跌眼镜的决定：在北边，他据河自保；在南边，他与南宋开战！

蒙古风暴在肉眼可见的地平线上刮起的当口，南宋、金朝，这对在同一间茅屋里避风的冤家，居然还在互相算计，并且都对对方抱有一些不切实际的幻想。哪怕是两个政权中顶顶精英的人物，出于长年累月的憎恨或轻蔑，也只看到自己愿意看到的"真相"。

南宋目睹金朝在"鞑靼"部落手下接连吃亏，觉得一雪前耻的机会到了。大臣真德秀——朱子再传、意见领袖——在给宋宁宗的奏议中，力主与金朝断交，拒缴岁币，还提出报"万世必报之仇"的三种战略，其中的"上策"，居然是"练兵选将，直抵虏巢，若勾践袭吴之师"。[1]这种心态在南宋朝野十分普遍。大定十六年（1176年，宋淳熙三年），南宋派去贺金世宗生日的张子正使团随员周煇，艳羡金朝的黄河大桥，居然想到，过一阵待自己的国家恢复河朔，这座浮桥的用处可就大了！[2]

金朝对南宋的轻蔑又更甚之。

---

[1] 佚名编，汝企和点校：《续编两朝纲目备要》，第281页。
[2] 周煇：《北辕录》，第427页。

丢失河北、山东之后，金朝的疆界一下子缩水大半，"地势益蹙"，于是"遂有南窥淮、汉之谋"，想从南宋那里找补损失。[1]在金人心目中，百年以来，本国军队对南宋军队从未处于下风。因此，蒙古人的崛起，无非是在原先的鄙视链"金＞南宋"的前端，再加一环，变成"蒙古＞金＞南宋"而已。

贞祐二年（1214年），举国讨论南迁之际，就有人指出：南宋潜在的威胁可忽略不计，因为，"吾国兵，较北（蒙古）诚不如，较南则制之有余力"。[2]末代皇帝金哀宗被蒙古逼得只剩弹丸之地时，还放出豪言壮语：蒙古人（"北兵"），我实难与之敌，"至于宋人，何足道哉！柔懦不武，若妇人然"，给朕三千甲士，朕就可以"纵横江淮间"。[3]

就在金朝只剩短短三四个月寿命的时候，赶来打落水狗的南宋军队，在息州（今河南息县）中渡店与金军的一支特种骑兵——忠孝军不期而遇。忠孝军由河北和西北各族组成（详细内容，见于之后论述），队形散漫，嘴里叽里咕噜，说的又是南方人罕闻的"北语"。宋人误以为遇到了蒙古军，居然"望之骇愕奔溃"。[4]南宋的中渡店之败，也许还有别的缘由。金人，或者说金人脑袋里的成见，偏偏选择相信这种解释。我们说南宋精英只看到自己愿意看到的"真相"，金人又何尝不是

[1] 李心传撰：《建炎以来朝野杂记》，第845页。
[2] 宇文懋昭撰，崔文印校证：《大金国志校证》，第328页。
[3] 王鹗：《汝南遗事》卷二。
[4]《金史·完颜娄室传》。

如此？

这两种既完全相悖又如出一辙的敌国观念，不免荒谬可笑。毕竟，正如王夫之后来评论的：两国在各自实力全盛的时代，尚且奈何不得对方，只能划江而治。如今，一个是"既衰之女直"，一个是"积弱之宋"，又能拿对方怎么样呢？

对金朝来说，主动开辟第二战场，两线作战，尤其不划算。郝经《汝南行》就说，此举等于"败盟要利增仇敌"，结果"区区一道（指河南）当数面，赋税重繁兵役急"。当时也有人觉得，金人避强欺弱，自己的东西尚且守不住，还要去抢别人的，不是痴心妄想是什么？[1]

果不其然，金宣宗在兴定元年（1217年）、兴定三年（1219年）三次大举伐宋，双方鏖战于国境东西两线的河南、安徽、湖北、陕西、甘肃、四川等地，金朝虽然偶有斩获，算起总账来，却是"士马折耗，十不一存"，元气大伤。[2]

在北边的中原战区，成吉思汗西征前，任命在野狐岭战绩卓越的木华黎，以"国王"的称号统军北方，还授予他象征大汗威权的九尾白纛。不过，由于精锐尽数西行，木华黎麾下只有左翼军中比较善战的五部（兀鲁、忙兀、弘吉剌、亦乞列、扎剌儿）共十几个千户，外加投降的纥军和汉军，总人数虽达十万，蒙古军却只有四分之一，远远比不上西征的左右翼主力

---

[1] 刘祁：《归潜志》，第72页。

[2] 参见赵永春：《金宋关系史》，第323—330页。

和成吉思汗亲率的大中军。[1]他必须突破的，却是金朝南渡后最大的倚仗——黄河—潼关的山河之险。

为了给木华黎国王进一步制造麻烦，从兴定四年（1220年）开始，金宣宗还在无政府状态下的河北、山东、山西，推行"九公封建"，将趁乱而起的几大地方军阀头子，先后封为公爵，他们是：沧海公王福、河间公移剌众家奴、恒山公武仙、高阳公张甫、易水公靖安民、晋阳公郭文振、平阳公胡天作、上党公完颜开、东莒公燕宁。九人都兼宣抚使，加银青荣禄大夫的散官，又赐号"宣力功臣"。至于其他那些小军阀，金朝也一概授予不同名分，承认他们是"义军"，借此干扰和阻滞蒙古人彻底征服和消化这些地区。郝经描述当时的河北是"豪杰哄起"：

> 拥兵者万焉；建侯者万焉；甲者、戈者、骑者、徒者各万焉；鸠民者、保家者、聚而为盗贼者又各万焉；积粟帛、金具、子女以为己有者，断阡陌、占屋宅，跨连州郡以为己业者，又各万焉……[2]

于是，金宣宗兴定元年（1217年）至元光二年（1223年）前后，蒙、金之间的北方战争进入一个难得的相持阶段。木华黎辗转于河北、山东、河东和关陕地区，一边与金军作战，攻

---

[1] 参见黄时鉴：《木华黎国王麾下诸军考》。

[2] 郝经：《万卷楼记》。

城略地，一边收编大小割据势力，立下了汗马功劳，却始终差在临门一脚。

元光二年三月，木华黎连攻长安、凤翔不下，累死在闻喜县（今山西闻喜）。

同年十二月，金宣宗在南京城内的宁德殿病逝。

再过三年（1227年），成吉思汗西征回师，大举进攻西夏，不久也重病身故。

蒙金战争的下半场，也是真正的大戏，帷幕正在缓缓拉开。

下篇

第七章 孤 注

一、中兴的希望

金正大三年（1226年）八月的一个盛夏夜晚，河南方城（今河南方城）。

这座城池坐落在南阳盆地的中央，是金代裕州的州治，东北距南京开封府四百余里，西南距南阳府（今河南南阳）约百里，城池小而新，二水环绕。方城靠近伏牛山的余脉，离城不远，错落分布着方城山、七峰山、泉白山、黄石山等诸多山岭，是一片万木森然、泉涧清幽的胜地。[1]

此时，在方城城中一间小屋内，一名身材瘦削的白衣男子，正借着摇曳的灯火，低头仔细抄写一页小楷。在他周围，几案上、地板上、角落里，到处一函摞一函，堆满了各类书籍。小屋四面皆是土墙，一面墙的上方开了一扇通风用的小窗。窗外的大世界，星河满天，流萤飞舞，蛙鸣虫唱。

不过，这间土屋并不是什么优雅清净的别业、草堂或者古刹，这是方城县衙内的一间小牢房。狭小的空间里时不时飘荡

---

[1] 董学礼纂修：康熙《裕州志》（乾隆五年补刊本）卷一。

着一股潮湿的霉味，足以令任何一位衣冠楚楚的拜访者频频蹙眉。谁都料想不到，短短一年之后，牢房里关押的这名囚犯，就将以金军"紫微军都统""忠孝军提控"的身份，一夜之间名动天下，被视为大金王朝的救星和希望。

他究竟是何人？这里姑且留个悬念。他身陷囹圄的这一年，已经是金朝与"鞑靼"开战的第十五个年头。十余年来，历史舞台上的主角，不知不觉也已经换了两拨：从卫绍王、完颜承裕、独吉思忠、纥石烈胡沙虎，到金宣宗、术虎高琪[1]、完颜承晖、抹撚尽忠……

"正大"是金哀宗完颜守绪的第一个年号。完颜守绪，女真名是宁甲速。金宣宗的嫡长子庄献太子守忠死后，完颜守绪由于被宠妃王氏养为己子，越过次子英王守纯，被立为皇太子。元光二年（1223 年）年末，金宣宗病逝后，经过一场有惊无险的继位风波，完颜守绪顺利登基，次年正月改元正大，是为金哀宗。

这个年方二十七，身材肥胖，貌似人畜无害的年轻人，其实是金末三帝当中心思最缜密、最有才干的一位。

金宣宗留给金哀宗的，是一个版图缩水大半、满目疮痍的国家。不过，金朝南渡，丢掉辽东、河北、山东大片土地的实际控制权，黄河以北只剩下平阳（今山西临汾）、河中（今山西永济）几处据点，也大大收缩了战线，不至像"中都时代"那

---

[1] 兴定三年（1219 年）十二月，术虎高琪因唆使奴仆杀妻一事案发，被金宣宗借势诛杀。

样备多力分，破绽百出。

据说，当时金朝的国防重心，也就是潼关—黄河防线，"自黄河洛阳、三门、析津，东至邳州之源雀镇，东西长二千余里"，共设四大战区司令部（行枢密院）守备，精兵不下二三十万，"各分地界五百里"，昼夜警戒，声息相闻，一入寒冬，就派兵"燃草、敲冰"，防止黄河封冻，蒙古骑兵踏冰突袭。[1]大河以北，蒙古军仍在与河北、山东的地方军阀武装苦苦纠缠，许多州县借机反正，加上与西夏、南宋的战事渐息，这些似乎都是时来运转之兆。

不过，就在正大元年正月，金哀宗亲政的当天，南京开封城内，忽然刮起一阵狂风，将皇城端门门楼上的瓦片吹落一地。京城之内，一片昏暗，黄气塞天。又有一名陌生男子，不知从何处闯入皇城，他披麻戴孝，在承天门前狂笑三声，继而大哭三声。守卫抓住此人，问他为何如此疯癫，他回答说："吾笑，笑将相无人！吾哭，哭金国将亡！"[2]

看来，金哀宗简直就是大金王朝的崇祯帝：他即位之初，局势已然无可收拾，然而，恐惧和黑暗之中又仿佛蕴藏着一丝转机，令人捉摸不透。

金哀宗最大的凭恃，是他一手扶植的"新军"。

当年，随金宣宗南渡的女真军队，号称有三十万之众。可是，猛安谋克军队早就堕落到无可救药的地步：一个谋克（百

---

[1] 宇文懋昭撰，崔文印校证：《大金国志校证》，第360—361页。
[2] 《金史·哀宗本纪》。

户），满员只有二十五人，四个这种谋克就能编成一个猛安（千户）。实际上，谋克内的二十五人，除去举旗的、敲鼓的、负责伙食的，能上阵的又只有十八人。何况，这种军队若真能打仗，金朝何以沦落至此？

金宣宗末年，还从河南、陕西民间，强行征召百姓入伍。时人形容，每到拉壮丁的时节，各地"号泣动乎邻里，嗟怨盈于道路"。就连退休的文官也莫能幸免，前户部郎中刘元规、前监察御史刘从益，两人都是快六十岁的老头了，硬是被任命为千户，强迫他们带兵。刘从益只好作诗自嘲："老作一兵吾命也"。[1]这些乌合之众，显然经不起驱使，无不以解散告终。

纸面上存在的猛安谋克军队、不堪一战的民间签军，如同晚清的八旗和绿营，都指望不上。迫于无奈，新式军队应运而生。[2]

正大二年（1225年），金哀宗下诏，从各路军队精选士卒，直接调拨总司令部枢密院管辖和训练。这些遴选上来的精兵，以步兵为主，"强壮矫捷，极为精练"，背负单兵装备（兵器、盔甲、口粮）重达六七斗，一日一夜可以急行军二百里。[3]

金哀宗为这支新军专门设立了一种特殊的军职——都尉。都尉的官阶，视同正四品（后升从三品），[4]相当于中央六部的

---

[1] 刘祁：《归潜志》，第78页。

[2] 《金史·兵志》。

[3] 《金史·赤盏合喜传》。

[4] 《金史·百官志》，王鹗：《汝南遗事》。

侍郎甚至尚书。都尉职衔前，又冠以建威、虎威、破虏、振威、鹰扬、虎贲、振武、折冲、荡寇、殄寇等不同名号。一般说来，只有曾指挥大兵团作战，经验丰富，足以独当一面的高级军官，才有资格出任都尉。每名都尉，下辖一万到数万不等的精兵。新军官兵的军饷和军赏，也是普通军队的几倍。

另外，金哀宗对侍卫亲军下属的骑兵军，也加以更为严格的选拔。骑射出众的士兵，才有资格编入骑兵，员额五千，剩下的都编成步兵。

不过，正大年间，在同蒙古军队对阵时，位列金军阵形最前端的，却既不是十几名都尉统率的新式步兵，也不是克隆蒙古骑兵的"亲卫马军"，而是一支枢密院直属，身份无比特殊的军队——忠孝军。

忠孝军人数不多，起初也就一万上下。但是，这支军队的兵源，属于非正常兵源：全军官兵，无一例外，都是来自大河以北的"归正人"。所谓归正人，顾名思义，就是由于种种缘故身陷敌营，后来弃暗投明的人。这些人的来历其实五花八门，"皆回纥、乃蛮、羌浑部落，及中原人被掠、避罪而来归者"。[1]这里面有触犯了刑律或军纪，畏罪潜逃的游牧人，有战败后被掳掠到中原当炮灰的西域人、西夏人，更多则是河北地区沦为俘虏后逃回的女真人或汉人青壮，他们的族群、外貌、语言、经历天差地别，堪比"国际纵队"。曾与忠孝军并肩作战的金军友军，最感到诧异的，大概就是忠孝军上马战斗前集体屈膝祈

---

[1] 元好问：《赠镇南军节度使良佐碑》。

祷的场景。这些来自五湖四海的官兵，用音调各异的语言（突厥语、波斯语、汉语、党项语）和方言，向各自的神灵（长生天、安拉和大黑神……）祈求平安和胜利。

忠孝军中还有少数人，是混迹南北的职业冒险家，比如蒲察官奴。官奴幼年就被蒙古军掠走，后因犯法，被锁在中都的监狱中。他竟然破狱而出，半路劫杀了一名替蒙古人办事的西域商人，抢了鞍马和财物，偷偷跑回了金朝统治区。由于官奴是女真人，金哀宗特旨，任命他当忠孝军万户。后来，金军大败，官奴转投南宋，没过多久，又抢了宋军的战马，一路招摇撞骗，逃回金国，因而享有"出入南、北军，行数千里而不慑"的美名。[1]

历史上，凡是"归正人"组成的军队，比起一板一眼选拔训练出来的正规军，战斗力的性质迥然不同。一是他们来自敌营，熟悉敌人的作战方式。二是他们背井离乡，大部分是漂泊无依的浪子，厮杀之外唯一的乐趣，就是领完银钱回营豪赌，上阵拼起命来也无所顾忌。不过，最重要的是，他们心里清楚，作为某种意义上的"双重变节者"，自己若再落入蒙古人手中，等待他们的会是怎样一个地狱。用忠孝军一个张姓都统的话说："我辈皆大朝（指蒙古）不赦者……"[2]

南宋的大忠臣中，排名据称仅次于文天祥、陆秀夫的张世杰，就有一个不太惹人注意的身份，类似"归正人"。他其实出

---

[2]《金史·蒲察官奴传》。

生于河北涿县，在投靠蒙古的汉人军阀张柔（崖山海战消灭宋军的将领张弘范之父）手下当兵，后来才逃奔南宋。元朝大举南下，战局绝望，苦闷之际，张世杰找到前丞相江万里小酌，两人大醉一场。借着酒劲，世杰吐露，在北方，汉儿境遇不知有多么屈辱，连主动跪下给使长（主人）敬一盅酒，人家都不给面子。不自由毋宁死，再回到这样屈辱的生活是不可能了：

> 他家（蒙古人）事，世杰尽知之：拿一个盏，跪在地，不能得他接；接了，未得他饮。安能忍辱事人耶！……如不可为，亦只有一死！[1]

在家产制国家中，主奴的尊卑，悬隔天壤。够格主动向蒙古统治者敬酒的，大概只有与成吉思汗家族渊源很深的军功贵族，所谓"老奴婢"（ötögü boɣul）了。至于女真、契丹、汉人之流，无非是奴婢的奴婢，甚至是奴婢的奴婢的奴婢。地位卑微也就罢了，蒙古人还从心底里不信任他们。《元史》记载，有一次，成吉思汗征金班师，中途嫌投降的汉人军队累赘，"次牛阑山，欲尽戮汉军"。[2]

张世杰的话，无非反映了第一批接触新兴蒙古政权之阴暗面的汉人，感受到的强烈幻灭感。

所以，忠孝军是惨无人道的战争制造出来的"边缘人"。为

---

[1] 刘一清撰，王瑞来校笺：《钱塘遗事校笺考原》，第230—231页。
[2]《元史·石抹孛迭儿传》。

证明自己的忠诚，赢得金朝的信任，忠孝军厮杀起来，往往比蒙古军还要强悍狠辣。金哀宗正是看到这一点，所以，他给忠孝军的军饷是"三倍它军"，外加定期犒赏。本就稀缺的战马，也尽量优先分给他们，达到蒙古骑兵的标准，即"人（人）有从马"。[1]在忠孝军之下，还有"合里合军"，也是归正人军队，算是忠孝军的替补队。

忠孝军，在敌人和自己人眼中，就是一伙拥有了一流武器装备的亡命之徒，天下无人不知，这些家伙"骜狠陵突，号难制之甚"。[2]

这样一支末日时代的传奇武装，非常人所能驾驭。能令他们俯首帖耳的人，自然也非同寻常，本章开篇说到的白衣人，正是其中之一。

二、"好男子，来世当生我家！"

完颜陈和尚，这就是方城监狱中白衣男子的名字。[3]

他本名完颜彝，字良佐，陈和尚是他的小字（出生时取的小名）。不过，不论是对友军，还是对敌军，陈和尚这个名字都更加响亮。

---

[1]《金史·兵志》。

[2] 元好问：《赠镇南军节度使良佐碑》。

[3] 关于完颜陈和尚的事迹，见元好问：《赠镇南军节度使良佐碑》；《金史·完颜彝传》。

陈和尚算是金朝的宗室疏属、将门之后，家在丰州（天德军，今内蒙古呼和浩特东），父亲参加过金章宗泰和年间的对宋战争，战死嘉陵江。贞祐年间，二十出头的陈和尚被蒙古军掳掠到北方，他的堂兄完颜鼎（斜烈）也同时被俘，兄弟二人彼此照应，情好甚笃。不久，完颜鼎返回丰州老家，赡养陈和尚的老母亲。陈和尚受蒙古大将赏识，隶属帐下。

过了一年有余，陈和尚惦记母亲，请求告假回乡探亲。蒙古大将虽然答应，却指派了一名蒙古兵，一直跟着他回家，防止他逃跑。到了丰州，陈和尚和完颜鼎合力杀掉了这名"监卒"，抢了十来匹骏马，携着太夫人，连夜朝黄河方向狂奔。闻讯集结的蒙古骑兵一路追踪，紧咬不放。一行人好不容易甩掉追兵，马匹也大多半途累毙。兄弟二人不知从哪找来了一辆鹿角车（一种军用运输两轮车），两人一左一右，牵挽这辆笨重的兵车，跋山涉水，硬是把老母亲拉过了黄河，回到了金朝统治区。

陈和尚一家的脱险经历，颇有感人之处，京城交口传颂，很快便传入皇帝耳中。金宣宗下诏，哥哥完颜鼎袭爵，出任都统，弟弟陈和尚试补护卫。很快，陈和尚转任奉御，进入了近侍局。不久，完颜鼎外派到金宋边境的寿州、泗州（今安徽北部）元帅府任职，获准携弟弟一同赴任。

当时寿、泗元帅府的经历官，太原人王渥（字仲泽），是才名颇盛的儒士，史称他的书法、绘画，都有晋人风采，是完颜鼎的好友。[1]陈和尚天资高明，雅好文史，在内廷执役的时

---

[1]《金史·王渥传》。

候，就有"秀才"的绰号，此时得遇良师益友，更是折节向学。王渥先教他书法，又教他研读《孝经》《小学》《论语》《左传》等儒家经典。军务倥偬，但有余暇，陈和尚就秉烛夜读，或"在窗下作牛毛细字，如寒苦之士，其视世味漠然"。

古往今来，凡是"上马能击贼，下马作露版"的文武之才，[1] 注定有成为名将的资格。金宣宗末年的高级军官，多是出身世家的膏粱子弟，在军中只知打球走狗，为非作歹，故有各种诨号，比如："板子元帅"（完颜讹可，善打球）；"三脆羹"（完颜定奴）；[2] "火燎元帅"（名字也叫完颜讹可，好用火烧盗贼）；"卢鼓椎"（纥石烈牙吾塔，好用鼓椎打人），等等。[3] 比起这些荒唐之辈，陈和尚的确是一股清流，令人耳目一新。

正大二年（1225年），金哀宗革新军制，完颜鼎转为总领（都尉的前身），他麾下的军队也换防到了方城。陈和尚跟随前往，协助哥哥处理军务。新驻地是个山清水秀的好地方，谁都料想不及，这次方城之行，差点让后来金末第一勇将的军旅生涯半途夭折。

外地调来的军队和本地军队之间发生摩擦龃龉，本属寻常。没过多久，完颜鼎下属的军官李太和，就同当地镇防军千

---

[1] "露版"即露布，一种对外公布的军旅文书，多为捷报。此为北魏孝文帝形容傅永之语。

[2] 三脆羹是一道三样荤菜或素菜制成的羹。除了定奴，其他人诨号的得名缘由均有明确记载。

[3] 刘祁：《归潜志》，第64页。

户葛宜翁，因为琐事，一言不合，大打出手。这个时候，完颜鼎恰好生病了，陈和尚负责处理纠纷。

事情本是葛千户理亏，陈和尚并没多想，直接罚了他一顿板子。葛千户素有凶悍之名，是方城的地头蛇，如今当众被笞，又羞又气，很快郁郁而终。咽气前，他不忘嘱咐老婆，不惜一切代价，一定要替自己出这口恶气。

更让人意外的是，葛千户的老婆，性子同样泼辣。她连夜上诉，诬告陈和尚杀人以泄私愤。她不依不饶，反复到御史台、尚书省、近侍局各处衙门上访，甚至在龙津桥头，垒起一堆高高的柴火，扬言如果朝廷不给个说法，她就在这里"自焚，以谢其夫"。龙津桥跨越南京内城南边的惠民河（蔡河），正当"御路"，是类似今天北京长安街的主干道。[1]事情传开，京城轰动。

朝野舆论认为，葛千户的老婆如此"刚烈"，似乎说明，陈和尚很有可能倚仗自己出身近侍，加上有手握兵权的兄长撑腰，徇私枉法。这个案件，有利于树立典型，不能轻易放过。查案的钦差也认为陈和尚罪在不赦，应当"大辟"（死刑最高级，斩首）。

金哀宗舍不得杀爱将的弟弟，又迫于舆论，只好下诏，将被告就地羁押，等候裁决。与陈和尚兄弟交游甚笃的诗人元好问听说此事，寄来一阕新填的《浣溪沙》小词，以"行

---

[1] 金中都也有"龙津桥"，也在外城与皇城之间，应是仿自北宋汴京。（见范成大《揽辔录》）

处自由皆乐事，得来无用是虚名，等闲荣辱不须惊"，表示慰问和鼓励。陈和尚自然也觉得自己无愧于心，坦然面对，在狱中抱着"朝闻道，夕死可矣"的心态，"聚书读之"，发愤忘食，乐以忘忧，寒来暑往，转眼之间，居然过去了整整十八个月。

正大四年（1227年），完颜鼎大病方愈，率军支援陕西前线。陛辞之际，金哀宗发现完颜鼎明显消瘦了，一副郁郁寡欢的样子，主动问起："卿莫非是担心方城一案？放心，朕现在就赦免卿弟。"第二天，御史台闻风而动，横加阻拦。又过了几个月，完颜鼎突然在军中病逝，金哀宗才终于兑现了他的承诺。

后来，金代著名文人元好问，为纪念陈和尚写了一篇很长的碑传，对他在狱中接到赦书的场景有一段生动描写。金哀宗派人传话："法司上奏，说汝以私忿杀人。私忿未必有，不过，他人有罪，不当笞而强笞之，难道没有主观过错吗？汝兄逝矣！朕失去了一位名将。今日看在汝兄的情面上，曲法赦汝，免不了有人说闲话。汝要发奋图强，建功立业，才不枉朕的一番苦心！"陈和尚一言不发，也不谢恩，只是伏地"泣且拜，悲动左右"。

这一年，陈和尚三十六岁。

其实，陈和尚是否真有能力填补完颜鼎的空缺，金哀宗大概只是存有一丝侥幸。他并不知道，自己从方城监狱放出来的，是怎样一员虎将。

接下来发生的，就是金朝和蒙古开战以来，从未发生过的奇迹。

陈和尚出狱后，暂领紫微军都统，不久调入忠孝军，任提控。桀骜难驯的忠孝军，在他的麾下"俯首听命，弭耳帖伏，东而东，西而西，易若驱羊豕而逐狐兔"，作战勇猛，纪律严明，所到之处也秋毫无犯。

正大五年（1228年），蒙古军大举进犯大昌原（今甘肃宁县东南，控扼陇东通往关中的大道）。金军前线总司令、平章政事完颜合达在主帐中召集诸将，大声询问：谁愿意充当前锋破敌？陈和尚默然从行列中走出。

他期待这一天的到来，已经很久了。事实上，那天清晨，诸将集合前，他早就焚香沐浴，换好了衣服，准备赴死。从合达手中接过前锋兵符时，陈和尚目光如湖水般沉静。他披甲上马，头也不回，直驰而去。接着，在大昌原，他以麾下的四百忠孝军，击溃蒙古军八千人。三军将士振奋不已，乘胜追击，大败蒙古军。捷报传来，举国欢腾，金朝和蒙古交战，"二十年，始有此胜"。金哀宗手书圣旨表彰，一夜之间，陈和尚名动天下。

这是一个呼唤国家英雄出现的时代。如果没有，也必然要制造一个。

正大七年（1230年），陈和尚随大军出动，再次出任先锋，成功解救卫州之围。

正大八年（1231年），蒙古大将速不台侵入陕西，进逼潼关。陈和尚率领忠孝军一千骑兵，都尉夹谷泽率领一万步兵，前往救援。两军血战于倒回谷（今陕西蓝田东南），蒙古突骑狼狈退走，"填压溪谷间，不可胜算"。[1]金朝官方统称此战为"小关大捷"。

短短四五年间，方城狱中的一介死囚，就升到了定远大将军、世袭谋克的荣耀地位。远至大漠，黄河南北，无人不知晓陈和尚之名。金朝使节出使北方，听人说，金朝入主中原，涵养人才百余年，"唯养得一陈和尚耳！"陈和尚后来的英勇赴死，让蒙古将帅都钦佩不已，有人把杯中的马奶浇在地上，祝云："好男子！他日再生，当令我得之！"

看来，大安三年（1211年）的野狐岭一战，已过去快二十年，金军总算有了堪与蒙古军正面一战的野战军，同时也有了素质过硬，能统率这支大军纵横驰骋的军官。正如郝经形容的，这是"举朝刻日期中兴"的时代（《三峰山行》）。朝中甚至有人认为，都尉军、亲卫马军和忠孝军，三军加起来甚至超过大金全盛之际的实力。

正大初年，金哀宗在南京城曹门内的校场，举行过一次大型阅兵。当日列阵的有忠孝军七千、马军五千、卫戍京城的建威都尉麾下军队一万、殄寇都尉麾下军队四千，加上皇族旁系（泛称"内族"）完颜九住统率的亲卫军三千。其余还有十三四支都尉军，分镇外地，未能参加。即便如此，检阅台前，旌旗猎猎，将星云集，军容齐整，铠仗鲜明，"教场地约三十顷（约合1平方公里），尚不能容"，队列挤得都排不下了，大有常胜

---

[1] 元好问：《雷希颜墓铭》。

之师的威武。[1]

正大八年（1231年）十一月二十五日，夕阳西沉，东华门已经闭关下钥，尚书省和枢密院的高级官员却联袂而至，紧急请求金哀宗召见。他们带来了一个令人震惊的情报：蒙古军"破崤峰关（即饶峰关，今陕西西乡东北），由金州（今陕西安康）东下"。[2]这支突然从金和南宋交界处冲出，成功迂回到金朝黄河—潼关防线西侧后方的蒙古军，后来将以"斡腹"（迂回突击腹部）一军而名垂后世。[3]

打发走省院大臣，金哀宗伫立仁安殿的台阶上，手握急报，陷入了沉思。近几年，蒙古军一直尝试从西、北两个方向，冲击金朝的关—河防线。[4]这一年春，陕西重镇凤翔沦陷，九月，蒙古军又重兵围攻黄河北岸的河中，如今西边出现敌情，直觉告诉他，这次进攻十分蹊跷，非同往日。想到此处，金哀宗徘徊良久，轻轻念着一长串人名：

建威都尉奥屯斡里卜（卫戍南京）

殄寇都尉完颜阿拍（卫戍南京）

许州折冲都尉夹谷泽（本姓樊，镇戍许州）

振武都尉温撒辛（本姓李，镇戍陈州）

---

[1]《金史·兵志》。

[2]《金史·哀宗本纪》。

[3] "斡腹"一名，参见石坚军：《"斡腹"考述》。

[4] 参见石坚军：《1227—1231年蒙金关河争夺战初探》。

荡寇都尉蒲察打吉卜（镇戍蔡州）

安平都尉完颜斜列（完颜鼎，镇戍申州、裕州）

振武都尉唐括韩僧（镇戍嵩州、汝州）

虎威都尉纥石烈乞儿（镇戍金昌府）

果毅都尉完颜猪儿（镇戍归德）

虎贲都尉完颜陈儿（镇戍潼关）

鹰扬都尉完颜大娄室（内族，镇戍潼关）

鹰扬都尉完颜全节（内族，镇戍潼关）[1]

……

金哀宗眼前闪过一张张熟悉的、神采飞扬的面孔。其中许多人，早在金哀宗还在东宫当皇太子的时候，就与他结识或者相知。当年他登基前夜，一呼百应，在东华门街上集结了东宫卫队和枢密院直属部队三万余人，簇拥他入宫，吓得英王守纯、庞真妃母子瑟瑟发抖。那时围绕他身边的，正是这些信得过的伙伴。如今，这些旧人，或已物故，或天各一方，可是，金哀宗仍然感觉到，他们才是自己的信心和力量的源泉。

他不知道，在今后的三四年内，这份名单上的几乎所有人，都将一个接一个地消失在战争的洪流之中。

黄昏中，殿上的朱衣人喟叹一声："诸位将军，朕唯有遥祝你们旗开得胜了！"

_____

[1]《金史·兵志》。

三、河中绞肉机

金哀宗心系的河中，今在山西省永济市西南的蒲州镇。在蒙金战争的最后十年中，大概绝少有哪座城池，像河中城这样，遭到过如此严重的破坏，见证过如此残酷的死亡。

河中古称蒲坂，三国至北周时期是河东郡的治所，历唐至明，多称蒲州或河中府，清末改为永济县。在金末，河中是隶属河东南路的一座散府，下辖七县、四镇。此地相传为上古圣王舜的都城，更是兵家必争之地。黄河中段的河道呈"几"字形，河中正位于"几"字最末一笔曲折之上，"西阻大河，东倚太行，潼关在其南，龙门在其北"，是陕、晋、豫三地的枢纽。[1]对山西、河北的势力来说，河中是通向关陕的门户，反之亦然，故而历代誉其为"要会""噤喉""重镇"。[2]

河中在唐代特别重要，因为它位于太原、长安和洛阳三都中间，号为"中都"，金代河中的地位远不及此。不过，金人还是认为它"被山带河，保障关陕"。[3]南渡前夕，就有人提议迁都河中，因为此地"背负关陕五路"，"南阻大河"，北有绛州（今山西新绛）、平阳、太原三座重镇，东南有中条山掩护，堪称"万全之固"。可惜，河中地处河北，又无现成宫室，才在竞

---

[1] 周景柱等纂修：（乾隆）《蒲州府志》卷一。
[2] 顾祖禹：《读史方舆纪要》第4册，第1888—1890页。
[3] 《金史·完颜伯嘉传》。

争中败给了南京开封。[1]南渡以后，黄河以北的河中就担负起屏障河南的重任；金军还经常以河中为跳板，组织向陕西、山西的救援和反击。[2]

不过，南渡君臣，尤其是术虎高琪，一心只想把河北精兵都抽调回河南，对守住河中所在的河东地区明显缺乏兴趣。

兴定元年（1217年）前后，元帅都监完颜阿禄带奉命守卫河中。[3]不过，阿禄带畏敌如虎，到任伊始，就"竭民膏血，为浚筑之计"，大肆征调河中周边的民夫，不分昼夜，拼命加固城墙，增修楼橹，疏浚城壕，真可谓"城高虑未固，城外重三壕。一锹复一杵，沥尽民脂膏"。对城中百姓来说，"脂膏尽，犹不辞，本期有难牢护之"，敌人来攻，城池楼橹能顶用，再苦再累也心甘情愿。[4]

可是，没过多久，蒙古军攻陷了绛州。绛州在河中北边，相距不到二百里。消息传来，阿禄带唯恐河中受攻，搭上性命，寝食难安。他派人兼程赶回南京上奏，宣称河中已成一座孤城，坚守的可能性为零。金宣宗首肯：实地勘察后，"果不可守则弃之，无至资敌"，让他相机行事，如果非撤退不可，也不准把修缮完备的城池留给蒙古人。

---

[1]《金史·完颜讹可传》。

[2]《金史·胥鼎传》。

[3]《金史·冯璧传》作"阿虎带"，女真语为 ahudai，意为"长子"。

[4] 诗句出自元好问《中州集·赵元》所收《修城去》。原诗描述的是贞祐初年忻州（今山西忻州）遭蒙古军攻陷后，金军大兴土木修复城池之事，非河中城。

阿禄带接到诏书，当即安排撤军，疏散居民。临行前，他将河中城的"民户、官府"付之一炬，大火烧了一天一夜。[1]有一位河中本地人，文士张珛，也跟着阿禄带军撤退。他写了一首《移河中》诗，表达了对家乡城市的眷恋、被迫背井离乡的悲哀：

耕战连年废，吾知有此行。
条山犹在眼，[2] 渭水若为情。
饱肉豺狼喜，倾巢燕雀惊。
西楼今夜月，愁绝是空城。[3]

阿禄带弃守河中的举动，引起了一些朝臣的不满。有人指出："河中重镇，国家基本所在，弃之为失策。设为敌人所据，则大河之险我不得专恃矣！"宣宗一听，顿觉放弃河中，太过草率，这才下令逮捕阿禄带和他的僚属入狱，先后派遣御史中丞完颜伯嘉、平阳行省胥鼎前往河中，修复破损的城池。然而，史书记载，河中城此后是"随守随破"。很难想象，黄河边小小一块地方，竟能承受如此频繁而残酷的拉锯战。

元光元年（1222年）末到元光二年（1223年）初，这里又

---

[1]《金史·完颜讹可传》。
[2] "条山"指中条山。
[3] 元好问编：《中州集·张珛》。

发生了一轮惨烈的争夺。

自阿禄带弃守后，河中就成了一块有名的高风险战争地带。不久前，金宣宗派往河中视察的完颜伯嘉发现，此地官吏岗位空缺严重，"凡召辟者，悉以艰险为辞"，百般推脱不肯前往，无人主持大局，建议朝廷对这类人予以重罚。他还发现，各地不少百姓，不愿背井离乡逃往河南，就纷纷躲到附近山里，以宗族或者乡党为单位，结成一座座山寨、坞堡，据险自保。所以，他建议，实在要没人肯去，那些"能招集余民、完守城寨者"，不要拘束门第、资格，超越等级，提拔为本地的要员。[1]

元光元年、二年之交，实际负责河中守备的，正是这样一个获得超常升擢的本地人侯小叔。他本是黄河渡口附近一个船夫的儿子，却先后被委任为河中府判官、权河东南路安抚副使、河中府治中、权元帅府右都监。除了毁坏严重的城池，他的主要倚仗是附近中条山的诸处山寨。所以，在蒙古一方的史料中，他还有个恶名，叫"中条贼侯七"。[2]

元光元年秋，木华黎率领大军，开始了他戎马生涯中的最后一次大规模战役。前一年，他从东胜渡过黄河，攻延安不克。今年，他选择了从河中渡河，但是，河中不是他此行的主要目标，他眼中只有金军重兵固守的长安、凤翔。

从敌楼上远远望见"国王"亲征的标志——九尾白纛下的

---

[1]《金史·完颜伯嘉传》。
[2]《元史·木华黎传》。

黑月白旗，河中城内名义上为金朝坚守的军民，顿时陷入了恐慌。另一名高级军官，提控吴德，建议侯小叔赶紧投降，被他"叱出斩之"。侯氏宗族也有不少人主张归顺。比如，表哥张先就苦口婆心劝他：此番蒙古大军势如洪水，河中小城无异于螳臂当车，投降可以保全家族。侯小叔大怒："我舟人之子，致身至此，何谓出降！"竟把表哥绑在柱子上当众处死，再请和尚做法事超度，表示先公而后私、抵抗到底的决心。

可惜，城内绝大多数人没有玉石俱焚、成全侯七的打算。某一天，趁侯小叔出城迎候南京派来的都监，城里一致决定，开门投降。侯小叔只好逃往中条山寨。[1]

木华黎接管河中后，在黄河上搭建了一座浮桥，匆匆率军西去。负责接应大军东归的，是一名很早就从金朝投降过来的老将，右副元帅石天应。石天应的部队，举着黑色旗帜，号称"黑军"，是木华黎麾下一支能征善战的精锐。渡河前，木华黎嘱托石天应："蒲州是河东要害，我择守者，非君不可。"石天应便以"陕西河东路行台兵马都元帅"的名义，镇守河中。黄河以东各处要塞，如平阳、太原、隰州（今山西隰县）的附庸军队都归他节制。

石天应的根据地，本在北边的葭州（今陕西榆林市佳县），但他早就相中了河中这块地方，认为是"用武立功之地""北接汾、晋，西连同、华，地五千余里，户数十万"，可作为进攻陕西的前进基地。石天应"年垂六十，老耄将至"，但没打

---

[1]《金史·侯小叔传》。

算病死在床上，觉得"男儿当战死战阵以报国！"因此，尽管有僚佐警告，河中过于逼近金军重兵屯驻的潼关、长安，又刚刚归顺，人心未定，很不安全，他还是毅然移镇河中。

石天应练达戎事，自然清楚，河中不过是一座空城，近旁"侯七"的中条诸寨，是肘腋之患。他派遣自己的副手，有骁将之称的吴泽，在城外一处险要悄悄驻扎下来，以防中条山的"山贼"趁主力西去，河中兵力薄弱、城池修缮未完的空当，进行偷袭。果然，侯小叔逃进中条山，迅速集结了各寨人马（《元史》称为"昆弟兵"），号称十万余人，日暮抄小道出发，半夜就潜行到了河中城下。负责半路拦截和示警的吴泽，当晚喝得酩酊大醉，不省人事。侯小叔率军攀缘入城，将蒙古军尚在搭建的楼橹悉数焚毁。

石天应夜半惊醒，望见城头的火势熊熊，心知大势已去，大呼"吴泽误我！"带领亲信四十多人上马迎战。有人劝他渡河西去，他长叹一声："当初有人提醒我，不要贸然进驻河中，如今兵败弃城，就算侥幸逃脱军法责罚，又有什么颜面，去见木华黎太师和同僚！"顷刻之间，敌兵四面重重围困。石天应在双市门附近"饮血力战"，一直坚持到次日正午，才不支倒地。[1]

侯小叔收复河中后，将蒙古军架设在黄河上的浮桥一把火烧光，安集远近，入城守御。消息传到南京，小叔论功，遥领孟州防御使，同知河中府事，又兼监军、安抚副使。

---

[1]《元史·石天应传》。

太平日子过了不到半月，元光二年（1223年）正月，木华黎得知后方河中发生变故，调遣临时屯驻平阳的蒙古军前锋总帅按扎儿（又译按察儿）一军，会同幸存的石氏子弟进攻河中，大军也号称十万。金军陕西总帅完颜讹可派出提控孙昌率军五千，枢密副使、陕西元帅完颜赛不派出李仁智率军三千，救援河中。侯小叔与援军约定，半夜鸣钲，内外夹击城外敌军。不料，到了约定的时刻，援军却毫无动静，侯小叔孤军奋战，好不容易才摆脱缠斗，收兵入城。正月二十四日，蒙古军破城。侯小叔拒绝退入中条山寨，巷战而死，直到四十多天后，南京才得知他的死讯，最后也没有找到他的尸骨。[1]

于是，蒙古军再次占领了河中。

四个月不到，当年五月，金军又夺回了河中。

第二年，正大元年（1224年）正月，金哀宗召集群臣商议，有没有必要修复河中的城墙？有人指出，"河中今为无人之境……"[2]

七年之后，正大八年（1231年），战争中最为关键的一年。

这年十月三日，蒙古军又一次将河中城围了个里三重外三重。[3]这已经数不清是河中经历的第几次围攻了。这时候，河中城内有两个同名同姓的完颜讹可。二人都是出身护卫的金军

---

[1]《金史·侯小叔传》。

[2]《金史·陈规传》。

[3]《元史·太宗本纪》。

将领，地位相当。这两位，前面都提到过，一位抓到寇盗，喜欢把犯人捆在干草堆上炙烤，折磨取乐，人送外号"草火讹可"；另一位喜欢打球，据说初次上朝就闹了个大笑话，把宫里用来报告百官列班完毕的牙牌，当作"板子"，人送外号"板子讹可"。二人统率的河中守备部队，共计三万人。[1]

当时，两位讹可认为，河中城墙破损严重，很难抵御蒙古大军的围攻，想出一个办法，"截故城之半守之"，将河中旧城的城墙拆除一半，等于把防御面积缩小一半，集中兵力守住另一半城区。

据说，蒙古大军在城外搭建了一座高达二百尺（近七十米）的巨型木楼（《墨子》称为临车，西方所谓 siege tower）。二百尺的高度似乎是夸张，攻城塔不用比雉堞和城防工事高太多，目标越大就越容易受到守军的攻击。[2]何况，河中的城墙不会超过十米。蒙古人在木楼外侧蒙上牛皮，俯瞰城中，压制城头火力，协调进攻重心，"土山、地穴，百道并进"。

金军前线总司令完颜合达、移剌蒲阿不敢率大军出动，只派元帅王敢领兵一万，赶赴河中。十一月，救兵冲入河中，"军士殊死斗，日夜不休，西北楼橹俱尽"，又坚守了半个月。

---

[1]《金史·完颜讹可传》。

[2] 古希腊马其顿军队的攻城塔有高达四十米者，军事手册也描述过五十多米高的大型攻城塔。不过，中世纪西欧十字军的攻城塔，高度超过二十米就堪称巨型。参见 Geoffrey Hindley: *Medieval Sieges & Siegecraft*, pp.85—86.

十二月八日，河中城陷落。[1]

最后一次河中围攻的历史记载十分简单，可仍然看得出，战况极为惨烈。金元之际的河中古城，明朝嘉靖年间还依稀可辨，周回九里一百二十五步，"雉堞、敌台俱存，惟缺西面"。[2]这大概就是当年双方鏖战城池西北，导致城墙和防御工事遭到彻底破坏的痕迹。

城陷之际，"草火讹可"带领亲兵同蒙古军展开巷战，苦战数十个回合，力竭被擒，很快就被处死。"板子讹可"率领三千残兵冲出城外，赶到黄河边。那里停泊着几艘战船，金军一拥而上，许多人被挤落水中，奋力挣扎着想要攀住船舷。上了船的人浑然不顾，调转船头往南狂奔。木华黎之孙塔思，率领蒙古骑兵在北岸跟踪追击，飞矢如雨，船上的金军死伤惨重。[3]对这批河中溃军来说，这短短五六十里水路，一开始就是"死亡行军"。

金军船队才走出几里地，就依稀望见正前方黑影憧憧。走近查探，只见战船首尾相连，将河道拦腰截断。幸运的是，金军船上装了一批"震天雷"，这是一种初级火器，铁罐装填火药的抛掷炸弹。绝望的逃亡者朝对面的船扔出几乎全部震天雷，借着爆炸的亮光，他们看得分明，对面战船上并没有多少敌军驻守，这才大着胆子上前砍断铁链，一路漂过潼关，回到了黄

---

[1]《元史·李守贤传》。

[2] 边像纂修：（嘉靖）《蒲州志》卷一。

[3]《元史·塔思传》。

河南岸的阌乡（今河南灵宝西北）。

河中府治中康锡（字伯禄）、河中总帅府经历李献能（字钦叔，本地人），都跟着"板子讹可"撤退。两人是与完颜陈和尚的老师王渥齐名的文士，上一年才来河中上任。城陷前一天，两人相约到城隍庙求梦，预卜吉凶。

当夜，康锡梦见城池沦陷，金军争夺船只逃走，自己被挤落水中，眼看就要溺死，忽然，眼前出现了一位身穿锦衣的美女，伸手把他拽上了船，此后只见"满眼皆桃花"。李献能梦见有人送了他一张春节桃符，上面写着："宜入新年，长命富贵"。

翌日，蒙古兵杀入河中。混乱之中，康锡居然真的没能挤上船，落水而亡。李献能却安全撤回了阌乡。没过几天，春节将至，地方官送来了桃符，上面写的恰恰是"宜入新年，长命富贵"这八个字。[1]

河中陷落后，金哀宗宣布赦免司令以下的军官，唯独不放过"板子讹可"，下令将他"决杖二百"，活活打死。传言讹可得罪过哀宗身边的近侍，才落得如此悲惨的下场，朝野许多人都为他惋惜。李献能虽逃过一劫，也没有真的"长命富贵"。没过多久，他就在一场兵变中遇害，时年四十三。[2]

---

[1] 元好问：《续夷坚志》，第2页。又参见《金史·康锡传》《金史·李献能传》。

[2] 李献能死于天兴元年（1232年）十一月，元帅赵伟（赵三三）在陕州发动的兵变，行省长官以下共二十一名官员集体罹难。见《金史·哀宗本纪》。

惨烈的河中围攻，不过是正大八年拉开帷幕的最后一幕剧的序曲。

从河中战况最激烈的西北城墙，再往北走数里，就可以看到一大片几乎望不到边的白色营帐。在营地中央，无数大大小小帐篷簇拥着的，是一座巨大的毡帐。这座大帐之所以惹人注目，不仅是因为其体积庞大，可容千百人，还因为帐篷柱子都用金箔包裹，天幕和内壁都覆盖着金碧辉煌的织锦，远远望去，光耀夺目。[1]这是围绕河中发生的无数次拉锯战中，第一次出现的壮观景象。

这座金色大帐的主人，就是成吉思汗的第三子窝阔台，或者，应该称他为"窝阔台汗""窝阔台合罕"（Qahan，即可汗）。

波斯史家志费尼在《世界征服者史》中，用伊斯兰史书最典型的浮华笔调，描述了此刻河中城下的窝阔台汗：

> 世界的皇帝吉祥地头戴王冠，雄才的胸怀把帝国新娘拥抱。这时，他在遣军征讨有人烟的诸国后，开始实现亲征契丹国（北方中国）的夙愿，随驾的有他的兄弟察合台、兀鲁黑那颜（即拖雷，兀鲁黑，突厥语意为"大"），还有其他王公，带领很多彪形武士，甲兵闪耀，战马奔腾，把沙漠变成怒海，其纵深无法测定，海岸和中心分辨不清。郊原在骑兵压力下和山岳争地，铁蹄把山头踏平。
>
> "这支军队由那些把空气堵塞，把山头粉碎的大将率领。"

---

[1] 关于蒙古大汗的"金帐"，参见《柏朗嘉宾蒙古行纪》。

首先，他们抵达一座叫作河中府八剌合孙（Khojanfu Balaqasun）的城池，从哈剌沐涟（黄河）河岸把它包围。按他们队伍的围攻部署，他们构筑新的堡垒；一连四十天，他们进行激战。突厥射手（只要他们愿意，他们能一箭把天眼缝上）来回冲杀，以致：

"他们射出的支支急若流星的箭矢，都把目标击中。"

……为数一土绵（突厥语tuman，即"万"）的契丹军士（金军），登上一艘他们早就造好的船逃走。很多参加战斗的居民被投入"真主的烈火及地狱"；他们的少年和孩童被掠为奴，送到别的地方去。[1]

正像志费尼说的，"帝国"这个新娘，窝阔台汗不久前才拥入怀抱。

成吉思汗正妻孛儿帖所生四子：术赤、察合台、窝阔台、拖雷，俱是人中之龙。四人追随父亲南征北战，展现出了卓越的军事和政治才能，称为"四曲律"。曲律（kulug），意为骏马、豪杰。成吉思汗在世时，曾令术赤管狩猎，察合台掌法令，窝阔台主朝政，拖雷统军队。不过，长子术赤是孛儿帖遭蔑儿乞人掳去后回途中所生，身世可疑，又与察合台不和。因此，成吉思汗在晚年选定了性格敦厚大度的窝阔台作为汗位

---

[1]（伊朗）志费尼著，何高济译：《世界征服者史》，第226—227页。

继承人，而按照蒙古旧俗，拖雷作为幼子（蒙古人称为"守炉灶之主"），继承了父亲的营地、家室和大部分军队。这个颇为矛盾的安排，或说妥协，对蒙古帝国的命运产生了无比深远的影响。

成吉思汗驾崩后，帝国的汗位虚悬了两年，拖雷监摄国政。1229年（相当于金哀宗正大六年），分散各地的全体宗亲和那颜，终于赶到了怯绿连河上游的大斡耳朵，举行了选汗大会（忽里勒台）。不料，手握大部分蒙古百姓和军队的拖雷，态度暧昧，甚至建议"别择日"。大会整整争论了一个多月。最终，拖雷只好退让。

《史集》记载，登基大典上，察合台扶着窝阔台的右手，拖雷扶着窝阔台的左手，皇叔斡惕赤斤抱住他的腰，将他送上了"合罕"的大位。[1]

如今，蒙古帝国的第二任主人亲临河中城下。四十多天来，身材微胖、脸颊酡红的窝阔台汗，一直高居于金帐的御座上，饶有兴致地边饮马奶酒，边观看蒙古大军攻城。

此时，曾经的汗位竞逐者、四皇子拖雷正转战于河中府以西五六百里的金宋边界。他麾下的军队，穿过了大散关、饶峰关、金州（今陕西安康）、房州（今湖北房县），抵达均州（今湖北丹江口市均县镇）、光化（今湖北老河口市）一带的汉水（汉江）南岸，撑开了牛羊皮缝制的充气船（"浑脱"），打算浮渡汉水，从侧后方突袭南京。大戏这才刚刚开场。

———————

[1]（波斯）拉施特：《史集》第二卷，第28—30页。

四、"内线优势" VS "斡腹"

金哀宗正大八年（1231年）冬，窝阔台汗登基后的第三年，金朝的潼关—黄河防线就在三个不同方向遭到了空前猛烈的进攻。这是蒙古大军兵分三路的一次协同攻势。[1]

中路军：窝阔台汗亲自率领，先攻占黄河以北的要塞河中，再渡过黄河，直指洛阳，进逼南京开封。

东路军：铁木哥斡赤斤（成吉思汗幼弟）率领，以河北、山东一带的汉人军阀部队，由山东向西推进，进逼南京开封以东，意在牵制。

西路军：拖雷率领，由凤翔渡渭水南下，过宝鸡，进入汉中，假道唐、邓（今河南西南，毗邻湖北的唐河、邓州地区），迂回到潼关—黄河防线的后方。

三路大军，约定第二年春天会师，围攻南京开封城。

依照古代兵家的说法，窝阔台汗的中路军，应该是"正兵"，拖雷的西路军，大概就是"奇兵"了。

金朝的心腹重地河南的西南两面，分布着崤山、熊耳山、伏牛山、桐柏山，俱属崇山峻岭，军行阻塞。唯在桐柏山和伏牛山之间，白河、唐河蜿蜒而行，汇入南阳盆地。拖雷的西路

---

[1] 正大八九年的蒙古三路攻金战役，参见陈高华：《说蒙古灭金的三峰山战役》、朱玲玲：《蒙金三峰山之战及其进军路线》、石坚军：《蒙金三峰山之战新探》。以下各节的讲述，吸收了上述研究的考证成果，也有一些不同于这些研究之处，必要时在正文和注释中做了简要说明。

军，正是瞄准了这个缺口。[1]不过，要进入南阳盆地，必须先穿过重重关隘、河川。特别是从宝鸡往南，大散关以内，属于南宋控制区。这个政权态度暧昧，"假途灭虢"能否成功，尚属未知。

这个宏大的战略构想，后来又被称为"斡腹"，据称来自成吉思汗的遗嘱。西征结束后，成吉思汗在中原战区调整了战略，将重心从东线（河北、山西）转移到西线，先灭西夏，由西至东，进取关中、河南。临终前，他明确指示：金军精锐集中在关—河防线，如果假道于宋，宋金世仇，必然许我，便可"下兵唐、邓，直捣大梁（开封）"，迫使金军调出潼关兵力，千里南下救火，我军以逸待劳，"破之必矣"。[2]凤翔沦陷后，投降蒙古的金人李昌国也主动献计：蒙古军如"出宝鸡，入汉中，不一月可达唐、邓"，如从天降。[3]

从纸面上看，这一迂回战略的创造性和洞察力毋庸置疑。不过，仔细想想，倒也无须过分颂扬。当时，金朝上上下下，猜到蒙古军动向的人不止一个。正大七年（1230年），驻守金宋边界的术甲脱鲁灰上言："商、洛以南，濒于宋境，大山重复"，宋人不知防守，我军又不可能越俎代庖，如果蒙古人"由散关入兴元，下金、房，绕出襄、汉，北入邓鄢"，我们就完了，应

---

[1] 三军大学编著：《中国历代战争史》第13册，第227页。

[2]《元史·太祖本纪》。

[3]《元史·睿宗传》。

该及早与宋释怨，堵上缺口。[1]隐居洛阳的老学究杜时升，逢人就说，敌人据了陕西，一旦"假道于宋，出襄、汉，入宛、叶，铁骑长驱，势如风雨，无高山大川为之阻，土崩之势也！"[2]

这个计划，不仅容易落入金人猜测，而且不是什么军事机密——蒙古人甚至公开用它来吓唬金人。金宣宗时出使蒙古的使节，目瞪口呆看着敌方某要员指着地图问："商州（今陕西商洛）至此中，军马几何？"又指着兴元说："我不从商州，则取兴元路入汝界矣！"[3]兴元（今陕西汉中），正是后来西路军入陕、入川的枢纽。

原因无他，人的思想不妨天马行空，可是，在很长一段时间内，"斡腹"不过就是一个空想，也就沦为空谈。蒙古军并不具备实施这一战略的军事和外交条件。试想，连凤翔、西安都打不下来的木华黎军，哪来余力深入金宋边界的崇山峻岭，突击河南西南部？另外，千里奔袭，需要无比出众的经验、实力、勇气、韧性……后面我们将要看到，这些主客观条件，正是在正大七八年前后，才凑到了一起。

若是请一位十八、十九世纪欧洲的军事评论家，比如，与克劳塞维茨（Karl von Clausewitz）齐名的若米尼（Antoine Henri Jomini）将军，替金军统帅部分析一下敌军的计划和对策，

---

[1]《金史·术甲脱鲁灰传》。
[2]《金史·杜时升传》。
[3]《金史·完颜合达传》。

他大概会以蒙古三路大军的核心目标南京为原点，以南京至河中或邓州的距离为半径，画一个圆周。圆上的中心C点代表南京，D点代表关—河防线后的金军重兵，与C点连成直线便形成90多度角的A、B两点，分别代表蒙古中西两路大军。

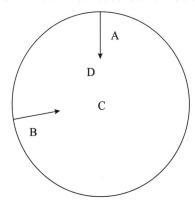

接下来，这个欧洲人会告诉金军统帅部：相对于分散的、独立行动的A、B两支蒙古军，金军C拥有"内作战线"或中心位置（la ligne intérieure ou centrale），也就是一支军队对抗两支及以上敌军应该采取的路线。凭借这一优势，金军能在短时间内调动和集中全部兵力，趁敌军各部尚未集中之前，连续、逐一击破他们。所以，如果双方兵力不悬殊，"一切中央或内线的位置，总是要比外线的位置（按：比如在金军两翼作战的蒙古军）有利"。[1]

---

[1]（法）若米尼著，刘聪、袁坚译：《战争艺术概论》，第76—81页。法文版见 Antoine-Henri Baron de Jomini: *Précis de l'art de la guerre*（1830）. pp.80—87.

如果这个欧洲人受雇于蒙古人，他可能会建议：若非十分肯定中西两路主力都能面对金军取得绝对优势，最好不要分兵作战。毕竟，大量成功的战例，例如，李世民对王世充和窦建德，萨尔浒之战中努尔哈赤对明朝的杜松、马林和刘綎，拿破仑在意大利对奥地利的博利厄和撒丁军，坦能堡战役中兴登堡对俄军萨姆索诺夫、伦南坎普夫……都来自名将对中心位置和内作战线的巧妙计算。

这番道理，金人其实是懂的。不过，他们能不能及时做出最正确的反应，在统帅部内部，除了金哀宗，还要取决于三个人。

金军关—河防线上的守备部队和机动兵力，包括都尉军、忠孝军等，主要归二位统帅共同负责：完颜合达、移剌蒲阿。二人都带宰执头衔，一个是平章，一个是参政，指挥陕西行省下属的重兵，总部就设在潼关东边的阌乡。

合达（hada，女真语意为"山峰"）的经历很独特。本书开篇讲述岐国公主出嫁，年轻的合达就站在负责护送的侍卫亲军队列中。他后来上前线任职，遇上蒙古军围攻平州，势穷力孤，不得不"以本军降于阵"。蒙古人允许他不剃发，继续留守平州。他趁机逃回了金朝，在战争中成长为一名良将，素有"熟知敌情，习于行阵，重义轻财，与下同甘苦"的美誉。

蒲阿（puya，意为"山鸡"）是契丹人，也出身侍卫亲军。金哀宗当皇太子的时候，就提拔他当亲军总领。元光二年（1223年）末，金哀宗入宫继位前，蒲阿奉命全副武装，屯驻南京城东北，以备非常。他是金哀宗安插在前线的心腹，在决策上发言权更重一些。这种玩弄制衡的双头制，并没有给金军作战带来什么积极效果。

合达和蒲阿，史书常简称为"二行省""二相""二帅"。朝野皆知，"天下劲兵，皆为二帅所统，倚以决存亡"，是迎战蒙古大军的主力。[1]不过，二人各有自负的资历，又都是粗人，商议军事，一言不合就大吵大嚷，恶语相向。金哀宗派了一名心腹居中调停，同时充当前线和内廷之间的联络官——枢密院判官白华（字文举）。值得一提的是，白华的儿子就是后来的"元曲四大家"之一，写《墙头马上》《梧桐雨》的白朴。

枢密院作为中央军事机构，首先要为皇帝决策服务。正副长官（院使、副使、佥院、同佥）以下，重要僚属有两种：一种叫"奏事官"，负责机密信息的上传下达；另一种职务叫"备顾问"，一旦皇帝问起"军马粮草器械、军帅部曲名数、与夫屯驻地里、厄塞远近之类，凡省院一切事务"，得找个明白人对答如流，否则"辄以不用心被谴"。这个专业岗位，囊括了现代军队的后勤、装备、情报、兵要地志、作战等所有方面，虽然很不科学，毕竟有点类似今天的总参谋长。白华就是金哀宗的高级"顾问"。他的委任状上写着：朕不用你带兵打仗，但是，"军中纲纪、发遣文移、和睦将帅、究察非违，至于军伍之阅习、器仗（杖）之修整"，你都要管起来。白顾问是个具有战略眼光，头脑也敏锐清晰的难得人才。

正大八年（1231年）九月，金军侦察到了窝阔台汗攻河中、

---

[1] 刘祁：《归潜志》，第121页。

拖雷入汉中的动向。白华觐见金哀宗，提出了他的作战设想：

> 为今计者，与其就汉（水）御之，诸军比到，可行半月，不若径往河中。目今沿河屯守，一日可渡，如此中得利，襄、汉军马（拖雷军）必当迟疑不进。在北为投机，在南为掣肘，臣以为如此便。

换句话说，不妨利用时间差，集中兵力，先去 A 点击败河中的敌军。一旦成功，西路军从 B 点的迂回进攻，也就失去了原本的价值。金哀宗欣喜地问："此策，汝画之？为得之他人？"非常倾向这个方案。很快，合达从前线送来密奏，也建议先对付中路军。[1]

为此，金哀宗紧急将蒲阿从洛阳召回商议。不料，奏对之间，蒲阿竟然只字不提此事，只说蒙古军前锋忒木觥已前出到冷水谷，亟须应付。金哀宗耐着性子听了半天，生气地打断他：朕不问你别的，就问你"河中可捣否？"蒲阿嗫嗫嚅嚅：拖雷的西路军人数虽多，但成分冗杂，窝阔台汗的中路军"少而精，无非选锋"。如果北上渡河，赴河中会战，窝阔台汗可能埋伏突骑，截断我军退路，"恐不得利"。

这番话，如果不是借口，那就是金军统帅部一个重大的情报失误或判断失误。拖雷一军的编成复杂，却是精挑细选，千锤百炼，绝非乌合之众；相反，围攻河中的窝阔台一军，绝不

---

[1]《金史·白华传》。

可能"少而精"（详细内容，见于之后论述）。

金哀宗听完蒲阿的汇报，失望地说："朕料汝如此，果然。更不须再论，且还陕州。"

没过多久，在白华的坚持下，金哀宗又将合达召回，让前线将领和参谋们召开最后一次联席会议，讨论这个方案。众军官围坐在沙盘边上，白华屡次举起合达最初的密奏示意，"竟无一先发言者"。会场寂然良久，最后，蒲阿说："且勾当（对付）冷水谷一军何如？"合达只说了两个字："是矣！"会议便不欢而散。

会后，他们在御前向金哀宗解释：军情瞬息万变，"河中之事，与前日上奏时势不同"，又无人敢对这个孤注一掷的方案负责，"议遂寝"。二帅返回阌乡，象征性地领兵出冷水谷，遥遥声援了一下即将沦陷的河中。[1]

就这样，出于怯懦，或出于颟顸，又或二者皆有，金军统帅拱手将无比关键的战略主动权让给了蒙古军。

金军统帅似乎觉得，蒙古大军这套"扼吭拊背"的组合拳，左直拳——中路军未必能突破关—河防线，右勾拳——西路军更是没什么威胁。

这个想法，借用陆游那首《钗头凤》里的话是：错！错！错！

据历史学家考证，负责执行"斡腹"的西路军，是蒙古军和汉军中最能吃苦、最敢打硬仗的部队。

---

[1]《金史·哀宗本纪》《金史·白华传》。

西路军的指挥官，是自幼跟在成吉思汗身边南征北战的军事天才拖雷，成吉思汗评价："追求勇敢、荣誉、武功、降国定天下的人，就去效力于拖雷汗。"[1]拖雷麾下的蒙古将领包括：成吉思汗的义弟失吉忽秃忽、宗王合赤温之子野里知吉歹、左翼千户朵豁勒忽、左翼千户速不台、右翼千户失剌斡忽勒或脱不合、汪古部的按竺迩；加上郭德海、奥屯世英、薛塔剌海、贾塔剌浑、刘黑马、田雄、梁英、萧札剌等汉人将领，可谓名将云集，实力强大。不少官兵参加过蒙古西征，有长途转战的经验，还有当年西征军中前进得最远的先锋（速不台、郭德海）。[2]

西路军如此编成，乃是因为他们肩负的作战任务着实令人望而生畏。

从凤翔南下，过宝鸡，入汉中，再转向东，假道唐邓——这条行军路线，蒙古军从未涉足，沿途地形复杂，险阻重重，时刻在南宋窥伺之下，后勤条件也艰苦万分。金军搜集的情报显示："睿宗（拖雷）所领军马四万，行营军一万"，"彼虽号三万，而辎重三之一。"[3]可见，孤军深入的西路军，被迫携带了一支庞大的辎重队，占了总兵力的四分之一强。即便如此，西路军还是一度陷入补给困境："他们饿坏了，身体消瘦，以

---

[1]（波斯）拉施特：《史集》第二卷，第5—6页。

[2] 陈高华：《说蒙古灭金的三峰山战役》。

[3]《金史·白华传》《金史·移剌蒲阿传》。

致吃人肉，吃一切动物和干草。"[1]行军过程也是几经周折。

正大八年秋，西路军按照原定计划，渡渭水，过宝鸡，入小潼关，进入宋境。不料，先期前往宋朝假道的使节被杀，拖雷率三万骑兵突入大散关，攻陷宋朝的凤州（今陕西凤县）、兴元（今陕西汉中）、洋州（今陕西洋县），又别遣一军从兴元出发，扫荡川北。十一月，蒙古军再度会师后，接受了南宋四川制置使的乞和、犒劳和向导，穿过饶峰关，东下金州、房州，终于抵达均州、光化一带的汉水南岸。

另一方面，不同于西路军历尽艰辛，跋山涉水，窝阔台汗亲率的中路军，似乎更加从容不迫。

中路军的实力并不逊于西路军。实际上，蒙古从勃兴到衰亡，从未有过大汗本人出征不率"主力"而只率"偏师"的情况。中路军将领，可考者有口温不花、按赤台等宗王，[2]以及塔察儿、塔思、速浑察。塔思和速浑察是木华黎后裔，率领木华黎的旧部（五投下军）。窝阔台汗登基后重组的怯薛军（一万人），也必然随大汗出征。何况，两个月内就能攻下三万金军守御的河中，中路军的数量只可能比西路军多。所以，合达、蒲阿才不愿撄其锋芒。

中路军的进攻轴线也要便捷一些。平阳、河中以北，蒙古经略多年，可提供充分的后勤保障。窝阔台汗早就对自己的作

---

[1]（波斯）拉施特：《史集》第二卷，第34页。

[2] 口温不花是成吉思汗异母弟别里古台之子，按赤台是成吉思汗同母弟合赤温之子。

战正面做了侦察。他派克烈部的速哥出使金朝，速哥此行必然要渡河入汴（南京）。金人故意带速哥绕过军事重地，将他锁在船内，"七日始登南岸，又三旬乃达汴"。不料，速哥还是设法打探到了沿路的"地理厄塞、城郭人民之强弱"。回来后，他献上金廷招待用的黄金酒杯，窝阔台汗大喜："我得'金'于汝手中矣！"[1]

正大八年（1231年）正月五日至七日，中路军拔掉河中这颗顽强的钉子后，沿河曲东行，在洛阳东四十里的白坡（今河南孟州西南）渡河。

这段黄河河道，底部铺满石头，进入干旱季节后，水深不能寻丈（两三米）。金军河防，上下千里，唯独觉得这一处地方相当危险，每年冬季枯水期，都专门从洛阳调一支军队过来警戒。蒙古轻骑在向导速哥的指示下，在白坡徒涉，掳获了泊在南岸的船只，将北岸的大军和辎重悉数运到了南岸。

蒙古中西路大军，分别推进到目前位置，原先的战略构想，可说成功了一半。金军以为固若金汤的关—河防线，一下子出现了一西一北两个大缺口。这个时刻，再不起而反击，就只有束手待毙了。

---

[1]《元史·速哥传》。

第八章 三 峰

一、"存与亡，有天命！"

正大九年（1232年）的元旦到上元（正月十五），是"正大"年号行用的最后一段时间。[1]不过，这短短半月，对南京开封城内的军民来说，好像半年甚至半个世纪一般漫长。

南宋、高丽、西夏等国，早已多年不派使节来"贺正旦"了。即便如此，南京城内，上自宫阙，下到坊巷，还是一样准备辞旧迎新。

按照旧俗，从小年开始，就要陆续祭灶、驱傩、放爆竹、贴桃符、张纸灯，还要饮屠苏酒。这是一种用大黄、桔梗、川椒、桂心等药材酿造的药酒，能辟疫气。

金代的文坛领袖、书法名家赵秉文，年逾古稀，求他题写桃符的亲友仍然络绎登门。这一年，赵宅大门上又照例挂出"老汉不写字"的条幅，好让慕名而来的好事之辈望而却步。[2]

---

[1] 正大九年正月改元"开兴"，四月再改元"天兴"，皆与战局的突然转折有极大关系。

[2] 刘祁：《归潜志》，第100页。

然而，这一切只是表面现象。

其实，城内四处弥漫着焦灼的气氛，看不见，摸不着，却又实实在在缠绕每个居民，浓郁到让人胸闷窒息。爆竹声中，强颜欢笑间，人人都会有意无意向东南方向凝视片刻，好像在期待些什么。

上一年（正大八年）的年末，中、西两路蒙古大军，已对河南腹地形成了严重威胁。直到十一月下旬，拖雷的西路军掠过金州、房州，眼看就要在均州、光化一带渡过汉水，尚书省和枢密院还在建议金哀宗"以逸待劳，未可与战"。

这次，金哀宗反复斟酌，给出了一个斩钉截铁的答复：

> 南渡二十年，所在之民，破田宅，鬻妻子，竭肝脑以养军。
>
> 今兵至，不能逆战，止以自护，京城纵存，何以为国？天下其谓我何？
>
> 朕思之熟矣，存与亡，有天命，惟不负吾民可也！ [1]

总之一句话："南下决战！"

这个决定可谓姗姗来迟，上一年北上击破中路军的计划胎死腹中以后，整整三个月的宝贵时间已经浪费掉了。不过，这仍然算是自与蒙古开战以来，金朝皇帝发出的最强音。于是，关—河防线上合达、蒲阿统率的重兵，从阌乡掉头，沿着洛

---

[1]《金史·哀宗本纪》《金史·赤盏合喜传》。

南、商州、丰阳（今陕西山阳），顺丹水（丹江）而下，进驻顺阳（今河南内乡西）。很快，杨沃衍（唐括迪剌部人）的党项军、陈和尚的忠孝军、驻守胡岭关（今河南济源西）的军阀武仙的部队也相继南下。全军近二十万，会师顺阳，迎战西路军。[1]

现在是正大九年的正月。换句话说，自诸军奉命南下，已经过去了一月有余。

刘祁（山西人），父亲是前监察御史刘从益（前面提到被选为"千户"军官充数者），自幼有神童之名，可惜科场失意，连举进士不中。他这年才三十出头，从南边的淮阳（今河南周口）赶到南京，与老祖母和母亲团聚过年，顺便进入太学读书。到了京师，刘祁听说，平章（合达）、参政（蒲阿），带着八名都尉率领大军，正在荆江（汉水）与北兵相峙。

正月十五刚过，刘祁到东华门外新开的讲议所投献时务建议书，遇到了当日值班的翰林修撰李大节。二人有一搭没一搭地闲聊，话题不由自主地转到了时事。李大节说："今朝廷之力全在平章、副枢，看此一战如何？"刘祁耸了耸肩，表示默认。[2]

南京城内的百万生民，苦苦等待的，正是这场生死大会战的消息。

他们等到了什么？

正月二十日前后，东南紧邻开封府的许州（昌武军）。大

---

[1] 朱玲玲：《蒙金三峰山之战及其进军路线》。

[2] 刘祁：《归潜志》，第122页。移剌蒲阿此前任枢密副使，故言"副枢"。

清早，老门卒推开城门，大风夹着雪花扑面而来，打得脸庞生疼。他仿佛听到，寒风之中，夹杂着阵阵马的嘶鸣。老门卒侧过耳朵，努力分辨，感觉这声音自远而近，逐渐清晰。接着，雪雾之中倏地冲出一匹黑马。他仔细一看，差点吓得魂飞魄散——史书记载，伏在马背上的军官，"两手皆折，血污满身"，极为可怖。[1]

这名气息奄奄的军官，是忠孝军的"完颜副统"。在他身后，金朝溃军和蒙古追骑蜂拥而至……

原来，正大八年（1231年）十二月初一，南下的金军主力抵达邓州（州治穰城县，今河南邓州），屯驻在顺阳（今河南淅川县南）。顺阳是穰城县下辖四镇之一，距离汉水北岸不过十数里。此时，合达、蒲阿麾下集结了骑帅蒲察定住、蒲察答吉卜，郎将按忒木，忠孝军总领夹谷爱荅、完颜达鲁欢，总领夹谷移特剌，提控步军张惠，完颜阿排、高英、樊（夹谷）泽三都尉，忠孝军陈和尚，合计骑兵二万、步兵十三万，人数是对岸准备渡江的蒙古军的五倍。

二帅召集诸将，讨论是否趁敌军半渡截击，还是等敌军全部过河再决战。张惠、按忒木认为，蒙古骑兵一旦踏入平地，金军后方空虚，风险太大，主张半渡截击。蒲阿不屑一顾：汝等只与宋军交过手，"于北事何知！"他的胃口极大，打算放蒙古军过河，一举歼灭，还反复告诫诸将："不要像在大昌原、

---

[1]《金史·古里甲石伦传》。

卫州和倒回谷那样，把靼人放跑了！"蒲察定住、高英、樊泽等人也纷纷表示同意。

十二月十七日，蒙古军开始在光化横渡汉水。十数万金军，便在距离岸边不远处，密切监视蒙古军的一举一动。

当天清晨，随着三声沉闷的大鼓声，一千名背着弓矢、手握弯刀的蒙古前锋（"莽来"）开始骑马泅渡。前锋上岸后，迅速呈扇形展开，掩护渡口。几乎同时，金军顺阳大营的合达、蒲阿也接到了斥候（侦察兵）的回报："千骑已北渡！"[1]

接着，第二通、第三通……鼓声响起，蒙古军大部队和辎重开始渡江。他们或骑马浮渡，或利用缴获的船舶，或撑开牛皮缝制的皮筏。渡江行动持续了整整四天，自晓至夜，人马、驮畜，寂静无声，只听得到齐整的鼓声、马蹄声、溅水声。渡河行动显示西路军不愧为百战精锐，这对于金军并不是个好兆头。

两军隔水对峙的地方，往南百余里，就是南宋的军事重镇襄阳府，也是京湖安抚制置使的驻地。这里一直屯驻有各种番号的大量军队。襄阳方面的宋军也在观望这支陌生军队的渡江。不久以后，这些宋军将成为蒙古军的盟友，共同给金王朝挖掘最后的墓地，然后，两军又将成为不共戴天的仇敌。

不过，在这一刻，金、蒙、宋三方的大军，都在汉水两岸默默打量着对方，却毫无动作。这是战争中最富戏剧性的画面之一。郝经敏锐地捕捉到了这个场景，他在《三峰山行》中这样描述：

---

[1]《金史·移剌蒲阿传》。

突骑一夜过散关，汉江便着皮船渡。

襄阳有兵隔岸看，邓州无人浑不顾。

纵入腹心将安归？彼骑岂足当吾步！

脱兔一去不可及，却兵洛涧符坚误。

二十日夜间，金军主力从顺阳出发，连夜进入事先准备好的决战阵地——邓州西南六十里的禹山。

二十一日拂晓，金军斥候报告了蒙古军渡江完毕的消息："北骑已尽济！"

二十二日，禹山的金军展开战斗阵形，"两省立军高山，各分据地势"。合达、蒲阿考虑金军步兵太多而骑兵太少，便让步兵在禹山前方列成圆阵，将骑兵部署在山后待机。[1]

二十三日凌晨，蒙古大军出现在禹山金军的视野中。山顶上的瞭望哨发现，蒙古"大帅"（拖雷）亲自"以两小旗前导"，来到山前，观察金军的战斗部署。此后，蒙古军并没有急于发动全面进攻，而是"散如雁翅，转山麓，出骑兵之后，分三队而进"，向金军阵地做了几次试探性的冲击。两军"短兵接战，战三交，北骑稍退"。熟悉蒙古军作战方式的合达传令：诸军少安毋躁，"观今日事势，不当战，且待之"。

经过一番试探，蒙古军大致摸清了禹山阵地的虚实。金军瞭望哨见到蒙古"大帅"再次挥动大纛，"聚诸将，议良久"。接下来，失吉忽秃忽率领骑兵，专门针对金军步兵发动了一轮

---

[1]《金史·移剌蒲阿传》；（波斯）拉施特：《史集》第二卷，第35页。

更凶猛的"半回转"突击。都尉高英的部队部署在禹山北面，蒙古军居然迅速绕到该军背后，使之阵脚大乱。高英奋勇督军力战，才稳住了阵形。接着，蒙古军又冲击都尉樊泽的部队，再度引发了巨大的混乱。合达将一名擅自退却的千户就地斩首，全军将士"殊死战"，这才顶住了蒙古军的攻势。[1]

看到金军阵地一时难以攻破，蒙古一方的记载说，拖雷决定：

> 只要他们还没离开自己的原地，就不可能同他们作战。如果我后退，我们的军队会士气沮丧，而他们就会更加狂妄。最好还是进向他们的君主所驻扎的那些地区和城市。若能成功，我们就可以同窝阔台合罕和主力军会合了。[2]

显然，西路军不打算陷入与金军大队步兵的阵地战，而是要充分发挥机动优势，将金军主力甩掉，争取北上同中路军会师。于是，金军观察到，"北兵回阵，南向来路"。金军统帅误判，这一行动表示蒙古军已败退。张惠主张乘胜追击，蒲阿大手一挥：急什么！"江路已绝，黄河不冰。彼入重地，将安归乎？"

蒙古人实是当时举世无双的军事欺骗大师。禹山大战的第二天，二十四日，西路军竟然在金军眼皮底下凭空消失了。金

---

[1]《金史·移剌蒲阿传》。

[2]（波斯）拉施特：《史集》第二卷，第36页。

军侦察兵回报："北兵忽不知所在，营火寂无一耗！"[1]这似乎证实了之前的判断。于是，合达、蒲阿二帅派出急驿，昼夜兼程，向南京送出"大捷"的战报，并沿途宣布敌军已被击退。省、院大臣接到捷报，在议事堂中摆下酒宴，痛饮欢庆。左丞李蹊举杯兴奋地大喊："非今日之捷，生灵之祸，可胜言哉！"[2]

其实，西路军前锋此刻已"散漫而北"，渗透金军后方。主力及辎重则悄悄隐蔽起来，与金军脱离了接触。二十四日至二十七日，一连四天，金军对西路军的去向几乎一无所知。

直到二十八日，金军才发现，禹山南面、光化对岸的枣林中有敌军出没。他们白天生火炊饭，入夜之后不解甲，不下马。斥候只见密林之中人影憧憧，"五六十步而不闻音响"，似乎别有所图。

至二十九日止，禹山阵地上的十五万金军官兵，已经紧张兮兮守了近十天，粮秣也开始短缺。合达、蒲阿商定，暂时撤出禹山，回邓州休整。金军大军转向通往邓州的大道，需经过东面枣林的边缘。正当金军前队已过、后队未过的空隙，蒙古军突然从林中杀出。合达、蒲阿慌忙整队迎击，然而，金军后队已被冲散，辎重也遭百余名蒙古骑兵掠走。

合达、蒲阿率领的金军前队，勉强赶在日暮时分进入了邓州城。高英、樊泽两军，分别负责城外东西两面的警戒。

这天，直到深夜，邓州城楼还在不断传出当、当、当的钟

---

[1]《金史·移剌蒲阿传》。
[2]《金史·完颜合达传》。

声，一声比一声急促，逐渐消失在浓郁的冬雾深处。那是入城的金军在给迷路的溃军指示集结的方位。[1]

二、大雪满弓刀

正大九年（1232年）正月一日，元旦，金军休整完毕，在邓州城下举行了一次炫耀性的检阅。城外的蒙古军没有发起进攻，"大将"派使节来索取美酒。合达、蒲阿命人抬出二十瓶佳酿，送给蒙古军。这大概是残酷无比的战斗中，双方唯一的一次稍具骑士风度的交流。

正月二日，拖雷率领西路军绕过邓州，取道泌阳、方城、襄城，兵锋直指东北方向的南京开封。邓州城内的金军畏惧敌军进逼京师，不得不跟随北上。然而，西路军的行军道路沿线，"所有积聚焚毁无余"，金军主力"由邓而东，无所仰给"，只好抄近路，"并山入阳翟"。[2]阳翟县是钧州（今河南禹州）的州治，在开封西南约三百里。钧州"控汴、洛之郊，通汝、颍

---

[1]《金史·移剌蒲阿传》。

[2]《金史·完颜合达传》。朱玲玲：《蒙金三峰山之战及其进军路线》提出，拖雷军率先取道三鸦路北上，又派遣另外一支部队残破泌阳、方城、襄城沿线；继而合达、蒲阿统率的金军主力也取道三鸦路随蒙古军北上。这一考证似乎有误，难以解释《完颜合达传》的记载："泌阳、南阳、方城、襄、郏至京诸县皆破，所有积聚焚毁无余。金军由邓而东，无所仰给，乃并山入阳翟。""并山入阳翟"，就是说抄三鸦路入钧州，即《史集》记载的"他们便向右面驰去"。由南往北，三鸦路即左侧穿过伏牛余脉的山路，方城沿线则是右侧的平路。

（许州）之道"，[1]合达、蒲阿显然打算在此地阻截西路军北上。

他们抄的近路，就是"三鸦路"。这条行军线路，相当于从南阳盆地出发，沿白河支流口子河谷北行，翻越伏牛山分水岭，再沿瀙河河谷抵达鲁山县。此道先后穿过百重山、分水岭和鲁阳关三个隘口，故名"三鸦路"，自古是南阳通往中原的捷径。[2]

合达、蒲阿刚进入三鸦路，就在百重山（五朵山）遇见了从丰阳川（今陕西山阳）赶来增援的杨沃衍部队。杨沃衍问起禹山战况，二帅回答："我军虽胜，而大兵已散漫趋京师矣。"杨沃衍听罢，极为愤怒，对他们说：两位手握重兵，却一再贻误战机，"不能战御，乃纵兵深入，尚何言耶！"[3]

拖雷率西路军主力北上之际，派朵豁勒忽千户率三千劲骑，担任后卫，尾随金军进入三鸦路。这支后卫不顾自身损失，经常上前袭扰、缠斗。金军步兵翻山越岭，行进缓慢，正月十日才抵达鲁山，十二日终于抵达钧州以南百里的沙河（颍水支流）。

此时，西路军主力的五千骑兵早已在对岸列阵，待金军渡河后，尾随金军，频繁袭扰，导致他们"不能得食，又不得休息"。黄昏时分，开始下起了小雨，翌日凌晨，雨转为雪。三千加五千，来袭的蒙古骑兵不断增加，接近万人。金军主力且行

---

[1] 顾祖禹：《读史方舆纪要》第4册，第2193页。

[2] 胡阿祥：《兵家必争之地》，第180页。

[3] 《金史·杨沃衍传》。

且战，苦不堪言。

十三日，金军主力刚抵达钧州西南二十五里的黄榆店，雨雪大作，没法再赶路了，只好扎营休息。

十五日午夜，一名近侍抵达黄榆店，召集全军将帅，传达了金哀宗激励士气的圣旨："两省军悉赴京师，我御门犒军，换易御马，然后出战未晚！"然而，诸将散去后，这名近侍低声对合达、蒲阿说，圣主还有"密旨"。接着，他传达了一段让人摸不着头脑的话："近知张家湾透漏二三百骑，已迁卫、孟两州，两省当常切防备。"

合达、蒲阿守御关—河防线多年，如何听不出这道"密旨"的弦外之音？这是说，除了南阳腹地失守，蒙古军还突破了黄河沿岸的河中、孟津、汲县等渡口。对于北返的金军主力来说，这个消息无异于一记晴天霹雳。二帅接旨后，合达一把拽住蒲阿的袖子，请他留下来商量。蒲阿回头只说了一句："止此而已，复何所议！"

史家评价，蒲阿已经吓得失魂落魄了。[1]

十五日天还没亮，金军主力冲风冒雪，紧急向钧州城开拔。这是整场战役中最微妙的时刻。

一边，金军主力一路狂奔，以杨沃衍的部队打头，冲过蒙古游骑设置的路障，挪开堵塞大道的树木，亟欲进入钧州休整，再入援京师。在另一边，蒙古中路军于七日渡过黄河，十三日攻克郑州。拖雷派夔曲涅联络上了窝阔台汗。口温不花、

---

[1]《金史·移剌蒲阿传》。

塔思率中路军骑兵一万余人，南下与西路军会合。[1]拖雷掌握了四五万精兵，他敏锐地感觉到，真正的决战时刻到了："机不可失，彼脱入城，未易图也。"[2]

自黄榆店前行不到五里，横亘着一道山岭，岭上有三座山峰起伏——"三峰山"，这是钧州南面最后一道自然屏障，距离州城不到二十里。此刻，金军已经"僵冻无人色，几不能军"，蒙古军抢先占据了山岭周围，严阵以待。

金军主力被迫应战，陈和尚以忠孝军一马当先，仰攻山岭上的蒙古军主力。紧接着，武仙、高英军进攻东北侧山峰的蒙古军，杨沃衍、樊泽军进攻西南侧山峰的蒙古军。或许是身陷绝境迸发潜力，又或是钧州在望，令金军重拾斗志，十五日白昼的激战，蒙古军居然落入下风，被逼至东边一块高地。张惠、按忒木又率金军骑兵，从地势更高处"承上而下拥之"，蒙古军再次不敌后退。

不过，血战竟日，两军都颇为疲惫。金军取得阶段性胜利，却很难一下子吃掉数万骑兵。入夜前，金军在山下"沟地立军围之"，前后数百重，准备来日一举歼灭敌军。[3]

没想到，午夜刚过，已经断断续续下了两三天的雨雪，突然转为暴风雪。郝经有诗句形容，"黑风吹沙河水竭"（《三峰山行》）、"六合横倾数丈雪"（《金源十节士歌》）。蒙古人相信，

---

[1]《元史·睿宗传》。

[2]《元史·睿宗传》。

[3] 十五日的战斗，参见石坚军：《蒙金三峰山之战新探》。

这个突如其来的天气变化，是由于神秘力量的干预。《史集》记载：

> 拖雷汗下令施行法术，这是同下述各种性质的石头有关的一种炼丹术：当把它们取来，放入水中洗濯时，（甚至）在仲夏天气也会马上（起）风、变冷、下雪，变得满天阴霾。他们中间有个康里人，精通这种法术。他按照（拖雷汗的）命令作起法来。[1]

蒙古巫师"祈雪"用的石头，称为"札答"或"酢答"（jada），是一种动物腹中的结石，传说有招致风雨的魔力。当时流传一种说法：蒙古军惯于在极端条件下作战，甚至故意制造极寒天候，"极寒无雪，则磨石而祷天"。[2] 其实，金朝开国初年的铁骑何尝不是如此？女真发祥地气候本就寒冽，在与辽军的战争中，金军把水浇在己方城墙上，"其壁凝冻成冰"，生生造出一座冰城。[3] 靖康元年（1126年）冬，金军围攻北宋汴京，当时也下了一场暴雪，粘罕率军趁着大雪，加紧攻城，他仰天长笑："雪势如此，如添二十万新兵！"[4]

如今，百年方过，山下的金军僵立在齐腰深的大雪之中，

---

[1]（波斯）拉施特：《史集》第二卷，第36—37页；《元史·睿宗传》。

[2] 许全胜校注：《黑鞑事略校注》，第156页。

[3] 朱翌：《猗觉寮杂记》。

[4] 徐梦莘撰：《三朝北盟会编》卷六九。

瑟瑟发抖。刀枪剑戟，寒不可触，弓弩缠冻，无法施展，还有官兵三天没吃饭。金军士气和战斗力一落千丈，这"二十万新兵"，却是添给了蒙古人。

十六日，天刚蒙蒙亮，"白雾蔽空，人不相觑"。拖雷宣布："现在是作战和获得荣光的时刻了，必须勇敢！"在统帅的激励下，蒙古军全军披上毡制的雨衣，先锋塔思一马当先，"如扑向羚羊群的狮子"，冲向山下的金军。[1]三峰山周围，多是种麻的田地，往往要翻耕四五遍，连日雨雪后，人马踩踏上去，"泥淖没胫"。两军酣战半日。在此期间，窝阔台汗麾下的余部不断赶来。蒙古军势力大振，反将金军逼到三峰山上。

透过山顶的雾气，金军将帅极目远望，只见此时的蒙古军仿佛有"二三十万，约厚二十里"，鼓声、号角声此起彼伏，连绵不息。蒙古军四面将金军重重围困，轮番休整和进攻，甚至从容不迫地"炽薪，燔牛羊肉"，肉香四溢。

眼看金军的斗志临近崩溃，蒙古军故意在包围圈上放开一条"生路"——通往钧州的大道，又在这个缺口两侧埋伏了新赶到的生力军。片刻之间，"金军遂溃，声如崩山"。此时正逢云开雾散，日光粲然，蒙古军追击数十里，沿途"流血被道，资仗委积"。[2]金哀宗苦心经营近十年的精锐大军，从此不复存在。

十六日的日头偏西，残阳如血，长达一个多月的漫长战

---

[1]（波斯）拉施特：《史集》第二卷，第37页；《元史·塔思传》。
[2]《金史·移剌蒲阿传》；《元史·睿宗传》。

斗——阻截和反阻截、偷袭和反偷袭、追击和反追击——以如此短促的结局告终，令人唏嘘不已。

正大八九年之交的蒙古南下攻金之战，堪称教科书级别的示范。

蒙古军的行动，是"间接路线战略"（侧翼奇袭）的典型成功案例。中路军先攻关一河防线，牵制金军主力；西路军迂回奔袭，调动金军主力千里南下。西路军伺机决战，中路军伺机渡河，再会同西路军，与疲于奔命的金军决战河南腹地。战役进程，大体按照蒙古人的设想进行。

《唐太宗李卫公问对》是一部中古兵书。书中假托唐太宗、李靖两大名将一问一答，探讨了古代军事理论中"奇正"这对玄奥的范畴——"奇兵"和"正兵"，究竟是固定划分，还是随机应变？二人讨论的结果是：俗传"奇兵旁击"（奇是侧翼突击），"先出合战为正，后出为奇"（先出动为正，后出动为奇），"大众所合为正，将所自出为奇"（正面交锋是正，将军临阵应变是奇），等等，这些说法都未能穷尽"奇正"底蕴。"唐太宗"总结：我的正兵，让敌军误以为是奇兵；我的奇兵，让敌军误以为是正兵，"以奇为正，以正为奇，变化莫测"，恰是孙子说的"形人而我无形"的境界。"李靖"无比佩服，跪拜说："陛下神圣，迥出古人，非臣所及！"

战役之初，蒙古中路军是正兵，西路军是奇兵。随着战役的进展，西路军成了正面硬抗金军主力的正兵，中路军转为了赶来支援的奇兵，真是"奇正相生，变化莫测"。除此以外，蒙古军队"指期约日，万里不忒"的军事素养，蒙古将帅敏锐、果断和坚忍的指挥个性，皆可圈可点。

蒙古人的胜利之所以如此辉煌，还有一个重要原因，那就是对手的失误。合达、蒲阿统率的金军主力，犹豫畏葸，一失于捣河中，二失于扼汉水，三失于战禹山，在南北二线之间疲于奔命，是"内线优势"应对"外线进攻"的典型失败案例。

对金军来说，究竟哪个环节，才是真正决定胜负的时刻？是袖手等待蒙古军渡过汉水的那四天（十七日至二十日）？是在禹山完全失去蒙古军踪迹的四天（二十四日至二十七日）？是十五日的小胜即安，还是十六日的风雪漫天？这个问题，读者诸君不妨细细回味。

三、烽火照南京

三峰山一战，金军的"将星"陨落如雨。

在通往钧州的那条杀机四伏的大道上，杨沃衍、樊泽、张惠三支部队挤在一块，夺路逃生。张惠挂着一条铁枪，浴血奋战，为诸军殿后，英勇战死。杨沃衍、樊泽败退到柿林村的南边，遇上高英领着麾下残兵。蒙古追兵四合，三人中，唯有杨沃衍生还钧州城。[1]

合达也带着数百名亲卫冲入了钧州，蒙古大军紧随其后，将城池重重围住。杨沃衍拒绝接受招降，向南京方向跪拜痛哭："无面目见朝廷，惟有一死耳！"从容自缢殉国。他的部下将长

---

[1]《金史·移剌蒲阿传》。

官遗体连同他自缢的屋宇一起焚毁。与杨沃衍一同自尽的，还有十余名部下。[1]很快，钧州城就被蒙古军攻陷。合达藏身密室中，也没能躲过蒙古军地毯式的搜索，不屈而死。

钧州城中还有陈和尚。他不愿死在无名小卒之手。听到外面喧闹声渐息，陈和尚主动从藏身之处走出，伸手拦住了街上的蒙古兵，大喊："Bi, Altan Qan-u yeke noyan, Qaghan tai cin uulzmaar bain（我，金国大将，欲见合按白事）！"[2]"合按"就是合罕，当时窝阔台汗的专属尊号。蒙古骑兵押着他来到大汗的金帐之前。窝阔台汗问：好男子，你叫什么名字？陈和尚昂首回答：

> 我，忠孝军总领陈和尚。
> 大昌原之胜者我也！
> 卫州之胜亦我也！
> 倒回谷之胜亦我也！
> 我死乱军中，人将谓我负国家。
> 今日明白死，天下必有知我者！

帐中将帅都很钦佩他的勇敢，也想劝他归顺。可是，陈和尚不肯下跪，蒙古兵把他的两膝以下都砍折了；陈和尚厉声大骂，蒙古兵又用刀将他的嘴一直豁裂到两耳。最终，陈和尚不

---

[1]《金史·杨沃衍传》。
[2] 元好问：《赠镇南军节度使良佐碑》。

肯屈服，"嚓血而呼，至死不绝"。殉国时，他才四十出头。[1]

另一名主帅蒲阿，没敢在钧州停留，拍马直奔京师，行至望京桥时，被蒙古军擒获。蒙古军将他押到官山（又名九十九泉，今内蒙古灰腾梁），反复劝诱。蒲阿被杀前只是平静地说："我，金国大臣，惟当金国境内死耳！"[2]

从三峰山包围圈中逸出的金军普通士兵，人数其实不少。钧州东南八十里外的许州（昌武军），前面曾讲过。就连西北两百里外的洛阳，也接收了"三峰溃卒"三四千人。[3]然而，参加三峰山大战的金军将帅，除了武仙带着三十名骑兵躲入竹林中，后来逃亡至密县（今河南新密），上至二帅，下至中高级军官，或阵亡，或被俘，或失踪，绝大多数此后再未出现在历史记载之中。如果蒙古军派人专门清理战场，搜罗金军军官遗弃的军阶标志——金牌、银牌、木牌，所获大概能堆成一座小山。

南朝名将檀道济，被杀前自诩"万里长城"，能保卫家国，唐太宗对李勣也有同样的评价，可见将才有多么宝贵。三峰山战败，金朝的京师南京开封，既失去了大河天险，更失去了不惧以身来障蔽它的将帅。不论是金人，还是蒙古人，对这一点都十分清楚。三峰山战后，蒙古骑兵直驱南京城下，用长矛举着完颜合达的首级高喊：

---

[1]《金史·完颜彝传》

[2]《金史·移剌蒲阿传》。

[3]《金史·撒合辇传》。

汝家所恃，惟黄河与合达耳！今合达为我杀，黄河为我有，不降何待？[1]

与当年野狐岭之战后的中都几乎如出一辙：先是野战部队被歼，然后是都城受围——南京孤城，如今只剩下它自己的城墙可以依靠了。

或许是不幸中的万幸，这一圈城墙并不寻常。

严格说来，开封城成为金朝皇帝真正的驻跸之所，还不足二十年。不过，自五代到北宋末年，这座城市一直是国都，根基深厚，还一度是当时世界上最大的城市。

贞元元年（1153年），开封正式定为"南京"，同时成为完颜亮梦想中的大一统王朝的首都，自正隆三年（1158年）开始，动员天下民夫工匠，营造不遗余力，"运一木之费至两千万，牵一车之力至五百人"。许多上好木料采自陕西、山西等地，千里水运，途经三门砥柱之险，淹死了许多筏工。宫殿装饰也极尽奢华，"遍傅黄金，而间以五采，金屑飞空如落雪"，又从各地搜刮珍奇的林木花石，填塞宫苑。[2]宏伟壮丽的宫室，是贞祐二年（1214年）金宣宗选中南京作为"陪都"最重要的加分项。不过，宫殿园林在抵御蒙古围攻时起不了什么作用，许多价值连城的构件，最后沦为搭建临时楼橹的材料，甚至抛石

---

[1]《金史·完颜合达传》。
[2] 见《金史·海陵庶人本纪》、张棣:《正隆事迹记》等。

机的砲弹。

金末的南京城，自内向外有宫城、皇城、内城（子城）、外城四重城墙。金朝重修南京，向北扩大皇城占地，将北宋皇城包作宫城，作为城池防御关键的外城和内城，基本延续了北宋汴京旧城的规模。[1]

南京的外城，呈东西稍短、南北稍长的长方形，周长"五十里百六十五步"（符合现代考古勘探的结果），"高四丈"、"广（厚）五丈九尺"，开有十四座城门。外侧有一道宽十余丈的护城河环绕，清涟浅浅，又称"护龙河"。

北宋末年，金军围攻汴京时，外城城墙遭到一定程度的破坏，楼橹也焚烧殆尽，金朝重修时都予以恢复。南宋使节北上，通常在此地暂歇，楼钥、周煇等人都确认，南京的外城"城楼雄伟，楼橹、壕堑壮且整"，瓮城、敌楼，一应俱全。[2]

金人自己也认为，北宋所筑的外城，"土脉甚坚"。[3]后来，蒙古围攻外城，大砲抛出的石弹，打在城墙外侧，只留下浅浅的凹痕。甚至到了明末，李自成围攻开封，用当时先进的火药爆破术，在开封城脚下挖掘坑洞，埋入火药引爆，据传也因为城基是"金人所重筑，厚数丈，土坚"，惊天动地的爆炸，不但未能撼动城基，冲击波裹挟破碎的砖石向外反震，守在城壕

---

[1] 关于金代南京的形制，参见单远慕：《金代的开封》、王曾瑜：《金代的开封城》、刘春迎：《金代汴京（开封）城布局初探》。

[2] 楼钥：《北行日录》，赵永春辑注：《奉使辽金行程录》，第368—369页。

[3] 刘祁：《归潜志》，第68页。

边，预备冲击缺口的数千闯王骑兵，"一时皆为齑粉"。[1]

总之，这套外城形制，用南宋守城专家陈规的话形容，是"壕堑深阔，城壁高厚，实龙渊虎垒"。[2]若不是当年靖康君臣昏招迭出，金军很难直接攻下汴京。陈规听到都城沦陷的消息，第一反应便是觉得不大可能，难以置信。

南京的内城略呈正方形，周长"二十里一百五十五步"，北宋末年破坏本不严重。金宣宗进驻后，术虎高琪、完颜赛不等人提出，外城虽然坚固，但周回太广，如果遭到突然袭击，仓促间难以防守。于是，从兴定元年（1217年）至兴定三年（1219年）秋，在北宋内城的故基上，又"筑而新之"。[3]这次修内城，大兴工役，指派朝官轮流出任监工，又强拆了许多民居。然而，等到蒙古军兵临城下，金哀宗君臣又觉得，丢掉外城，内城绝无生路。这座闹得上下不宁、河南百姓怨声载道的新修内城，最终也没发挥什么作用。

南渡后不久，由于害怕有朝一日遭到中都城那样的长期围攻，除了加固城墙，金朝还采取了一些其他的防御措施。例如，贞祐四年（1216年）十月，金宣宗下诏，全城制作防城器械，在城外开阔地面大量挖掘陷阱，设置栅栏、鹿角等路障。过了一周时间，又下令将城外居民的粮草储备全部运入京城，集中分配。十一月，金朝颁布了专门针对守御京城的官兵的迁赏规

---

[1] 刘益安：《大梁守城记笺证》，第61—63页。

[2] 陈规：《〈靖康朝野佥言〉后序》。

[3]《金史·完颜赛不传》。

定，接着命令城外居民自行将房屋拆除，以免被蒙古军利用，末了，居然还颁布了一部《毁城防器械法》。[1]

到了金哀宗，或许是对关—河防线和自己一手培养出的野战军过于自信，并不太留心京城的城防。因此，这些基础设施、条令和经验，恐怕是三峰山惨败的消息传来，蒙古大军的围攻迫在眉睫，南京城仅有的前期准备了。尽管如此，高、厚十几米的城墙，同《墨子》中就系统总结，宋代更是臻于完善的守城术结合，外加金军装备的两种先进火器（半个多世纪以后欧洲才摸到一点军用火药配方的门道），使得南京城仍是整个欧亚大陆上最难攻陷的堡垒之一。

不久，蒙古军的攻城经历将会证实这一点。

---

[1]《金史·宣宗本纪》。

第九章 困 兽

一、帝国的攻城术

经过二十余年的战争洗礼，特别是西征的磨炼，在围攻城池方面，蒙古军早就超越了要靠偷袭、诱敌和恐吓的时代（见第三章），不复是吴下阿蒙。

古代的要塞围攻（Siege），是一项复杂而且艰巨的军事活动。《墨子》将这一整套标准战术，归纳为十二项：临、钩、冲、梯、堙、水、穴、突、空洞、蚁附、轒辒、轩车。[1]其实，说来说去不出两大类：

从地上攻城，要挖掘壕沟，树立栅栏，建立封锁线，还要建造远距离攻击器械，如抛石机、床子弩、火箭，侦察瞭望的平台，如巢车、望楼，攀登城垣的土山、飞梯、车梯，撞击城墙或城门的钩撞车、搭车，等等；从地下攻城，要挖掘多条坑道，在城墙地基处埋好木桩再烧掉木桩，让城墙坍塌，这需要

---

[1] 关于墨家的"十二攻"及对应的防守，参见（英）李约瑟、（加）叶山著，钟少异等译：《中国科学技术史》第五卷第六分册《军事技术：抛射武器和攻守城技术》，第331—379页。

建造坑道作业的遮挡器械，如轒辒车、尖头木驴，防止坑道塌陷的木头支架，等等。[1]

这一切，除开大量承担重体力劳动的普通士兵，都离不开经验丰富的专业技术人员：计算弹道的职业砲手，校正弹着点的观察员，设计各种器械的工程师，确定坑道线路的地形专家，实际负责挖掘的工兵，还有各类木匠、铁匠、石匠、皮革匠……这样一来，围攻堪称古代的"高科技"战争了。双方掌握和临时创造出的技术的对抗，甚至是个别守将兼工程师之间的对抗，往往起到决定性作用。

围城，单是这一种战争形态，就兼技术密集型、劳动密集型、资本密集型三大特征。围攻大型城池，对技术、人力、物力、时间的要求更加苛刻。且不算数以百计的攻城器具和坑道作业，光是弩箭这一项，一日的消耗量就可能以百十万计算。[2]这样的消耗，只有大型的政治体才承受得起。

蒙古帝国的大军，恰是当时世界上最擅长向敌人学习的军队，不但支配了海量的物质资源，更不惮于引进人才，实现组织和技术革新。

蒙古人极为重视攻城武力的建设。早在木华黎经略中原的

---

[1] 参见（德）傅海波：《中世纪中国的攻城与守城》；（美）弗兰克·A.基尔曼、费正清著，门洪华等译：《中国的战争行为》，第149—190页。关于宋元时期的城池攻守，可简要参见曾公亮等撰，陈建中、黄明珍点校：《武经总要》前集卷十二《守城》，第172—207页。
[2] 赵万年：《襄阳守城录》。

时候，就训练出了自己的专业炮兵部队。[1] 还有记载说："太祖
（成吉思汗）、太宗（窝阔台汗）征讨之际，于随路取发，并攻
破州县，招收铁、木、金、火等人匠，充炮手，管领出征。"[2]
可见，蒙古军并不缺乏专业技术人才。至于围城必然消耗的大
量苦力劳动，按照蒙古军的惯例，是将方圆数百里内的无辜民
众掳掠驱赶到城下，作为"哈沙儿军"（ḫashar），充当攻城的
炮灰。

　　蒙金战争后期，蒙古军的攻城战术，还有一个最显著的特
点。草原骑兵本来就是天生的弓箭手，狙击、远射、齐射，无
所不长。正因为如此，蒙古军对远距离火力投射器械（所谓
"砲"）也情有独钟。

　　火炮出现之前，当时的"砲"是抛石机（西方称为
trebuchet），主要有两种：一种是拽索式抛石机，将一根或数根
椽木，用铁箍捆绑在一起，构成抛掷臂（砲梢），置于砲架上，
一端系有装填砲弹的皮囊，另一端系上几十根拽索。发射时，
人力猛拉拽索，利用杠杆原理，将砲弹（巨石或者引火物）抛
射出去。《武经总要》记载的宋代抛石机就有十八种，用拽手
四五十人到二百五十人不等，可抛射二斤到百斤的石弹。金代
抛石机还给拽手提供重度防护，用生牛皮蒙住砲座，"每砲一
座，如屋数间"，很是壮观。[3]

---

[1]《元史·唵木海传》。

[2]《元史·兵志》。

[3] 赵万年：《襄阳守城录》。

不过，宋式抛石机有一个缺憾，就是射程不远，仅五十步开外。另一种配重式抛石机，称为"曼扎尼克"，最初流行于中东地区。阿拉伯人对中国传入的拽索式抛石机做了改进，在砲梢尾部悬挂一块巨石或者巨铁（配重物），利用配重物下落的动能，代替人力牵引，射程更远，威力更大，甚至能通过增减配重比较方便地调节射程。后来，元军围攻南宋的襄樊，一发击碎城楼的"襄阳砲"，就是这种抛石机。[1]

抛石机发展到中世纪，已经相当精确，可以好几个小时连续轰击同一块区域。但是，不论哪种抛石机，安装、拆卸、调整射程、重新瞄准目标，都非常麻烦和耗时。[2]因此，蒙古军的抛石机采用了装有轮子、可以推移的砲座，或者，干脆以砲阵的密度和火力取胜。这些做法，在当时的欧亚大陆上都相当先进。

就在蒙古军围攻南京的前一年（1231年）秋天，撒礼塔率另一支蒙古军，围攻高丽的龟州城。他们不仅建造了"楼车""大床""云梯"，还推出了十五架"大砲车"、三十架砲车，猛轰城门。一发砲弹擦过坐在城楼上督战的高丽将军金庆孙，将他身后的亲兵打得"身首糜碎"。[3]

更大规模的砲击，出现在之前的凤翔围攻战。蒙古军在城

---

[1]（英）李约瑟、（加）叶山著，钟少异等译：《中国科学技术史》第五卷第六分册《军事技术：抛射武器和攻守城技术》，第158—189页。

[2] Geoffrey Hindley: *Medieval Sieges & Siegecraft*, p.46.

[3]《高丽史·朴犀传》《高丽史·金庆孙传》。

外设砲四百座，专门攻击城墙一角。中国古代城池多是方形，当时的军事理论认为，攻打这种城池，应该重点进攻城角，因为容易从两边部署火力。[1]可见，蒙古军不仅以数量见长，还了解砲攻的原理。难怪英国军事理论家利德尔·哈特（Liddell Hart）将蒙古"重砲兵"誉为现代军队"炮火准备"的鼻祖。[2]

正大九年（1232年）正月十七日，三峰山之战的次日，蒙古三路大军正式会师。窝阔台汗在众多宗王、万户和千户的簇拥下，视察了血污没膝的战场。他笑着对拖雷说："微汝，不能致此捷也！"某宗王说："诚如圣谕，然拖雷之功，著在社稷（指他拥立大汗）！"拖雷也赶紧说："臣何功之有？此天之威，皇帝之福也！"大家纷纷赞叹他的谦逊。[3]

过不了多久，在场的人再回想这番富有深意的对话，也许会不寒而栗。

接下来两个月（二月、三月），蒙古大军扫荡南京周围"商、虢、嵩、汝、陕、洛、许、郑、陈、亳、颍、寿、睢、永"等州的金军残部。然后，窝阔台汗、拖雷一同北上避暑，只留下一员韧性十足的蒙古老将，负责"统诸道兵"，主持南京围攻。

这位老将名叫速不台，成吉思汗的"四狗"之首。他从百夫长干起，追随成吉思汗南征北讨，参加过蒙古帝国几乎所有

---

[1] 陈规：《守城机要》。

[2] Liddell Hart: *Grosse Heerführer*, p.15.

[3]《元史·睿宗传》。

大型战役。速不台一生足迹所履之地，大概超过任何一位中世纪欧洲或伊斯兰世界的著名旅行家。这位将军马不停蹄，越过帕米尔高原上白雪覆盖的群山、满目黄沙的大漠、碧浪翻腾的里海、清澈见底的多瑙河；花剌子模算端、罗斯王公、条顿骑士，在他面前像麋鹿一样惊逸；中亚的山城、罗斯的木寨、东欧的石堡，无不被他踩在脚下。

有人说，速不台"身经六十五战，灭国三十二"，让西方人真切地体会到，亚洲也诞生了毫不逊于恺撒和亚历山大的名将。[1]

笔者总有点好奇，这样一段今天看来仍然惊心动魄的阅历，对一个人的心灵会产生什么样的影响？一个能天才地思考、解决复杂战略战术局面的头脑，大概不会只充斥着嗜血贪婪的念头。尽管速不台不可能像诗人那样敏感冲动，或者像旅行家那样偏爱异国情调，但是，这些人生阅历，是否只令他的心更加冷酷坚硬，又或是会激起一种超越尘世的悲悯？

这个问题没有答案。不像恺撒、格兰特或者第二次世界大战那一大批名将，速不台不曾留下回忆录，甚至任何透露他个性的文字和言语记录。我们只知道，在完成这一切洪业之后，速不台平静地退隐到秃剌河（土拉河）畔自己的营地，七十三岁高龄时离世。

金国，这样一个大帝国的轰然倒塌，仿佛只是老人闲来无事时凝视的长河上，轻轻泛起的一道涟漪。

---

[1] Liddell Hart: *Grosse Heerführer*, p.29.

正当速不台指挥大军围攻南京的时候，在遥远的蒙古大汗营地中，悄悄发生了一件本来足以惊天动地的神秘事件。

这年四月，联袂北返的窝阔台汗和拖雷两兄弟，经过中都，取道居庸关北口，进入官山避暑。不久，窝阔台汗忽然生了病，病得还很重。萨满巫师占卜后，发现是"金国山川之神"在作祟，因为蒙古大军"掳掠人民，毁坏城郭"，触怒了神灵。

不料，御用的萨满巫师举行法事禳解，向"金国山川之神"献上人口和财宝之后，窝阔台汗竟然病得更重了。最后，萨满巫师只好说，唯有大汗最亲近的人，替他以身赎罪，他才能活下来。

拖雷听了，就教萨满巫师说了一段祷词：

> 洪福的父亲将咱兄弟内选着，教你做了皇帝。今我在哥哥跟前行，忘了的提说，睡着时唤省。
>
> 如今，若失了皇帝哥哥呵，我谁行提说著，唤省著？多达达百姓教谁管着？且快金人之意！
>
> 如今，我代哥哥，有的罪孽，都是我造来，我又生得好，可以事神！
>
> 师巫，你咒说着……[1]

说完，拖雷将涤除疾病的咒水一饮而尽，又嘱咐兄长照顾自己的孤儿寡妇（妻子唆鲁禾帖尼和蒙哥、忽必烈、旭烈兀、

---

[1]《元朝秘史》第272节；《史集》第二卷，第37页。

阿里不哥等十子），走出营帐，没几天就去世了。

这个原始宗教色彩浓重的故事，在中国史家笔下，居然成了类似《尚书·金縢》篇中，武王病笃，弟弟周公向先王祈祷，愿意代死的感人义举。[1]不过，现代历史学家综合种种迹象认为，事实是：拖雷先有争夺汗位之嫌，又不待与大汗会合，立下歼灭金军主力的大功；窝阔台汗为消除隐患，装病下毒，谋害了拖雷。看来，那句"微汝，不能致此捷也"，暗藏着深深的忌惮。

这是蒙古帝国的内核上出现的第一道明显裂痕。且不说窝阔台汗可能死于拖雷遗孀的下毒报复，拖雷之死，是黄金家族的"哥哥兄弟每"第一次诉诸非常手段，解决权力冲突，而且远远不是最后一次。蒙古宫廷内部，窝阔台系和拖雷系、拖雷系各分支之间兄弟阋墙、党同伐异，几乎无休无止，最终导致这个欧亚大帝国加速分裂、昙花一现。[2]

说到底，这也可以算金朝在三峰山牺牲掉全部主力，换来的一点意料之外的影响。但是，这些遥远的帝国宫廷轶事，已经不能使南京城内近百万军民的命运，发生任何改变了……

二、开兴围城

正大九年（1232年）正月，三峰山之战的噩耗传到了三百

---

[1]《元史·睿宗传》。

[2] 陆峻岭、何高济：《从窝阔台到蒙哥的蒙古宫廷斗争》。

里开外的南京。身在城中的刘祁见证，"京师大震"。金哀宗听到自己苦心经营近十年的二十万精锐，一夜之间灰飞烟灭，精神登时崩溃。刘祁听说，圣主在宫中时不时"聚后妃涕泣"，还一度悬梁自缢，被宫人救回。又有一次，他在高阁上远眺京城四面升起的狼烟，了无生趣，一念之下，欲投身而下，左右侍从连忙拦腰抱住。[1]

正月十九日，稍稍振作的金哀宗，亲自登上承天门，宣布大赦天下，同时发布了一道"罪己诏"，宣布改年号为"开兴"。诏书没有流传下来，但是，据说由翰林赵秉文起草，沉痛万分，感人至深，"间巷间皆能传诵"。四面八方仍在坚守的孤岛，比如洛阳，通过种种途径接到诏书，听完宣读后，举城痛哭。[2]

当时，有人提议，蒙古军刚经过一番大战，远来疲敝，应该主动出击。主持朝政的平章政事兼枢密院使完颜白撒（汉名承裔）没有答应，只下令派完颜麻斤出和邵公茂等人率领民夫，出城掘开通往黄河的短堤，想用大水淹没周边地区，"以固京城"。工程还没实施一半，蒙古游骑就蜂拥而至。一万多名丁壮，活着逃回城内的，只有二三百人。

---

[1] 刘祁：《归潜志》，第122页。
[2] 《金史·赵秉文传》记载，开兴元年（1232年）正月，赵秉文起草赦文，"三月，草《开兴改元诏》"。但开兴改元在正月十九日，天兴改元在四月甲子（十四日），元好问为赵秉文所作《墓志铭》和《中州集》小传，均未提到三月还有起草《开兴改元诏》，本传或将两事错记为一事，今不取。

到了二月，南京城头才开始大规模搭建望楼、敌台、战棚，准备迎接大规模围攻。同时，金哀宗下诏，设置行户部、行工部，分别负责围城内的粮草供给和工事修筑，又委任了一大批有守城经验的军官，如完颜按出虎、大和儿、刘伯纲等等。

此时最大的困难，莫过于人手不够。城内的正规军队所剩无几。南京东西两面，各有一支都尉军，黄河对岸的卫州也有一支驻军，他们都是黄河防线的守备军队，如今防线已破，必然要撤回来，充实南京的防御。不过，这些部队，再加上卫戍京城的建威都尉，一共不到四万。平均下来，外城墙上一个垛口还分不到一个人。

古代的守城大师墨子说，城池有"五不守"，"城大人少"，排名第一。[1]所以，读到这份统计报告，金哀宗皱着眉头，久久说不出一句话。无奈之下，入城躲避战乱的百姓只好也充军，勉强凑成一支约十万人的守城部队，号称二十万，每人每月发给口粮（粟米）一石五斗。

在东、西、南、北四面城墙上，各设了一个元帅府：李辛守东面，完颜斜捻阿不守西面，范正之守南面，和速甲（禾速嘉）蒲速辇守北面。守城部队，大概也按照传统的"五行、五色、五方"来区分服色旗号：青色（东面）、红色（南面）、白色（西面）、黑色（北面）、黄色（中央总指挥）。另外，京城四面各抽出一千人，组成机动部队，预备救急，番号为

---

[1]《墨子·杂守篇》。

"飞虎军"。[1]

从这时候开始，南京终于进入了"围城状态"。

什么是"围城状态"，现代人不太容易感同身受。如果说，围城之外，是千里赤地，白骨蔽野，农业生活的自然节奏遭到彻底破坏；围城之内，则是另一种生活节奏、另一种秩序取代了原先的时令——用今天的话说，不妨称作"总体战"（total war）。

围城中的"总体战"，从先秦到明清，从黄河到地中海，一千多年来几乎没有什么本质变化。

这种秩序首先强加在守城一方的军队头上。早在《银雀山汉简·守法》和《墨子》中，我们就看到，围城期间，城墙的守备地带，受到最高级别的戒严，官兵吃饭都不得离岗，出入有严厉稽查，必须持有特制的出入证（"傳章"）。军官带随从士兵穿过岗哨，返回时，随从人员必须是原来的人。甚至连士兵上厕所这样的琐事，都有详细的规定：每二十步就设有一座临时厕所，距离城墙不超过五十步；请假如厕，要二人同行，相互监督，并且要"口衔枚"，禁止说话交谈。凡违反这类规定的人，一律处以最简单粗暴的军法——"皆斩"。[2]

无比严酷的军事纪律，不再局限于军营或战地，而是肆无忌惮地闯进日常生活之中。围城期间，民众的财产安全、人身自由和隐私，均受到极大的限制。

---

[1]《金史·哀宗本纪》《金史·完颜白撒传》。
[2] 刘海年：《战国齐国法律史料的重要发现》。

私人的粮食、衣物、家畜、薪炭，可以军事用途为由强制征用。《墨子》中就曾申明："民室杵木瓦石，可以盖城之备者，尽上之。不从令者，斩！"[1]可见，即便是大宗的不动产，如房屋、树木，为了城防需要，也是一声令下，说拆就拆，说砍就砍。

入城的居民，人手一个身份牌，记录本户成员的人数、姓名、年龄和体貌特征（肤色、疤痕等），以备核对。闺中妇女，虽然不用露脸，竟也要脱掉鞋袜，查验两足。[2]

大街小巷拦上路障，或者——如"楔子"一节所述——横断铃索，禁止随意穿行，昼夜巡逻不息。

红白喜事，赛神、唱戏、说书等聚众娱乐项目一概禁绝。小范围的私人和社交活动也遭严厉管制。《墨子》就禁止在围城期间"欢嚣""三冣"（三人相聚）"并行"（二人并行）"相视坐泣流涕""相指、相呼、相麾、相踵、相投、相击……"[3]甚至，百姓家里杀鸡屠狗，都要"毋令有声"。[4]

这些有形的拘束还不算什么，更折磨人的，是撒在每个人心头的那张大网。

金朝统治时期，南京作为南部"边陲"地区的统治中心，实际并不繁荣。过往的南宋使节都发现，城内只是宫室壮丽，

---

[1]《墨子·备城门》篇。

[2] 吕坤：《救命书》。

[3]《墨子·号令》篇。

[4] 刘海年：《战国齐国法律史料的重要发现》。

生计甚为萧条。范成大说："新城内大抵皆墟，至有犁为田处，旧城内粗有肆市，皆苟活而已。"[1]金宣宗南渡以后，京城还发生过老虎袭击人的事件，甚至大白天的"虎入郑门，吏部及宫中有狐狼"，可见四郊多么荒凉。[2]金末南京城内陡然增加的人口，大半是先后迁入的侨民、流民和难民，单是从京城周边强制迁入的军人家属就多达五十万，[3]争夺日益紧张的生存资源，彼此本就矛盾丛生，不比传统的熟人社区。

如今，围城之中，挨家挨户被集中起来管理，实行保甲制度，检举揭发可疑之徒，出了茬子，邻里要连带受罚，显然进一步扭曲了本就紧张的日常人际关系。成千上万涌入城内的军民，其中难保没有敌人的奸细、探子；顶不住围攻的压力和敌军的诱惑，会不会有人悄悄变节投降；游方僧、道士、算命先生、乞丐，甚至平日老实慈厚的人，此时看来都格外可疑；聚众耳语，如今也像是在密谋出卖城池；加上围城之中几乎从不缺席的饥荒、伤寒、霍乱、痢疾……这一切，都会对围城中人的正常心智，造成无比强大的高压。

古今中外众多要塞的陷落，并非敌人攻破城墙，而是"第五纵队"的背叛，以及人心的堤防土崩瓦解所致。

现在，就看南京能否先挺过第一轮围攻的考验了。

---

[1] 范成大：《揽辔录》，赵永春辑注：《奉使辽金行程录》，第392页。
[2]《金史·五行志》。
[3]《金史·哀宗本纪》。

三月中旬，在南京城外，蒙古军修了一圈攻城防线，《金史》称为"壕外筑城"。这道攻城防线周回一百五十里，设施周全，不仅有垛口、楼橹，甚至有壕沟环绕，深、宽达一丈有余，堪称城池的翻版。防线上每隔三四十步，就设有一座岗哨（"铺"），由百余名卫兵警戒。接下来，速不台将面对攻城的第一道障碍——护城壕。

就在这个时候，金人给他提供了一个出乎意料的便利。

或许是缺乏玉石俱焚的决心，或许是为了等待更多援军抵达，金哀宗开始同蒙古人谈判。十九日，金哀宗册封哥哥守纯之子讹可为曹王，预备送给蒙古军当人质。皇叔密国公完颜璹主动提出，讹可年纪幼小，承担不了如此艰巨的使命，希望由自己陪同，甚至代替讹可。金哀宗哀怜叔父年老，没有答应。叔侄二人在隆德殿上"相顾泣下"。二十一日，尚书左丞李蹊奉命送曹王出城，谏议大夫裴满阿虎带、太府监国世荣作为"讲和使"，一同前往蒙古军大营。[1]

几天前，速不台还答应得很痛快："我受命攻城，但曹王出则退，不然不罢也。"谁知，二十二日，曹王刚入营，速不台却变卦了，声称要送曹王一行北上觐见合罕，却不能因此推迟进攻。[2]说话间，他堂而皇之下令把大砲等攻城器械推到护城壕边上，列壕竖立木栅，又用木柴干草捆在一起，投入壕中。顷刻间，就"平十余步"。白撒唯恐破坏和谈的气氛，下令

[1]《金史·哀宗本纪》《金史·完颜璹传》。

[2] 刘祁：《归潜志》，第123页。

城上不准放一石一箭。城头站满了金军官兵，眼看敌军旁若无人一步步填平城壕，心急如焚，却只能用刀枪拼命敲击盾牌，大声怒吼，表示抗议。

隐约听到宫外的喧闹，金哀宗带了六七名侍从，骑马从承天门出来，沿着御街，穿过汴河上的州桥，视察西面的城墙。当时刚下过一场雨，地上泥淖不堪。御街两侧的商贾、行人听到皇帝出行的警跸声，惊慌失措，来不及回避，只好伏在道旁，也有人朝御骑行三跪九叩大礼。金哀宗高声说："勿拜！恐泥污汝衣。"吩咐护卫让大家都散去。城中民众平日没见过皇帝，消息传开，万人空巷，扶老携幼，聚拢围观。众人推推搡搡，甚至有人误触到金哀宗的御衣。

过了片刻，白撒等官员闻讯赶到，随从给皇帝捧上一顶斗笠。金哀宗瞥了一眼，只说："军士暴露，我何用此为？"便继续视察防御。御骑所过之处，守城官兵欢呼"万岁"，声音一浪高过一浪，有人高呼："臣等战死，无所恨！"还有人激动得泣不成声。

趁这个机会，防守西南面的士兵黑压压一片，跪在金哀宗的马前，诉说："鞑兵运土填壕，都快填完一半了，平章大人不准我等反击，恐怕阻碍和议，朝廷难道另有打算？"金哀宗回答："朕不想生灵涂炭，鞑主若让朕称臣、进奉，朕无不应允。朕膝下唯有一名过继之子，也送出当了人质。汝等暂且忍耐，待曹王到了，敌军还不撤退，汝等再死战不晚。"仍然有官兵边拜边哭，高喊："如今局势危急！圣主切勿寄希望于和谈！"金哀宗只好传旨，允许城上放箭，干扰蒙古军作业。

金哀宗正要拨转马头回宫，驻守西水门的千户刘寿冲上前，一把扯住御马的缰绳喊道："圣主无信贼臣（指白撒等人），贼臣尽，大兵退矣！"护卫要拿下这个无礼之徒，金哀宗摆摆手，说："这人醉了，莫管他！"

二十三日，蒙古军又驱赶成千上万的俘虏和无辜的妇女老幼，背负木柴干草填平护城壕，"城上箭镞四下如雨，顷刻，壕为之平"。[1]

三、巨石砲与飞火枪

远程火力的较量，从来都是围攻正式开始的序幕。用现代军语，或可称作"炮火准备"和"反准备"。

不多时，从蒙古军的砲兵阵地跌跌撞撞冲出来两个人，趁乱逃入了金军阵营。一问之下，这两人竟然是原凤翔府的砲军万户，王阿驴、樊乔。凤翔陷落后，二人沦为战俘，被蒙古军挑出来继续操砲。他们逃入南京城内后，宣称自己蒙骗蒙古人："砲利于短，不利于长"，把砲梢和拽索大大截短，导致"机虽起伏，所击无力"。[2] 不过，这显然是他们为了"将功抵过"编造出来的谎言。蒙古军砲轰南京的实际情况，与二人声称的天差地远。

---

[1]《金史·赤盏合喜传》。

[2]《金史·忠义传》。《金史·哀宗本纪》记载，两人入城的日期是三月乙巳（三十日）。

《史集》提到，蒙古军围攻南京，在城外架设了大量抛石机（曼扎尼克）。[1]刘祁回忆，蒙古军竖砲攻城，"砲飞如雨"。[2]金军也从城内发砲还击。金军也是用砲的行家，而且是蒙古军真正意义上的老师。泰和六年（1206年），在围攻德安的战役中，金军一门九梢砲的指挥官，弹无虚发，针对部署在城内的南宋砲兵，可以隔着城墙，"视不以目，而度以意，尚犹命中"，宋军砲兵十分忌惮。[3]

砲兵的较量，不仅是机械之间的较量，也是砲弹之间的较量。战争史书籍不爱讲砲弹，其实，很多时候，砲弹比砲更重要。

圆球状的石弹，便于装运，能滚动产生更大破坏，是中世纪东西方军队的标准配备。蒙古人围攻南京的四十年前，十字军围攻阿卡城（Acre）。英王理查一世（Richard I，狮心王）的抛石机抛射的石弹，源自他从西西里岛采集来的巨大岩石。一发石弹一下子击毙十二名穆斯林士兵，引得敌军主将萨拉丁（Saladin）亲至现场勘察。狮心王的砲弹，号称"无坚不摧"，是打磨得光溜平滑的石球。[4]

金军的石弹，很早就由专门的工匠严格按照规格批量生产。泰和七年（1207年），金军围攻南宋襄阳，南宋守军注意

---

[1]（波斯）拉施特：《史集》第二卷，第40页。

[2] 刘祁：《归潜志》，第123页。

[3] 王致远：《开禧德安守城录》。南宋一方的记载宣称，城内砲手与这名金军砲手展开了对轰，激烈交战几个回合后，终于击毙了这名砲手。

[4] Geoffrey Hindley: *Medieval Sieges & Siegecraft*, p.43.

到，金军的球状石弹，都是专程从北方用牛车运来，以青石为底料，做工精致，是制式武器。[1]南京围攻期间，金军石弹，底料则取自北宋故宫的太湖、灵璧的假山，大小各有斤重，必须圆如灯球。

相反，城外蒙古军的石弹，却是不拘一格：磨米用的大石磨，舂谷用的大石碓，破成两三块，照样可以抛射出去，而且棱角锐利，破坏力巨大。

蒙古军抛石机的形制也同样骇人。宋代抛石机，按照抛掷臂（砲梢）的粗细，有单梢、双梢、五梢、七梢等几种型号。七梢砲已要动用二百五十人轮番拽放，而南京城下蒙古军的砲"有至十三梢者"。蒙古军还继续发扬集中火力的战术：

> 每城一角置砲百余枝，更递下上，昼夜不息。不数日，石几与里城平。[2]

一架抛石机，由数百人轮番操纵，一日之内可射出数千枚石弹。抛石机的发射，通常还带有一种奇特的巨响。离南京城墙数里开外，都可以感觉到地面和屋瓦在微微震颤。

百年前，金军围攻汴京，重点攻打城池的东南面。这次，蒙古军却把主攻方向放在了西面。于是，金哀宗手下两大重臣——平章兼枢密使完颜白撒、参政兼枢密副使赤盏合喜，分

---

[1] 赵万年：《襄阳守城录》。
[2] 《金史·赤盏合喜传》。

头坐镇西南、西北两个地段。相比之下，东北面的攻势稍缓，东南面几乎没发生太激烈的战斗。[1]

赤盏合喜（女真语为hahi，意为"小狗"），在金、夏的边境战争中表现活跃，又担任过凤翔的守将。元光二年（1223年），木华黎率蒙古、西夏联军数十万围攻凤翔，连营数百里，东起扶风、岐山，西至陇州、汧源，声势浩大，却未能得手。自从见识过蒙古军在凤翔城下竖砲四百、专打一角的壮观场景，合喜摇身一变，成了金军中的"防御专家"，极为傲慢自负。南京围城期间，谏官陈岢不断上书提意见。合喜恼羞成怒，把陈岢叫到尚书省大堂质问。他不识"岢"字，还想直呼其名："你就是'陈山可'吧，要按你说的能退大敌，老夫世世代代给你家为奴！"在场人无不窃笑。

此刻，合喜镇守西北城墙。蒙古军在此处的攻势最为凶猛。砲声一起，合喜昂着头，噔噔噔走上城楼，从射孔向外窥探了一眼西边的攻城阵势。史书称，从这以后，整个围城期间，他自始至终"语言失措，面无人色"。[2]蒙古砲轰的威慑力可见一斑。

前面说过，南京的城墙是五代北宋以来的遗物。金人相传，周世宗用虎牢关近旁的土夯筑城墙，"坚密如铁，受砲所击，唯凹而已"。不过，南京城头上的战棚、敌楼，却是一月前匆匆搭建的，建材大多是北宋故宫及芳华、玉溪拆下来的柱、梁、枋。南京城内的同乐园，原是宋徽宗居住过的龙德宫，金朝虽

---

[1] 刘祁：《归潜志》，第123页。
[2]《金史·赤盏合喜传》。

未重修，但是"景物如旧"。在这个季节，此处正是南京官民一同赏花饮酒的佳境。如今，不止园林假山化作石弹的原料，稍具规模的亭台楼阁，也都扫地而尽。[1]

可惜，这些"合抱之木"尽管直径粗大，却经不起蒙古抛石机的一砲之威，"随击而碎"，蔽身其下的守军登时死伤狼藉。金军只好在工事表面铺上一层干马粪和麦秸，撑起绳网、旃褥，缓和冲击，顶上再罩一层牛皮，看上去十分牢固。不料，蒙古军将引火物通过抛石机射出。瞬息之间，金军的楼橹就燃起熊熊烈火，扑救不及。蒙古军还推出一种攻城车，称为"牛皮洞子"，坑道兵躲在里面，直抵城下，挖掘城墙地基，金军在城上一时无可奈何。

不过，蒙古军弓弩齐射，千砲并发，造成遮天蔽日的石弹箭雨，却不能像西方中世纪晚期真正的火炮那样轰塌城墙，打开缺口，最多只能暂时压制城头的反击，让垛口后方的金军死伤相继。要攻陷这座坚城，蒙古军还得依靠最传统也是最惨烈的方式——"蚁附"攀爬。

伏在雉堞内侧的金军士兵神情凝重，城外弩砲发射的巨响，接着矢石呼啸而至，四周碎石横飞，竹木爆裂，楼橹轰塌，袍泽的惨叫、废墟下的哀号……他们都听见了，但只是紧紧攥住手中的武器，只等敌人抵近城墙。

一部分金军士兵抱着圆球状、罐状或葫芦状的铁疙瘩，这是河中守军用过的"震天雷"。震天雷可以当作手榴弹，抛下

---

[1] 刘祁：《归潜志》，第69页。

城头，"砲起火发，其声如雷，闻百里外"，杀伤面积远达半亩开外，飞溅的火点甚至能烧穿铁甲；还可以用铁链拴着，从城头吊到蒙古军的攻城车（牛皮洞子）前方，实施精准爆破，"人与牛皮，皆碎迸无迹"。[1]

还有一部分金军士兵，手持一种长杆状的初级火器——"飞火枪"，一种枪头上捆绑黄纸筒的长枪，纸筒长约二尺，里面填塞柳炭、硫黄、砒霜作为火药，再掺入铁渣、磁片当作"子弹"。发射者举枪，辅助者拎着一个保存火种的小铁罐，点燃引信，枪头喷射出的火焰，远至一二丈。[2]飞火枪在野战中效果有限，但是，用来守城，自上而下，对准移动缓慢的近处目标，杀伤力明显倍增。

就在蒙古大军将云梯、冲车和攻城塔推到城脚下，密如蚁群的突击队举起盾牌，鱼贯攀登时，就轮到金军的原始"手榴弹"和"火焰喷射器"大展神威了。负责各地段的百户军官声嘶力竭大吼："发！"一直被石弹压得抬不起头的金军士兵，闪身而出，用尽全身力气，咬着牙将震天雷砸下，将飞火枪扎下。只听一连数百声霹雳般的巨响，霎时盖过了城外的砲声。南京城仿佛被一圈刺眼的火焰和呛人的黑烟吞噬……

等到硝烟散尽，蒙古军的第一批突击队几乎尸骨无存，城内城外俱哗然。

眼见火器得力，守军士气大振。在随后的拉锯战中，金军

---

[1]《金史·赤盏合喜传》。
[2]《金史·蒲察官奴传》。

甚至敢从城墙隐蔽处的暗门冲出来，偷袭城脚下的蒙古军。金哀宗坐在高阁上远远观战，欣慰地发现，虽然合达等名将在三峰山折损殆尽，一批作战英勇的军官又崭露头角，"总领蒲察官奴、高显、刘弈（益），皆以力战有功，众庶推之，皆擢为帅"，在伤亡相继的血战中，晋升为新的四面守御军官。[1]刘益的儿子苦战不支，撤退回来，遭到父亲劈头痛骂。接着，刘益眼看爱子身中数箭，大呼冲杀进蒙古军的重重包围中，最后消失无踪。[2]

攻城一方也不甘示弱。河北军阀张柔，赐号"拔都鲁"（Ba'atur，勇士），以攻城悍不畏死著称。他喜欢披挂重铠，率敢死队先登，曾经脸颊中箭，"折其二齿，拔矢以战"。张柔参与进攻南京城西北面，看到金军屡次主动出击，他"单骑陷阵，出入数四"，所向披靡。[3]

正当城外、城上的战斗白热化的时候，城内的官僚却鼓捣出许多令人啼笑皆非的荒唐事。

西南面的城墙，归白撒坐镇。这里遭受的猛攻仅次于合喜。"楼橹垂就辄摧"，建材的消耗也极为惊人。白撒生性贪婪，素有"好货殖"之名。围城之中，他也没忘记发一笔国难财。

一日，白撒突然下令，用竹子编成护帘，遮挡矢石。行工部火速派人入城，翻了个底朝天。没想到，平日比比皆是的竹

---

[1] 刘祁：《归潜志》，第123页。

[2]《金史·哀宗本纪》："元帅刘益呲其子战死。"

[3]《元史·张柔传》，元好问：《顺天万户张公勋德第二碑》。

料，一夜之间无影无踪，连一块竹片、一根竹条都搜不出来，真是咄咄怪事！白撒大发雷霆，扬言再不按时置办，就要行军法，将负责人斩首。行工部的主事吓得面如死灰。这时，员外郎张荩凑过来，附耳悄悄说："金多则济矣！胡不即平章府求之？"主事恍然大悟，连夜给白撒府上的家童送去三百两银子，果然立竿见影，一大批竹子又凭空出现了。[1]

白撒干的荒唐事还不止这一件。前面说过，金军有一种曲折屏障，叫"迷魂墙"，用来防止骑兵突袭城门。一个月前，白撒主持巩固城防工事。在他的授意下，南京城门的外侧修筑了大量这种短墙，"委曲狭隘，容二三人得过"。如今，金军打算主动出城，夜袭蒙古军大营，却发现这种墙碍手碍脚，等到费尽周折，穿过己方工事，敌人早就有了准备。

围攻期间，白撒还招募了一千名敢死队员，在西南城墙脚下开了暗门，计划夜半偷偷摸过护城壕，烧毁蒙古军的砲架，以城上挂出一盏红色灯笼为进攻信号。不料，耀眼的红灯刚一挂上城楼，就被瞭望塔上的蒙古军发现了。没过多久，他又想出一个"妙招"，制作了一大批风筝（纸鸢），放到蒙古军营上方，割断风筝线，给蒙古军士兵和战俘洒上一轮白花花的传单，企图动摇敌军军心。围城中人背地里讥笑："前日纸灯，今日纸鸢，宰相以此退敌，难矣！"

右丞颜盏世鲁也不甘寂寞。不久前，世鲁还是太常卿，管着宫廷乐工。刚进入宰相班子不久的他，正愁没法展现自己的

---

[1]《金史·完颜白撒传》。

才干。如今，他灵机一动，让歌伎谱了一首《江水曲》。这是河北地区广泛流传的一首乡愁民谣。每至夜深人静，他就带着教坊乐队上城头合唱《江水曲》，似乎打算给蒙古人营造一种"四面楚歌"的氛围……[1]

幸运的是，这些在血与火边缘上演的荒谬把戏，没有造成不可挽回的灾难。金哀宗时常轻装简从，不张黄伞，巡视四面守御。所至之处，守城将士无不踊跃效力。三月二十三日，金哀宗经过南薰门，恰逢伤兵从城上撤下来。他毫不犹豫地翻身下马，亲手给伤兵敷上药膏，还斟酒慰劳，又宣布将自己的私房钱（内府金帛器皿）拿出来，预备赏赐有功将士。[2]这些举措，很大程度上弥补了帅臣无能造成的消极影响。

在速不台日复一日毫不松懈的猛攻下，围城内的人力、物力消耗逐渐濒临极限。城中除了朝廷命官，全民皆兵，号为"防城丁壮"。大街小巷都贴上了杀气腾腾的通告："有一男子家居，处死！"

更可怜的是，京城太学的几百名高才生也莫能幸免，被编为"太学丁壮"。朝廷官员发现，这些书生"尪羸，不任役"，不能上前线拼杀，十几个人才能顶一个壮汉，便打发他们去当"砲夫"，负责搬运砲弹，牵拉拽索，都是重体力活。几名胆子大的太学生如杨焕、刘百熙，趁金哀宗出宫巡视，拦住御驾诉苦："臣等皆太学生，令执砲夫之役，恐非国家百年以来待士之

---

[1]《金史·赤盏合喜传》。
[2]《金史·哀宗本纪》《金史·赤盏合喜传》。

意!"看着这群衣衫褴褛、蓬头垢面的青年，不少还是熟面孔，金哀宗于心不忍，吩咐四面城墙的行户部收容他们做点杂务。

不料，白撒一听"书呆子"敢越级告状，气冲冲赶来，先把户部主事狠狠揍了一顿，然后自作主张，让太学生们每日上城头给守军挑水送饭，看护伤员，登记砲夫姓名。没过多久，又赶他们去城上放风筝，写传单，"皆不免奔走矢石间"，无一不是危险任务。连派敢死队出城执行失败的夜袭，白撒也没忘了让太学生登上城楼，顶着寒风，举着红灯笼，"灯灭者死"。

就这样，仿佛度过了无数个漫长而残酷的昼夜。《金史》夸张地记载，城内外"死者以百万计"，南京城的防御也渐渐显露不支。四月头七天刚过，大家都预感，蒙古军再这般"攻三日不解，城将隳"。[1]

然而，就在四月八日，蒙古军攻城的第十六天，城外连日不停轰鸣的砲声，突然沉寂了下来。

四、灰、黑二骑士[2]

开兴元年（1232年）四月八日，望楼上的金军哨兵，忽然发现城外敌军阵地上腾起大股大股的黑烟。仔细观察，原来是

---

[1] 刘祁：《归潜志》，第124页。

[2]《新约·约翰启示录》提到，末日封印揭开之时，先后出现四位骑着不同颜色战马的骑士：白马骑士、红马骑士分别象征征服和战争；黑马骑士手执天平，象征饥荒导致粮价飞涨；灰马骑士象征瘟疫，或者死亡。

蒙古军在纵火焚烧自己的砲车和攻城器械。

经过半个多月苦战，天气向热，速不台放弃了强攻的打算。

绝境逢生的喜讯，宛如春风一般吹遍了京城。四面城墙上，幸存的守军士兵欢声雷动。

四月十九日，金哀宗再次登上承天门，宣布大赦天下，改年号为"天兴"。户部侍郎杨居仁已前往蒙古军营，送去了无数金银、布帛、珍玩，请求议和。

二十二日，南京正式解除戒严。自围攻以来，金军第一次从封丘门远出，到城外郊区搜集薪炭和野菜。

二十六日，南京外城的郑门开放，任凭百姓男子出入。

二十九日，金哀宗在承天门前举办了大型庆功宴，犒赏有功将士。[1]

然而，金人很快发现，敌人只是罢攻，并没有撤退。数万蒙古大军仍在南京"四面驻兵，逻之"。看来，围城只是从物理对抗，转入了心理和生理对抗的新阶段。

罢攻也好，解围也罢，对南京城内的百万军民而言，总算是片刻喘息之机。不过，刘祁在城中闲逛，感觉四处的气氛很有些诡异。

喜庆的氛围，不是不热烈，而是热烈得有些过分了。

从取消戒严那天开始，京城内大大小小的酒楼、乐坊，一下子每天都客满为患，人人欢歌醉舞，灯红酒绿，箫鼓喧空，通宵达旦。甚至普通人家，也纷纷翻箱倒柜，倾其所有，大摆

---

[1]《金史·哀宗本纪》。

酒席，屠宰鸡犬，甚至牛马，觥筹交错，狂醉呼号之声，溢于墙外，不绝于耳。

刘祁有点纳闷：这是不打算好好过日子了吗？他后来回忆：得知兵祸不解，全城"士庶往往纵酒肉歌呼，无久生心"。[1]

看来，劫后余生的喜悦，猛然堕落成了末日降临前麻醉绝望的狂欢。

这种大难将至的预感，仿佛得到了老天爷的回应。解严后没几天，一场凶猛无比的瘟疫席卷全城。

大疫起于四月，持续五六十天。直到今天，历史学家还在持续争论这场"汴京大疫"的诱因和病源。[2]

根据流行病学研究，围城时期医疗条件、卫生状况和人口健康状况迅速恶化，最容易引起大疫病暴发。南京围城内外大量军民死于战火，尸体得不到及时妥善的清理，成为病菌繁殖的温床。尸体腐败后，会污染附近的土壤、水源和食物。再加上不久前，黄河在凤池口（今河南商丘西北）决堤，黄泛区生态环境遭受严重破坏，更容易加速病菌的传播。

完全有可能，正是二十二日那支出城搜集薪炭、野菜的金军分队，通过种种途径接触到被污染的水源、食物，受到感染，又将病原体带回了城内。

没过两三天，城内的感染者就接二连三倒下。症状无一例

---

[1] 刘祁：《归潜志》，第124页。
[2] 参见李中琳、符奎：《1232年金末汴京大疫探析》；王星光、郑言午：《也论金末汴京大疫的诱因与性质》。

外：先是发烧、痰结、咳嗽，然后转为重症，"遂至咳血，肾涎逆涌，咯吐不已，肌肉干枯"，十天左右必死无疑。[1]

这到底是什么病？

有人说，这是大流感；有人说，这是流行性肠胃病，或者传染性肝炎；有人说，根据急速传染、死亡率高、患者大量咯血等症状，很像是"肺鼠疫"，俗称黑死病。如果真是这样，这场大疫就是十三世纪扫荡欧亚大陆的大瘟疫的一条支流。这次大瘟疫曾让欧洲人口减半，相当程度上改变了世界历史的发展趋势。不过，也有人认为，这次南京大疫，只是局部卫生环境恶化引发的地方疫情，主要局限在南京及其邻近地区。

这年春天，中国北方的气候又极其异常。本该春暖花开的五月，竟然"大寒如冬"。[2]加上围城中的劳役困苦、罢攻后的狂欢，绝大多数南京居民"朝饥暮饱，起居不时，寒温失所"，对疫病的抵抗力急剧降低，给疫情的恶化推波助澜。

眼见瘟疫四处肆虐，城内的医师束手无策。在传统医学的认知范畴内，他们只能给出"中燥热之气"或"饮食劳倦所伤"之类的诊断，姑且当成"伤寒"来治疗，给病人开一些半夏、南星、巴豆之类，熬成汤药服下，反而加剧了病情。

更有甚者，城内与殡葬相关的从业者，如看守坟地的"园户"、做法事超度亡魂的和尚道士、棺材铺的老板，等等，坐地起价，"擅厚利"。金哀宗只好下令，对这些行业加收重税，

---

[1] 李杲：《脉诀指掌病式图说》。

[2]《金史·五行志》。

补贴国家财政开支。[1]其实，这种间接税可以轻松转嫁到消费者头上，根本遏制不了暴利，只能助纣为虐。

河北名医李杲，后世名列"金元四大家"之一，当时就在南京城内。他回忆，全城军民，没有感染瘟疫的，万中无一。重症者死亡相继，每天运到城门外草草埋葬的死者遗体，"多者二千，少者不下一千，似此者几三月"。[2]大疫临近结束，据金朝官方浮夸的统计，死难者高达"九十余万人，贫不能葬者不在是数"。[3]

天兴元年（1232年）四月至六月间，天灾加人祸给南京造成的灾难，远远超过十六天的围攻。

夏七月，大疫后的南京，满目疮痍，死气沉沉。此前躲避兵燹入城的所谓"迁民"，头天午夜就在城门前麇集，成百上千，和运送染疫而亡的死者的车辆一起等候放行。车上的尸体只是粗粗拿草席一遮，或者干脆随意摞在一起，恶臭扑鼻，催人欲吐。

这个时候，几辆装饰奢华的马车，逆着人流车流，缓缓驶入内城，格外惹人注目。

车上坐着的，是蒙古大汗窝阔台的"国信使"唐庆一行。

唐庆，身世不明。仅有的资料显示，他在成吉思汗时期就

---

[1]《金史·哀宗本纪》。

[2] 李杲：《内外伤辨惑论》。

[3]《金史·哀宗本纪》。

是汉军的管军万户，多次出使金朝。三个月前，唐庆护送人质曹王北上，在官山觐见窝阔台汗。紧接着，他又风尘仆仆，兼程南返。此行的使命显然更加艰巨——令金哀宗俯首称臣。

蒙古人给金哀宗开出的"议和"条件如下：

> 黜尊号，拜诏，称臣，去冠冕，髡剔发，为西京留守，交割京城。[1]

这七款条件，条条极其刻薄。照单全收，实在与亡国无异。七月五日，为了避免"拜诏、称臣"的尴尬，金哀宗借口生病，躺在卧榻上接见来使。唐庆一行旁若无人，大摇大摆踏入大庆殿，也不对金哀宗行礼。唐庆高声宣读完诏书后，还带来了窝阔台的口谕："欲和好成，金主当自来，好议之。"[2]接着，双方起了一些争执，唐庆口出狂妄之言，金哀宗身边的近侍听得咬牙切齿，恨不得让来人当场血溅龙墀。

自古有言，"主辱臣死"，听说蒙古使臣当众侮辱君上，朝野上下无不愤慨。当晚，飞虎军士兵申福、蔡元等人在城头喝酒，聊起白天发生的事，越说越激愤。最后，有人抽刀一拍桌子："鞑靼如此傲慢无礼，左右谈不拢，不如先杀了这帮混账东西，让老子出口胸中的恶气！"

夜半时分，这伙飞虎军明火执仗，闯入使馆，将唐庆和他

---

[1] 宇文懋昭撰，崔文印校证：《大金国志校证》，第363页。
[2] 刘祁：《归潜志》，第124页。

的两个弟弟山禄、兴禄，连同十七名随员屠戮殆尽。混乱之中，陪同使团下榻的金朝馆伴使奥屯按出虎等人也稀里糊涂丢了性命，可见歹徒的凶残。金朝一方记载，飞虎军这一夜杀了"北使唐庆等三十余人"，而蒙古一方记载，使团只有二十人。十余人的差额，多半就是被殃及池鱼的馆伴使、杂役之流。

天亮以后，宰相等人才听到噩耗，慌忙赶来，但见使馆血流遍地，飞虎军士兵杀气腾腾，拄着血迹未干的刀枪，跪在马前不肯起身。官员们只好换上一副大快人心的面孔，温言慰劳。金哀宗见事已至此，干脆赦免了凶徒，还给予犒赏。消息传开，"京城细民皆欢呼踊跃"。[1]

在早期的蒙古征服观念中，缺乏一套复杂而兼容的政权间（inter-polity）关系概念。蒙古帝国外部的政治势力，要么选择"投拜"（il），与蒙古统治者结成各种形式的人身隶属关系，要么就是敌人（yaghi），只有被彻底毁灭。[2]可是，一旦某个势力感觉，这两个选项都不怎么有吸引力，蒙古人送来的不大像是"谈判条件"，而是"最后通牒"，那么，在没有外交豁免权的时代，最先遭殃的必然是蒙古使节。在当时的亚欧大陆，这简直是一种普遍现象。

不过，唐庆使团被屠，意义绝不止于外交事故。随着飞虎军闯下大祸，末代金军的一种潜在动向突然浮出水面——军队

---

[1] 刘祁：《归潜志》，第124页；《元史·唐庆传》。

[2] 这一对立概念，参见（伊朗）志费尼著，何高济译：《世界征服者史》，第226页。

开始失控了，甚至就在皇帝眼皮底下。这种现象酷似第二次世界大战前日本陆军的"下克上"。

其实，南京解严后，这种不良风气就已初露端倪：四月，承天门举办大型庆功宴，有出席官兵不顾场合，高声申冤，惹得皇帝拂袖回宫；五月，四面的守城军奉命解散，个别军官拒绝奉诏；六月，二百名飞虎军士兵夺封丘门外逃；七月，有士兵奋力敲响设在朝堂东边的登闻鼓（专供越级申冤），要求正式晋升作战英勇的刘益，可金哀宗一味信赖那几个昏庸无能的女真贵族，不愿重用汉人，此后不久，就发生了血洗使馆事件；九月，又有一批士兵杀掉外城郑门守卫后逃走。[1]

围城结束不久，有人将一封匿名信绑在箭上，射到宫中的御路上。护卫捡起来，交给哀宗，只见上面赫然写着：

> 副枢合喜、总帅撒合、参政讹出，皆国贼！朝廷不杀，众军亦须杀之，为国除害！

这很像一份兵变前的"清洗名单"。在当时的恐怖气氛下，锄奸榜上有名的撒合立即吓得服毒自尽，讹出也躲起来不敢露面，唯有合喜若无其事照常活动。[2]

---

[1]《金史·哀宗本纪》。

[2]《金史·赤盏合喜传》。《金史·哀宗本纪》记载，当年闰九月十二日、十五日还发生了两次"书奸臣姓名"射入宫中的事件，但与《合喜传》的时间似乎不合，未审是否为同一事件。

另外一起骚乱，针对的是发国难财又守城不力的白撒。这证明，所谓"为国除害"绝不是虚张声势、说着玩的。

这位平章大人，平时就狂热追求享乐。他嫌尚书省的伙食不合口味，只吃自家厨子送来的饭。白撒还在南京城西边盖了一幢豪华别墅，"规模拟宫掖，婢妾百数，皆衣金缕"，他家奴仆一个月的工资，堪比军中大将。金哀宗听说了，派人训斥他："你成天蝇营狗苟，穷奢极欲，还真是乐不思蜀！"

白撒深知，围城期间，自己的所作所为犯了众怒，连忙申请退休。不料，七月六日，城内百姓和军队恨他"不战误国"，放出话来，要诛杀奸臣。白撒吓得一晚上连换好几处睡觉的地方。金哀宗只好下密诏，派二百名侍卫亲军贴身保护他。寻仇的士兵无可奈何，一把火将豪宅烧了泄愤。白撒的老部下元帅完颜斜捻阿不率一支军队赶来，当场逮住附近一名路人斩首示众，骚乱才逐渐平息。[1]

天兴元年（1232年）四月以后，金军就不再是从东宫时代便对金哀宗俯首帖耳的那支军队了。这一点对金朝命运的影响，并不逊于蒙古使团被杀。

或许，血洗使馆的乱军只是做了金哀宗及其亲信想做而不敢做的事。蒙古一方，反正是把这笔账算在了金哀宗头上。《元史》中唐庆的传记明白写着："金君臣遂谋害庆，夜半，令兵入馆舍……"不论真相如何，杀使显然等于宣战。七月刚过，

---

[1]《金史·完颜白撒传》。

南京城再度进入紧张的战备状态。

　　首要之事，是查清楚目前城内还有多少兵力和粮草储备，能不能撑过下一轮围攻。上半年的围攻加上大疫，城内不仅人口锐减，粮食供给也极大恶化。刘祁回忆："京师被围数月，仓廪空虚。"不久就传出风声：朝廷不但要强征壮丁入伍（签军），还要强制征用民间粮食（括粟），"人情汹汹，甚以为忧"。

　　谣言绝非无中生有。八月，转运使完颜珠颗、张俊民、移剌克忠三人负责的专门机构已经成立，初步估算能征收上来多少粮食，先让百姓自行申报。工作启动时，完颜珠颗厉声吓唬全城百姓："汝等必须老实坦白。胆敢漏报少报，围城期间粮食吃完了，免不了把汝等的老婆孩子拖出来给士兵吃掉！"八月末，不知何故，强制征粮的计划暂时推迟。

　　过了还不到一个月，当年救援中都失利的完颜永锡（合周），打算借"括粟"东山再起。他报告金哀宗，如果推进得力，南京城内至少能征粮"百余万石"。金哀宗提拔他当了参政，同尚书左丞李蹊一起负责落实。

　　闰九月十四日开始的新一轮括粟，力度空前。据称，南京城内自亲王以下，每家每户，只准留下够吃三个月的口粮。平均算起来，一人只能摊到一石三斗，年幼者还要减半。超过定额的余粮全部强制上缴。

　　起初，还是个人自行申报，把数额写在黄纸上，张贴在家门口。紧接着，朝廷派出御史大夫裴满阿虎带、总帅知开封府事徒单百家奴带领的由近侍官员组成的稽查大队。京城内三十六坊，每一片区都委派了专人负责。这群凶神恶煞，身后跟着大群兵丁，持戟握剑，横冲直撞，挨家挨户核实、搜检。为了防止百姓把粮食埋藏在地下，他们还用铁锥、石杵反复敲击试探，甚至不惜掘地三尺。所到之处，满屋狼藉，鸡飞狗跳。一旦查出有隐瞒，他们就将犯人披枷带锁，当街示众，任其来自皇兄、后妃之家，概莫能免。一些凶狡之徒还借"括粟"之名，大肆敲诈勒索。比如，先把某家的奴仆绑起来拷打，逼他们诬告主家藏匿粮食。不少南渡后颇饶资财的大家族，往往由此家破人亡。

弱势群体遭殃的程度，又更烈于富贵人家。城内有一户，家中只有"寡妇二口"，就是婆婆和儿媳。丈夫早逝，又没有男性子嗣，寡妇不再改嫁，留下来赡养婆婆。这样的家庭结构，在儒家伦理中，属于可以旌表的"孝妇"之家，元杂剧《窦娥冤》里的窦娥就是如此。这户上报的存粮是"豆六斗"。核查后发现，这六斗豆子里面掺杂了不到三升的谷壳（蓬子）。

片区征粮队长是完颜久住（九住），生性冷酷残暴。听到汇报，他觉得是杀鸡儆猴的好机会，狂笑："吾得之矣！"孝妇跪下哀求："妾夫死于兵，姑老不能为养，故杂蓬秕以自食耳。非敢以为军储也！且三升，六斗之余。"久住充耳不闻，当场下令将孝妇活活杖毙。消息传开，京城百姓胆战心惊，纷纷把余粮投入粪坑中，免得受累。

有人向李蹊汇报此事，李蹊听了，皱着眉头："去，报告参政大人。"这人果真跑去找永锡。永锡撇了撇嘴："老兄，我给你打个比方：譬如养蜂，俗话说'花又不损，蜜又得成'。其实，不损花，哪来的蜜？何况，京师危在旦夕，你是顾国家，还是顾百姓？"这件惨案只好不了了之。不久，李蹊和户部侍郎杨愷，还因为征粮不力被逮入狱，差点杀头。

尽管手段如此酷烈，新一轮强制征集，"所括不能三万斛"，连预计数额的百分之三都没达到。经过这番大折腾，南京再次元气大伤，刘祁说："京城益萧然矣。"[1]

不仅粮草征不到，援军也日趋断绝。金哀宗向四面八方送出蜡丸裹着的密信，请求增援，大多一去便杳无音信。

当年最大规模的救兵出现在八月初。三峰山之战的幸存者武仙，不久前在邓州收拢溃军的完颜思烈，二人几经周折，终于合军从汝州（今河南汝州）进发。为此，金哀宗派合喜屯驻南京以西二十里的杏花营，以便接应，后来又进一步前出到中牟（今河南中牟）。武仙、思烈也是运气不佳，刚穿过南京西边不到八十里的密县（今河南新密），就在京水河畔遇上了速不台麾下的蒙古军，金军如惊弓之鸟，不战而溃。合喜闻讯，连辎重也不要了，忙不迭撤回了南京。

自此以后，南京再没有来过什么像样的援军。

围攻、大疫、兵变、饥荒、外援不至……尽管金哀宗等人尽了最大努力，南京似乎还是无可挽回地滑向当年中都的宿命。十一月，城内已经沦落到"人相食"的悲惨境地。[2]寻找第三个"中都"的议题终于提上了日程。

----

[1] 关于两轮括粟，参见《金史·哀宗本纪》《金史·斜卯爱实传》；刘祁：《归潜志》，第125页。

[2]《金史·哀宗本纪》。

第十章　人　心

一、河畔的远征

天兴元年（1232年）十二月十日，金朝建国以来皇帝第二次出京避难（对外宣称"亲征"或者"亲巡"），在朝廷内部达成了初步共识。这天，金哀宗在大庆殿公布了随他"亲征"的人员和组织名单，熟面孔众多：

> 右丞相、枢密使兼左副元帅：完颜赛不
>
> 平章政事、权枢密使兼右副元帅：白撒
>
> 权参知政事、枢密副使兼右副元帅：完颜讹出
>
> 兵部尚书、权尚书左丞：李蹊
>
> 元帅左监军、行总帅府事：徒单百家

> 东面元帅高显，副以果毅都尉粘合咬住，军五千。
>
> 南面元帅完颜猪儿，副以建威都尉完颜斡论出（又译兀论出、讹论出），军五千。
>
> 西面元帅刘益、上党公张开，副以安平都尉纪纲，军五千。

北面元帅完颜娄室，副以振威都尉张闰，军五千。

中翼都尉贺都喜，军四千（直隶总帅府）。

都尉完颜久住，副都尉王简、总领王福胤，神臂军三千五百。

左翼元帅完颜小娄室，亲卫军一千。

右翼元帅完颜按出虎，亲卫军一千。

总领完颜长乐、副帅温敦昌孙，马军三百。

郡王王义深，马军一百五十。

郡王范成进，总领苏元、孙圭，军三千（直隶总帅府）。

飞骑都尉兼合里合军总领术虎只鲁欢、总领夹谷得伯、纠军田众家奴等百人及诸臣。[1]

十二月二十五日，车驾正式从南京启程。临行前，金哀宗与仁圣太后、徒单皇后以及诸妃道别，执手凝噎。第二天，金哀宗骑着马，身着一袭绛红色纱袍，穿过开阳门。[2]他朝队伍后方恋恋不舍的文武百官挥了挥手，让他们就此止步，不必再送，又叮嘱外城守卫："社稷宗庙在此！汝等壮士也，毋以不预进发之数，便谓无功。若保守无虞，将来功赏，顾岂在战士下？"[3]刘祁也跟着京城父老夹道围观。他注意到，皇帝此行

---

[1]《金史·完颜白撒传》。

[2]《金史·完颜奴申传》。

[3]《金史·哀宗本纪》。

"仪卫萧然，见者悲怆"。[1]

西出南京，一行人有些四顾茫然之感。高墙之外，千里萧条，寂无人烟，敌人出没。金哀宗本人，大概有近二十年不曾出过南京城半步，周身虽有三四万大军重重拱卫，真正信赖的人并不多。这支金军的中坚将领，大都出身草根，完颜讹出骂他们是"把锄（大概意为乡巴佬）不知高下"之辈，金哀宗更是觉得与合达、蒲阿、陈和尚等人差得太远。出发前，他对留守南京的朝官们抱怨："我岂不知今日将兵者，（蒲察）官奴统马兵三百止矣！刘益将步兵五千止矣！欲不自将，得乎？"说完，又抚摩御榻，忧郁地自言自语："我此行，岂复有还期？但恨我无罪亡国耳！"[2]

刚刚出城，队伍就迎面遇上了巩昌元帅完颜仲德（忽斜虎）。仲德从陕州（今河南三门峡）兼程赶到，带来的消息又给亲征笼罩上了一层阴影。据他描述，南京以西三百余里，已是一片荒无人烟的焦土，一井一灶都没有。他手下这一千孤军，一路全靠"撷果菜为食"，百死千难，才抵达南京。还有人说，仲德这支部队，到南京城门口时，死得只剩下五六人。[3]

看来，大军要往西走，只能是死路一条。

事实上，这次"亲征"到底剑指何方？这个至关重要的问

---

[1] 刘祁：《归潜志》，第126页。

[2] 《金史·石抹世勣传》。

[3] 《金史·哀宗本纪》《金史·完颜仲德传》；刘祁：《归潜志》，第61页。

题，上至皇帝本人，下至随驾的王公大臣，都有些懵懵懂懂。

与贞祐南渡十分相似——在出发前大半个月的激烈讨论中，"走为上计"虽然毋庸置疑，具体去向，诸人却各执一词。不过，仔细看看，这次讨论与当年又很不一样。朝堂上再也不见宣宗当年那点纵横捭阖、指点江山的气概，可供巡幸的选项，也从十来个减少到可怜巴巴的三两个，不出河南境内、南京周边百余里。完颜仲德追上金哀宗后，提出"西幸"，也就是规取陕西、巴蜀，[1]不过，显然被当成痴人说梦，遭到无视。

主要的意见有三种。以宰相赛不为首的官僚建议，应该向西穿过伏牛山脉，到西南边的邓州避难。有人补充说，速不台的蒙古军屯驻在西南方向，南京和邓州中间的汝州，不如从东面绕过汝州，从陈州（今河南淮阳）、蔡州（今河南汝南）进入邓州。

有人建议，更东边的归德（今河南商丘）更合适。这座城市四面环水，足供守御。军队将领如完颜猪儿、高显、王义深等人都赞同这个方案。十二月初，南京城内便哄传，皇帝要带着军队、太后和后妃去归德，把官兵家属留在南京等死。

枢密院判官白华，自三峰山之战后就被冷落一边。如今有人向金哀宗推荐他"谙练军务"，又被重新起用。

白华的见识，的确要高出众人一筹，他提出了最激进的方案：归德虽然城池坚固，如果受到长期围困，粮草耗尽，下场

---

[1]《金史·完颜仲德传》。又见姚燧：《巩昌路同知总管府事李公神道碑铭》，传主李节为完颜仲德旧部。

依然悲惨。至于邓州，因为汝州的蒙古大军横亘半路，也行不通。白华深知，经过三峰山的豪赌，南京城内集结的这批军队，是金朝赌桌上仅剩的一点筹码，除了孤注一掷，别无捞回本钱的可能。他坦率告诉金哀宗："以今日事势，博徒所谓孤注者也！……为今之计，当直赴汝州，与之一决，有楚则无汉。"但是，远赴汝州，寻求与敌主力决战，又不如在南京附近决战，补给便利。总之，白华认为，唯一的希望就是击溃河南境内的蒙古军主力，要么直接进攻汝州，要么在半途钧州、郑州境内，或在南京城下决一死战。

白华这个方案，好处在于"存亡决此一举，外则可以激三军之气，内可以慰都人之心"，大概满足了年轻皇帝的自尊心，却并未得到其他人的共鸣。金哀宗亲征之前，告祭太庙，举行誓师，对外宣布的大概就是白华的西进之策——"今往汝州就（蒙古）军马索战去矣！"[1]暗地里却可能是谋划绕道去邓州。

直到队伍出门遇到了西边来的完颜仲德，才得知西进路断，又不好意思打道回府，大军只好掉头向东。

十二月二十六日，金哀宗一行抵达南京东南边的陈留；二十七日，抵达杞县；二十八日，抵达襄邑附近（古黄城）。至此，他们距离第三候补目的地归德，只有一两天的路程了。二十九日，金哀宗一行抵达黄河边的渡口黄陵冈。这时，臣僚们在去向问题上又产生了分歧。

---

[1]《金史·白华传》。

金军沿途清除了一些零散的蒙古驻军，俘虏中有一些河北人（"河朔降将"）。不少人建议，让这些降人做向导，渡河直奔开州（今河南濮阳），下一步就可以考虑河北的大名或者山东的东平，收服这些地方的汉人军阀，"破竹之势成矣"。不过，温敦昌孙提醒金哀宗：太后、皇后都在南京，圣主孤身前往河北，风险太大；若是去归德，一时也难以回京，最好先攻下南京隔河相对的卫州，建立与京师的通路。白撒的意见是，皇帝先驻跸归德，大军主力渡河进攻东平，"经略河朔"，同时吸引河南的蒙古军，减少压力。金哀宗同意了白撒的方案。

可是，没过多久，前往卫州方向侦察的忠孝军骑兵返回。蒲察官奴报告："卫州有粮可取。"白撒反对："京城且不能守，就得卫州，欲何为耶？"极力主张北征东平。然而，金哀宗坚持要去打卫州。[1]

天兴二年（1233年）正月初一，金哀宗在渡口边的御船上度过了生平第一个颠沛流离的新年。这天，归德的守将石盏女鲁欢派人溯河送来了三百余船粮草，共一千五百石，大概是唯一让人欣慰的事情。[2] 既决定要打卫州，金哀宗便扣下了运粮船队，又挂上临时用布做成的帆，准备用来渡河。

不过，这番"亲征"，祭庙誓师拜天，大张旗鼓出城，本来没采取任何保密措施。一路上，河南的父老乡亲"献食及牛酒犒军"，络绎不绝，金哀宗亲自出面感谢，"人人为之感泣"。

---

[1]《金史·完颜白撒传》。
[2]《金史·石盏女鲁欢传》。

有臣僚忽然想到，河南州县如听说皇帝远去河北，搞不好会大批投降蒙古，劝金哀宗下诏安抚，顺便也宣布，大赦河北那些蒙古附庸，召集勤王之师。于是，金哀宗一连颁布了"赦文条画十余款"，派专使分头传送。没过两天，有臣僚忽然想到，这些印着玉玺的诏书，难免落到蒙古军手中，暴露皇帝出逃的消息和方位，大事不妙。尚书省的首领官张彧、白华、讹出，由于发诏时不顾后果，挨了一顿板子。[1]

尽管如此，蒙古军还是听到了金哀宗出逃的风声。

金军渡河的日期，就是正月初一。大队人马刚渡河完毕，只剩南面元帅完颜猪儿、建威都尉完颜斡论出麾下的五千人，加上中翼都尉贺都喜的四千人，近万名官兵，正在南岸等待登船，就在此刻，蒙古军大举掩至。

最先赶到黄陵冈的是回古乃率领的四千蒙古铁骑。金军登时阵脚大乱，全仗贺都喜挥舞黄旗，指挥后军背水一战，"身中十六七箭"，在他的激励下，人人殊死战斗，才勉强击退了蒙古军。金哀宗坐在北岸的御座上观战，派人送来百壶烈酒，犒赏殿后的将士。

没想到，天意难测，蒙古军后撤不多时，河畔就刮起了猛烈的北风，黑云蔽天，浊浪翻滚，金军临时改造的运兵船，全部被吹往南岸，寸步不能移。南京城下的老对手速不台、张柔等人恰好率主力赶到，发起了更加凶狠的冲击。顷刻间，金军土崩瓦解，被挤到水中溺死的就有上千人。完颜猪儿、贺都喜、

---

[1]《金史·白华传》。

纥石烈讹论战死。完颜翰论出一看大势已去，连忙跪下，手捧缨枪，向蒙古军投降。

完颜猪儿、完颜翰论出麾下的建威都尉军，一直戍守京师，是所谓"十三都尉"中仅剩的一支建制完好的精锐。金哀宗看到这一幕，心疼得从御座上跌下来，捶胸顿足，懊悔无比。风高浪急，蒙古军追兵一时也无法渡河。在狂风刮起的漫天黄土中，金哀宗率扈从官兵在北岸为阵亡将士遥遥"设祭，哭之"，又当场将完颜翰论出的两个弟弟斩首陪葬。[1]

还没摸到卫州的城墙，"亲征"大军的兵力就折损了四分之一。金哀宗等人只好硬着头皮，向卫州方向前进。

然而，卫州也是一块难啃的骨头。

这座小城，严格地讲应该叫"新卫"。旧卫州饱经战火摧残，金宣宗南渡以后，将卫州的州治迁到了更靠近黄河北岸的宜村渡，在距离河道几步远的地方，修筑了一座新城，三面凭水，"唯北面受敌，而以石包之"，又派重兵屯驻。这是一座城墙有石砖包砌的小型要塞，号称南京的北面门户，蒙古军屡攻不下。正大九年（1232年），关—河防线遭到迂回，南京危在旦夕，金军被迫放弃新卫州，撤回南京。[2]蒙古克烈部大将，万户撒吉思卜华趁机进驻，号称新卫达鲁花赤。这回，轮到金

---

[1]《金史·完颜白撒传》《元史·速不台传》《元史·张柔传》。

[2]《金史·完颜白撒传》。

军自食其果了。[1]

正月初五，金哀宗将亲征临时指挥部设在了长垣（古蒲城，今河南长垣）东边的沤麻冈，离卫州大概二百余里。[2]完颜仲德最后试图劝阻金哀宗，他扯住御马的马嚼子，跪下恳求："存亡在此一举，卫州决不可攻！"金哀宗挥手令他退下："参政不知！"[3]

此番进攻卫州，金哀宗下了血本。他只留下亲卫军三千护驾，余下全部兵力：都尉高显步军一万，元帅官奴忠孝军一千，郡王范成进、王义深、上党公张开、元帅刘益等军，由总帅徒单百家带领，出征卫州。这支军队携带了十天的干粮，白撒负责代表金哀宗，指挥调度全军。

正月初六，白撒率领大军抵达卫州。金军先在石头城下亮出金哀宗的"御旗、黄伞"，企图劝说卫州军民拨乱反正，城中无人理睬，金军只好强攻。滑稽的是，他们并没有携带任何攻城器械，只能把长枪一根根地用绳索绑起来，制成简易云梯搭上城墙。卫州蒙古军一看这样的阵势，心下大宽，从容不迫一一回击。

---

[1]《元史·撒吉思卜华传》。

[2] "蒲城"为长垣古称，据《金史·地理志》，长垣县原属开封府，泰和年间因为"限河不便"，改隶河北大名府路开州。可见，长垣县治应在黄河以北。《中国历史地图集》的《金·南京路》部分将之绘在黄河以南，可能有误。

[3]《金史·完颜白撒传》。据《金史》本传，此时仲德是"尚书省右丞兼枢密副使"，非参知政事。

当天，河南的蒙古军将领史天泽率轻骑三千，火速驰援卫州，日暮时分就抵达城下。金军才刚完成对卫州的包围，史天泽挺着长枪一路冲到城下，对城上高喊："汝等勉力！援军且至！"又翻身杀出重围。[1]守军士气大振。金军中的忠孝军骑兵奋力拼杀，才将蒙古军前锋逐退到六十里外。

正月初七至初九，金军攻城整整三昼夜，卫州不动如山。初十，金军斥候示警：河南的蒙古军已从张家渡越过黄河，挺进至卫州西南。白撒慌忙撤军，匆匆向东，直奔金哀宗的总部而去。卫州城内外的蒙古军会师后，紧紧咬住金军，追到一个叫作白公庙的地方。

蒙古一方记载，当时参战的援军有速不台麾下的张柔、郭侃等汉军部队，还有查剌，他是原木华黎麾下契丹大将石抹也先的长子，所部就是精锐的"黑军"。[2]正月十二日，双方在白公庙展开激战，金军一败涂地。白撒等人丢下大军逃回了长垣，刘益、张开等人纷纷在逃亡途中被杀。[3]

卫州决战的消息尚未传到，金哀宗已经等得不耐烦了。刘祁说这位主上每"临大事，辄退怯自沮"，确实有几分道理。[4]

从此地到卫州，加紧赶路不到两日行程，白撒一去就是

---

[1]《元史·史天泽传》。

[2]《元史·查剌传》。

[3]《金史·哀宗本纪》《金史·完颜白撒传》。

[4] 刘祁：《归潜志》，第137页。

八九天，形势似乎不妙。正月十三日，白华忽然接到召开紧急御前会议的通知。他走进御帐一看，宰相赛不等官员和留守将领官齐刷刷在场，商议的竟然是拔营启程。尚书省郎中完颜胡鲁剌负责记录"某军前锋，某军殿后……"可就是不说明到底去哪。

会议结束后，白华一把拉住胡鲁剌打听究竟，对方装傻充愣，一问三不知。其实，金哀宗感到在长垣附近暴露日久，太过危险，计划让左丞李蹊、郎中胡鲁剌去归德打前站，然后带着扈从诸军，沿黄河北岸，一直走到归德西北的凤池口过河。

这天半夜，白华在自己的行军帐中睡得正酣，两个黑影慌慌张张掀开帘子，把他推醒。原来是尚书省的同僚张衮、讹可。两人告诉白华："你还不知道吧，圣主已登舟！"白华听完有些发蒙。讹可赶紧说：就在刚才，平章（白撒）、禾速嘉、元帅官奴回来了，说我军在蒲城遇上了靰兵，一败涂地，"遂拥主上登舟，军资一切委弃，止令忠孝军上船，马悉留营中。计舟已行数里矣！"

白华觉得很荒谬，反问讹可："你怎么没跟着一起走？"讹可很委屈：按昨日的安排，够资格上船的只有胡鲁剌，其他人等一律跟随大军步行，所以我不敢……[1]

讹可的讲述，大致符合当天夜里发生的事情。入夜后不久，卫州的败讯传至，点检抹捻兀典、总领温敦昌孙刚好在执勤，连滚带爬冲入金哀宗的大帐，连声敦促：圣主赶紧上船！金哀

---

[1]《金史·白华传》。白华后来投奔南宋，金亡后回到北方，不知所终。

宗大吃一惊，问道："正当决战，何遽退乎？"话音刚落，白撒领着一股残兵败卒逃了回来，惊魂未定："今军已溃，大兵近在堤外，请圣主幸归德！"金哀宗在他们的簇拥下，也没来得及收拾行装，匆匆上船，顺流逃向归德。事起仓促，整座御营中，"侍卫皆不知，巡警如故"。这时是夜半四更（一点多），营外还是一片漆黑。

正月十四日天大亮，扈从诸军才发现，皇帝已经轻舟一夜二百里，安然躲入了归德。

《金史》本纪写得更加简单而委婉：金哀宗"夜弃六军渡河"。其实，所谓的天子"六军"，不过是总帅徒单百家带领的几千名亲卫军。他们按照预定方案，一部分人登舟，一部分人步行，顺着黄河岸边向凤池口进发，中途被蒙古军发现，死伤惨重，"兵遂溃"。[1]

金哀宗走得实在太匆忙，御帐中遗弃文书、什物，一片狼藉。有一个朱红色的箧子，里面存着一些金哀宗的私人物品，也落在了蒙古军手中。箧子里有一个小纸卷，题为《河朔中兴颂》。作者是杨焕，就是南京城内差点被充作砲夫的太学生领袖。文章是献给金哀宗的，"季主（金哀宗）壮之，置红箧中"。[2]

《河朔中兴颂》今天已经看不到了。从题目判断，大概和名垂千古的《大唐中兴颂》（元结撰文，颜真卿书丹）属于同一风格。《大唐中兴颂》讲的是安史之乱后，唐玄宗入蜀避难，

---

[1]《金史·哀宗本纪》。
[2] 姚燧：《跋张梦卿所藏紫阳杨先生墨迹》。

唐肃宗创下中兴大业——他"匹马北方，独立一呼，千麾万旗，戎卒前驱"，顺利收复两京，"宗庙再安，二圣重欢，地辟天开，蠲除祅灾，瑞庆大来"。或许，正是这一点相似之处，深深打动了壮志未酬的金哀宗，便随身携带玩赏，时时自勉。

据说，因为这篇文章，金哀宗还挨了生母慈圣太后的一顿训斥。老太后听说，战局刚有些起色，就有人开始宣扬什么"圣德中兴"，很不高兴："帝年少气锐，无惧心则骄怠生。今幸一胜，何等中兴？而若辈诒之如是！"[1]

不管怎样，由于这篇歌功颂德的文章落入蒙古人手中，后来在金元之交被尊为一代文宗的杨老夫子，当时也许太过高估了蒙古人的文学修养，只好把自己的姓名从"杨焕"改成"杨奂"，又将错就错改成"杨英"，唯恐有人秋后算账。

随着卫州之战落幕，金哀宗光复河朔的最后一丝希望，或者说残梦，就这样随着红箧中的《河朔中兴颂》，连同成千上万金军阵亡官兵的骸骨，被无情抛弃在了寒风萧瑟、芦苇丛生的黄河岸边。

二、人生似巢燕

天兴元年（1232年）十二月十日，金哀宗公布了"亲征"扈从人员名单，同时还任命了留守南京开封城的军政班子。从下面这份名单大致可以窥知，次年正月，就在金哀宗率大军辗

---

[1]《金史·后妃传》。

转于黄河两岸的时候，南京城内的权力结构：

中央：

参知政事兼枢密副使：完颜奴申

枢密副使、权参知政事兼知开封府：完颜习捏阿不

里城：

户部尚书、四面都总领：完颜珠颗

御史大夫兼镇抚军民都弹压：裴满阿虎带

外城：

东面元帅：把撒合

南面元帅：术甲咬住

西面元帅：崔立

北面元帅：孛术鲁买奴

庶务：

翰林学士承旨、提控诸王府：乌古孙仲端

同判大睦亲府事兼都点检，管宫披事：完颜永锡（副
手：左副点检完颜阿撒、右副点检温敦阿里）

谏议大夫、近侍局使、行省左右司郎中兼知宫省事：
乌古孙奴申

户部侍郎、安抚副使、总招抚司、规运京外粮斛：刁璧

讲议所（受陈言文字）：大理卿纳合德辉、户部尚书

仲平、中京副留守爱失

......[1]

请先记住西面元帅的名字——崔立。

比起选中参加"亲征"的那些人，留在南京城的官民，究竟是更幸运一些，还是更不幸一些？这个问题还真不好回答。

天兴二年（1233年）正月，蒙古人获悉金哀宗出逃，一面派出军队追踪，一面加紧围困南京。迭经围攻、大疫、括粟，"亲征"大军又带走大量补给，去岁冬天就发生过"人相食"惨剧的南京城，此时的饥荒更是惨绝人寰。

粮食价格早已飙升到白银二两买不到一升米，直追当年中都围城。可是，由于"殍死者相望"，谁还顾得上吝惜那些饥不可食、寒不能衣的金属疙瘩？人人"视金银如泥土，使用不计"。稍微富庶一点的人家，纷纷捧出平日视若身家性命的"珠玉、玩好、妆具、环佩、锦绣衣衾"，每天在天津桥上摆起摊子，巴望能换回一点米、豆，救救家中快饿死的老小。刘祁回忆，家里有一件上好的皮袍子，"极细密鲜完"，他抱着换了八升粗米，又用祖传的金钗换回一肩牛肉，当时毫不心疼，恨不得越快出手越好。平日鲜衣怒马的"缙绅子女"，甚至有不顾身份到集市上讨饭的。[2]

还没打仗时，穷人就无朝夕之储，此刻自然更加悲惨。最

[1]《金史·完颜奴申传》。
[2] 刘祁:《归潜志》，第138页。

初，缺粮还不严重，平日过往甚密的街坊、亲戚、朋友，就开始相互躲着不见面，唯恐遭人蹭饭。接着，马、牛、鸡、狗，大大小小的家畜也都被杀光吃掉，很快，轮到了箱子、马鞍这类皮革制品……全城各个角落，凡是能填饱肚子的，都被饥民寻出来，"煮而食之"。城内达官贵人的豪宅、街市两旁的亭台楼阁，都被劈成碎片，当作柴火，取暖炊饭。一眼望去，昔日繁华的都会，遍地残砖断瓦，无比凄凉。

没过多久，能吃的东西都吃尽了，饥民开始吃饿死之人的尸体。负责清理饿莩的市政工人，每天要装好几车尸体出城，然而，这些尸体一夜之间就遭饥民"剐食其肉净尽"。丈夫卖掉妻子，只求吃一顿饱饭；父母饿极了，只好煮食年幼的儿女。最后，形势严峻到"人朝出，不敢夕归"的程度，因为常有饿红了眼的匪徒三五成群，"猎杀"单身路人果腹。[1]

个别胆大之徒，在蒙古军眼皮底下冒险出城，采集野果或野菜。西面元帅府下属的总领田文鼎就带着五百士兵出城，去封丘收割野地里的麦子。不料，返程途中，他们突遇蒙古游骑。众人打算作鸟兽散，是生是死听天由命。田文鼎大吼一声："他们是骑兵！我们只有两条腿，能跑到哪里去？"他把队伍一分为二，间隔数百米，结成两个方阵。方阵外层是长枪、弩箭，冲着外侧，中央是扛着救命粮草的运输兵。两队交替掩护，缓缓朝城下撤退。蒙古骑兵不知深浅，不近不远跟着他们。队伍

---

[1] 刘祁：《归潜志》，第126页；《金史·完颜奴申传》。

进了城，一清点，居然"不亡斗麦、一卒"。[1]

尽管饥荒如此严重，南京城内的军民，还是眼巴巴盼着金哀宗那边能传来一些好消息。他们听说，皇帝大军已经北渡，"前锋方交战，有功"，还占领了蒲城，准备攻打卫州……

正月十六日夜，金哀宗逃入归德的第三天，南京城外来了两个举着黄色小旗的人。

他们是金哀宗的亲信徒单四喜（皇后之弟）、术甲塔失不（奉御）。二人正是从归德来的，奉命悄悄把仁圣太后和徒单皇后等人接回归德。[2]二人对外佯称带来了前方的捷报，见到完颜奴申、习捏阿不等人后，才道出实情，并勒令他们准备好送太后、皇后出城。[3]

纸终究包不住火。卫州兵败、两宫出逃的消息，就好比最后一根稻草，压垮了南京城内所有人心理堤防的最后一根支柱。

如今，南京全城上下，人人都觉得自己被无情地抛弃了。这座坚城，徒有高沟深垒，却是一座陷阱。要想活命，只能靠自己。

---

[1] 王恽：《大元故蒙轩先生田公墓志铭》。

[2] 金宣宗的淑妃、元妃，是一对姐妹，姓王，中都人。姐姐淑妃生金哀宗守绪，哀宗即位后尊为慈圣宫皇太后（死后谥为"明惠皇后"）。妹妹元妃在贞祐二年（1214年）得立为皇后，赐姓温敦氏，因为无子，抱养金哀宗为己子，哀宗即位后尊为仁圣宫皇太后。仁圣、慈圣太后原合称"两宫"。不过，正大八年（1231年）九月，慈圣太后先逝，此后的"两宫"当指仁圣太后和徒单皇后。

[3]《金史·徒单四喜传》。

据说，金哀宗出征前咨询白华，就已经提到了《左传》中"纪季入齐"的先例。纪国是个小国，受齐国威胁，有亡国之虞。纪侯的弟弟纪季就带着一座重镇酅，投靠了齐国，又在酅重建纪国的宗庙。不久，纪侯也离开国都，不知所踪，让国给纪季。正月十六日过后，这个生僻冷门的典故，一下子成了全城热议的话题。

被选中扮演纪季这个角色的，就是有过争位嫌疑的皇兄，当时留在城内的完颜守纯（时封荆王）。大家希望推举他，或者他的儿子曹王（正在蒙古军中当人质），代表金朝正式向蒙古人投降。这样，或许能讨到一州一县的封邑，既可接续王朝的香火，又避免玉石俱焚，搞得大家集体陪葬。

正月二十日，尚书省内，都事元好问也在催促习捏阿不："车驾出京已经二十多天了，现在又派人来接走两宫。外面人心惶惶，传言朝廷打算放弃京城。大人到底有没有好办法？"习捏阿不回答："我二人唯有以死殉国！"元好问没好气地反问："死有重于泰山，有轻于鸿毛。果能安社稷、救生灵，何吝一死！死得不明不白，尸体被抛到城外荒地，被饿狼一般的叛军士兵分割生吃了，意义何在？"习捏阿不一副推诚置腹的样子："屋里就我们两人，都事有话直说。"元好问干脆挑明："朝野都在议论，推举荆王、曹王监国，保全两宫和皇族。"谁知，习捏阿不听完，只是嘟囔："我知之矣！我知之矣！"[1]

尚书省外，刘祁偶遇左司郎中杨居仁，也聊起了此事。杨

---

[1]《金史·完颜奴申传》。

说："事情是好事情，谁敢带这个头？两位执政大人也知道，无非怕担责任而已。"

于是，满城的怒火，纷纷指向了为首的完颜奴申、习捏阿不等大员。大家都怨恨他们只知"死守"，不懂变通，甚至翘首盼望"有一豪杰出而为之救士民"。[1]

其实，这个时候，距这个"豪杰"挺身而出，只有不到两天时间了。

正月二十一日上午，尚书省都堂。经过令史许安国、左司都事元好问等人反复沟通，终于召开了在京百官、僧道和居民代表共同出席的大会，决定南京的前途。

奴申、习捏阿不二人站在都堂的屋檐下，身后跟着杨居仁、元好问等僚佐。元好问出列，朗声宣读了二位执政的"告谕"，无非是说明当前形势危急，请大家集思广益，想出一个周全的法子。

刘祁和好友麻革（金元之际著名的诗人）也杂在人群中看热闹。只见奴申"拱立，无语"，习捏阿不只是反复强调："以国家至此，无可奈何。凡有可行，当共议。"说完，举起袖子拭了拭眼角挤出的泪水。[2]

此后，有京城居民代表（"父老"）七人先后发言，不过，大多是琐碎无关大局之事。刘祁听得不耐烦，拉着麻革挤出人

[1] 刘祁：《归潜志》，第126页。
[2] 刘祁：《归潜志》，第127页。

群离开了。两人在皇城外分手前，已经约好次日把自己的意见以书面形式提交。

都堂内，冗长的商议还在继续。习捏阿不命令元好问将大家的发言摘录好，递给奴申。奴申瞥了一眼，说："都想立二王监国。"他转过头问习捏阿不："这件事，大家议论了多少天了？"习捏阿不屈指一数："七天了。"奴申叮嘱："圣主从归德派来的人还没离开，切勿走漏了风声。"[1]

就在都堂大会的同时，奴申口中的"归德派来的人"——徒单四喜等人，正准备护送两宫出城。

这支队伍的核心成员包括仁圣太后、徒单皇后、柔妃裴满氏、令人张秀蕊、都辖、承御、汤药、皇乳母巩国夫人等十余人，还携带了哀宗"亲征"前没来得及带走的宫中珍宝，其中有马蹄金四百枚，栗核那么大的珍珠七千枚，外加"生金山一、龙脑板二及信瑞、御玺"。

仁圣太后把应募当保镖的几十名忠孝军召到仁安殿，将行李之外剩下的一点值钱东西——"锭金及七宝金洗"——当作定金分给了他们，又许诺：如果此行平安抵达归德，随行财宝一半都充赏。

正月二十二日，似乎又是很平淡的一天。

护送两宫的徒单四喜一行，头天夜里已经骑马悄悄出发。出城不到五十里，刚刚走到陈留，队伍就远远望见这座小城外忽然亮起三四处火光。他们害怕再往前走会遇到蒙古兵，只好

---

[1]《金史·完颜奴申传》。

停下来，犹豫不决。奴申本来就不太情愿放走两宫，听说了此事，赶紧派人劝说太后回京。于是一行人又调头原路返回，这天大清早进城，暂时在四喜的府邸安顿。四喜想带着大家当天晚上再尝试一次。不过，老太后表示自己"惫于鞍马"，不愿再折腾，只好回宫先休养一阵。[1]

这天，南京城内还发生了很多事情。其中有一件，或许算是个预兆，向南京城内的人们暗示这一天过后的恐怖。

南京留守军政班子中，负责管理诸王府的翰林学士承旨乌古孙仲端（卜吉），也算是个阅历丰富的人。他出使过蒙古，不但见过木华黎，还孤身一人"并大夏，涉流沙，逾葱岭"，到中亚花剌子模觐见了成吉思汗。困守南京城内，他目睹饿殍遍地，将士离心，二执政却仿佛厝火积薪之下而寝处其上，浑然不知大难当前，感到无比绝望。

二十二日晚上，乌古孙仲端和自己的老同学裴满思忠（汝州防御使）约好来自己家小酌。二人喝了几杯，回忆起当年在太学同舍时的年少轻狂，不免开怀大笑。喝得兴起，仲端念叨了好几次："人死，亦易事耳！……人死，亦易事耳！"思忠感觉奇怪，不禁问："吾兄何故频出此语？"仲端取来笔墨，写下了一首诗。诗的原文并未存世，大意如下：

　　人生大似巢燕：
　　或在华屋杏梁，

---

[1]《金史·徒单四喜传》。

或在村居茅茨，

及秋社甫临，[1]

皆当逝去。

人生虽有富贵贫贱不同，

要之，终有一死耳！[2]

写完最后一句，仲端仰头一连灌了好几杯酒，跌跌撞撞送思忠出门。他拍着老友的肩膀说："浮华若梦，人生如寄，这次与兄分别，要待来生再见了！"

当天夜里，仲端和他的妻子在家中悬梁自尽。

刘祁回忆，乌古孙仲端自杀，仿佛是对这一天之后发生的事情，有模糊的预感。[3]等到正月二十三日白天，为仲端的死讯而震惊的人们，很快就顾不上对别人的命运表示同情了。相反，他们中不少人会羡慕仲端及时结束了自己的生命，甚至羡慕早先在大疫中染病身亡的那些人，感叹"恨不早预其数，而值此不幸也！"[4]

三、崔立：一日君王

天兴二年（1233年）正月二十三日，天蒙蒙亮，刘祁吹灭

---

[1] "秋社"是古代秋季祭祀土神之日，一般定在立秋后的第五个戊日。

[2]《金史·忠义传》。

[3] 刘祁：《归潜志》，第60页。

[4]《金史·崔立传》。

书案上的灯火，将一整夜反复揣摩、修订、誊清的意见书揣入怀中，打算赴尚书省投递。他后来宣称，当时自己觉得，书中的建议关系"完颜氏存灭，且以救余民"，哪怕因此获罪，甚至丧命，也在所不惜。

当天，天空阴霾密布，过了不一会，大雨瓢泼而落，刘祁只好跑到路边屋檐下避雨。这时候，他听到不远处传来急促的马蹄声和嘶鸣声，接着，一大群百姓神色慌张，从大街上跑过，一边哭喊："鞑靼入城矣！"刘祁见势不妙，连忙抄小路躲回家中。快到家时，才有人告诉他，不是蒙古军攻破了城池，是西南面的守城部队哗变了，乱兵已经把尚书省团团围住。[1]

刘祁心想，终于有"豪杰"肯挺身而出振臂一呼了。这时，刘祁还不知道，再过不久，自己的身后之名，数百年、上千年，或许直到世界毁灭，都将同这个"豪杰"的名字绑在一起，密不可分。

崔立，就是这个"豪杰"的名字。

崔立生于将陵（今山东德州陵城区），家境贫寒，从小就同流氓无赖厮混。乡里请和尚放焰口、打水陆，他背着钹、鼓，在边上打杂。蒙古南下，河朔扰攘，崔立投到上党公张开军中，从基层军官干起，历任都统、提控、安平都尉（陈和尚哥哥的职务）……最后，成为负责防守外城西面的元帅。史家评价，他"性淫狡，常思乱，以快其欲"。

---

[1] 刘祁：《归潜志》，第128页。刘祁形容清早的天气是"大阴晦，俄雨作"。

崔立还有个好哥们儿，叫药安国，是个刚从牢里出来的前军官，一身蛮力，饭量骇人。崔立把他召入西面守军，署为"招抚"，天天鱼肉美酒招待，深信总有一天能用得着他。

和多愁善感的乌古孙仲端不同，目睹京城摇摇欲坠，完颜奴申、习捏阿不昏聩无能，求生欲极强的崔立，本能地感到自己的机会到了。他先把家眷接到西面城墙自己的驻地，打算如果起事失败，就带着家人投奔蒙古人。

二十三日清晨，刘祁刚出门那会，完颜奴申、习捏阿不等人正在都堂议事，忽听外面一阵喧哗。出门一看，药安国杀气腾腾，提着一把滴血的斩马刀，后面紧跟着崔立，两人带领西面守城部队中的二百余名亲信，从尚书省大门口一路杀到堂下。

完颜奴申、习捏阿不一看这个阵势，吓得腿都哆嗦了。崔立拔出剑，指着二人喝问："京城危困已极，二公坐视百姓饿死，恬不为虑，何也？"二人慌忙解释："汝辈有事，当好议之，何遽如是！"崔立大手一挥，药安国一刀将习捏阿不的脑袋砍落阶下，又杀了奴申。乱兵一拥而上，当时在省中值班的左司郎中纳合德晖，右司郎中杨居仁、聂天骥都被砍倒，剩下的尚书省官吏惊叫着四散而逃。

血洗都堂之后，崔立马上从尚书省向全城发布了一道通告："吾为二执政闭门误众，将饿死，今杀之，为汝一城生灵请命！"接着，又向守城军队发布了第二道通告："取民一钱，处死！"

阖城官民听到消息，奔走相告，额手相庆，欢声雷动。刘祁回忆，巧得很，通告一贴出，从清早开始就下个不停的大雨忽然停了，阴霾散尽，露出暖融融的阳光。[1]大家同刘祁一般心理，感到绝望之中总算有了一线生机。

接着，崔立带着人马直奔东华门。半途遇到披戴盔甲赶来的点检温敦阿里。崔立二话不说，下令将他斩于马下。崔立手下尽管只有二三百人，却纵横宫省，如入无人之境。除了温敦阿里，外城、里城手握重兵的将领不少，却都畏畏缩缩，"束手听命，无一人出而与抗者"。崔立入宫，见了逃跑未果的太后，逼她封自己为"左丞相、都元帅、寿国公"。

夺取南京城的控制权后，崔立立即做了两件大快人心之事。他首先推举梁王完颜从恪担任监国。尽管此前拥立荆王、曹王父子的呼声更大一些，崔立指出：从恪是卫绍王的太子，他妹妹就是金宣宗献给成吉思汗的岐国公主，如今已是成吉思汗斡耳朵的"公主哈敦"，拥立梁王，更易取得蒙古人的好感。

梁王从恪，连同卫绍王其他子嗣，被宣宗、哀宗父子禁锢在王府中二十年，还派了专人任"提举"（实等于监狱长），严加看管，不准他们嫁娶，"巡警之严，过于狱犴"。上一年四月，南京解严之后，金哀宗大赦天下的同时，才想起这群可怜的叔伯，放他们自由活动。[2]很快，崔立就派人带着太后的懿旨，将从恪接到宫中，准备正式同蒙古人议和。

接着，崔立就亲自前往城外的蒙古军营，请求不要追杀出城樵采的百姓，又放百姓"出城挑菜充饥"。这时，南京城内的

---

[1] 刘祁形容上午的天气是"忽阴雨开雾，日光灿然"。
[2]《金史·哀宗本纪》《金史·斜卯爱实传》。

饥民才能小心翼翼，到近郊捡一些"蓬子窠、甜苣菜"，掺在杂粮中果腹。有人说，南京西面的陈冈上长了一片野麦子，崔立马上组织百姓前去收割。因此，城内的饥荒得到了一定缓解。

政变第二天，左丞相崔立端坐都堂，接受京城百官、父老、僧道的拜见。大家都从心底里发出感激涕零的呼喊："谢丞相得生！"

很快，崔立就不满足于"丞相"这个官职了，他自称"太师、尚书令、郑王"，大摇大摆坐着天子车驾，出警入跸。崔立的老婆花儿封王妃，弟弟崔倚封平章，崔侃、张颂担任禁军统帅（殿前都点检）。他还大肆提拔"崔家帮"：孛术鲁长哥任御史中丞，韩铎任副元帅兼知开封府事，妹夫折希颜，打手药安国、张军奴等，都从一介小卒升为元帅。尚书省内也安插了他的亲信，如兵部尚书刁璧、左右司郎中师肃、兵部郎中兼右司都事贾良。

为了让自己这届"政府"多少具有些合法色彩，崔立分出一些职位，给那些朝野有人望的官员和士人。工部尚书温迪罕二十、吏部侍郎刘仲周都被任命为参知政事，宣徽使奥屯舜卿为尚书左丞，户部侍郎张正伦为尚书右丞，都事张节为左右司郎中，都事元好问为左右司员外郎，都转运知事王天祺、怀州同知康璡为左右司都事……[1]

崔立的故事，讲到这里，尽管并不完美，倒还不失为一个

---

[1]《金史·崔立传》《金史·哀宗本纪》；刘祁：《归潜志》，第129页。各记载颇有出入。

"草根英雄"挺身而出，拯救人民免遭涂炭的传奇。如果崔立出城在蒙古军营被杀，或者，他一年后的离奇死亡再稍稍提前一些，他的历史形象，大概会是另一种完全不同的面貌。

白居易有几句千古传诵的诗："周公恐惧流言日，王莽谦恭未篡时；向使当初身便死，一生真伪复谁知？"（《放言五首·其三》）儒家圣人周公旦，因为管叔、蔡叔污蔑他有不臣之心，遭到周成王猜忌；王莽没有篡汉之前，王氏外戚已经权倾朝野，他却总是一副文雅低调、礼贤下士的面孔。如果他们的生命就此结束，周公的历史形象或许是个贰臣，王莽则是个贤臣。崔立何尝不是如此？

其实，在整首诗的开头，白居易是想说，时间才是检验真理的唯一手段："试玉要烧三日满，辨材须待七年期。"鉴别玉石真假，须在火上烤足三天；木材就更长了，要七年。

凑巧，崔立一夜之间从"人民救星"堕落成"嗜血魔头"，正是从政变的三天后，就是正月二十七日开始的。

这一天，他穿着龙袍，带着天子仪仗，去城南的青城，会晤从汝州赶来的速不台。据说，两人的会面很愉快，喝了酒，崔立还认蒙古老将军当了义父。

崔立回城以后，立即下令烧毁城头楼橹。四面城墙上很快燃起烈火，敌台、战棚、箭楼，接连倒塌，入夜之后，仍然光焰烛天。南京坚守了快一年，居然肯开城投降，速不台起初还有些许疑虑。直到看到城头的火光和浓烟，他才开心得仰天大笑。

不知道得到了老狐狸的什么承诺，崔立回来做的第二件事，就是把完颜家的龙子龙孙、后妃贵嫔，乃至宗室疏属，全部抓到宫中软禁起来，准备移交给蒙古人。

第三件事，是他以进献为名，查封了京城内大小仓廪府库，并派出百官，分头挨家挨户"括刷在京金银"。

这一轮搜刮，比括粟更加惨毒——"搜索薰灌，讯掠惨酷，百苦备至"。南京城内素有家底丰厚之称的贵族、富人，无不遭殃。

平章白撒，前面已经讲过，聚敛无度，富可敌国；左丞李蹊，长期主持财政，也是富甲一方。两人虽然跟着金哀宗走了，百万家产却没有生双腿。郕国夫人是金宣宗王皇后的姐姐，金哀宗的姨母。仗着这层关系，她自由出入后宫，号称"自在夫人"，权势通天，生活奢靡，连白撒、李蹊这样的当权者也要向她"纳赂取媚"。这几家在这一轮括刷金银中自然首当其冲。白撒、李蹊两人的老婆，郕国夫人，包括不少在京的高官、富民，统统被抓起来，拷问财产去向，惨死在酷刑之下。[1]

查封府库、搜刮金银，当然不都是为了给蒙古人，崔立和他的党羽趁机大肆中饱私囊。崔立干脆搬进了荆王守纯的王府，"取内府珍玩实之"。[2]他手下爪牙当内廷是自家后院，闲庭信步，来去自如。后来在元朝仕宦通显的河南人王恽，他父亲王天铎是南京城内的户部主事。崔党好友撺掇他一起去宫里面"窃取金贝"，他感叹说："国家如此，怎能忍心做这种人面

---

[1] 刘祁：《归潜志》，第70页、第129页。
[2] 《金史·崔立传》。

兽心的勾当！"[1]

　　如果只是向富贵人家搜刮金银，祸害有限，崔立干的第四件事更加禽兽不如。他借口速不台索取扈从金哀宗逃亡的官员家属，将家眷都召集到尚书省，每日亲自挑选，见到稍有姿色的女子，就载入自己的府邸，"日乱数人，犹若不足"。为了抢到中意的女子，他不惜连杀数人。副元帅药安国，生性桀骜，他颇为忌惮。如今，药安国未经崔立允许，强抢监军王守玉的妻室，被他当场斩首示众。

　　接着，崔立下令，全城官民家中的寡妇、处女，一律禁止出嫁，等待进献给蒙古官兵。[2]

　　值此家国人伦之变，南京城内许多人被迫放弃生命，守护各自珍视的东西。

　　崔立为了进一步讨好蒙古人，下令全城百姓剃发易服（"改易巾髻"）。元好问的好友，在讲议所工作的蒲察琦，虽是女真人，却不愿意"中国人夷狄"。他对元好问说："要剃发易服，哪怕全城人都如此，我也做不到！我蒲察琦虽只是一介刑部译史，却继承了兄长的爵位（谋克），怎么忍心这么做？今日与兄台诀别了，唉，死就死吧，多说无益。"

　　与好友道别后，蒲察琦回到家中。他母亲正在午睡，忽然失声惊叫而醒。蒲察琦坐到床边，拉着母亲的手安慰她。老母亲说："我刚做了个噩梦，梦见三个人鬼鬼祟祟趴在我们家屋

[1] 王恽：《王氏家传》。
[2]《金史·崔立传》。

梁上，情急之下就醒了。"儿子跪下："梁上之人，大概是在等我悬梁的鬼吧。我正要寻死，阿母就在梦里恍惚见到了！"家里亲戚都劝说蒲察琦："切勿轻生，好好想想，家中老母还需要你照顾呢！"母亲说："勿劝，儿所处，是矣！"与家人诀别后，蒲察琦从容自尽，年四十余。[1]

蒲察氏（字明秀），是随金哀宗出走的总领完颜长乐之妻。长乐在出城之前，嘱咐妻子："无他言，夫人慎毋辱此身。"蒲察氏发誓："君第致身事上，无以妾为念。妾必不辱！"听说崔立把扈从人员家眷接到尚书省，横加污辱，蒲察氏将幼子和家产都托付给仆人，又亲自置办了寿衣、棺木、祭品，与家人诀别："崔立不道，强人妻女，兵在城下，吾何所逃？惟一死不负吾夫耳！汝等惟善养幼子！"说完，便自缢而死，年仅二十七岁。[2]

右司郎中聂天骥，在崔立血洗尚书省时受了重伤，十一天卧床不起。他的女儿聂舜英，丈夫早逝，在父亲家守寡。舜英日夜悲泣，遍访城内医者，为父亲求药疗伤。聂天骥对女儿说："如今一死何尝不好，丫头还寻医问药救我作甚？"不久就伤重身故。舜英料理完父亲的后事，不愿再苟活在"剽夺暴凌，无复人理"的南京城中，第二天也自缢而死。[3]

崔立发动政变后，不屈从叛党而自尽的金朝官员，从军

---

[1]《金史·蒲察琦传》。

[2]《金史·列女传》。

[3] 元好问：《聂孝女墓铭》；又见《金史·列女传》。

政班子以下，还有谏议大夫、近侍局使乌古孙奴申，御史大夫裴满阿虎带、户部尚书完颜珠颗、奉御完颜忙哥、大理卿纳合德辉、右副点检完颜阿撒、完颜奴申之子麻因⋯⋯[1]围城中的女性，决心义不受辱的，有临洮总管陀满胡土门之妻乌古论氏、参政完颜素兰之妻、完颜忙哥之妻温特罕氏（夫妇相约殉国）⋯⋯[2]

　　就在崔立的爪牙将京城化为无间地狱的时候，他本人正做着小国寡人的皇帝梦。

　　以崔立的文化水平，多半不知道本朝开国之初，还扶植过傀儡——"大楚皇帝"张邦昌、"大齐儿皇帝"刘豫——来统治中原占领区。这不算问题。那些垄断了专门知识的人，所谓斯文败类，自然会如逐臭而来的苍蝇一样，成为新僭主的"智囊"，诱惑他"援刘齐故事，以冀非分"。[3]

　　二月十日，用于国家最高典礼的天子衮冕、皇后礼服，就连夜赶制完毕，送到了荆王府崔立家中。崔立还多次入宫，逼迫仁圣太后写信给金哀宗，开导"天时、人事"，劝告他识时务者为俊杰，赶紧投降，并派金哀宗的乳母巩国夫人送信到归德。

　　为了进一步清除未来崔氏王朝的障碍，四月十八日，崔立

―――――――――

[1]《金史·乌古孙奴申传》。
[2]《金史·列女传》。
[3]《金史·崔立传》。

将太后、皇后、梁王监国从恪、荆王守纯，连同其他全体皇族，一共五百余人，用宫车三十七辆，统统送到速不台位于青城的大营中。

青城，有名的"大梁十迹"之一，其实是南薰门外五里地的一处斋宫。北宋皇帝祭天之前，要先来这里斋戒。说来也巧，靖康之变，金军大将粘罕受降的地方，正是青城。

不管是崔立和他的"义父"事先达成了默契，还是蒙古帝国内部早已做出了决定：这五百多名皇族男女，除了太后、皇后和少数妃嫔第二天继续北上，剩下的人都死在了蒙古军的屠刀之下。[1]据说，徘徊在病死饿死边缘的京城百姓，听说皇族有资格北迁，一些胆大之辈就偷偷混在队伍里出城，稀里糊涂做了刀下亡魂。[2]

郝经有一首《青城行》，描述当时青城喋血的场景，如在目前，末了还对靖康百年后的"天道好还"发了一番感慨：

> 环山压城杀气黑，一夜京城忽流血。
> 弓刀合沓满掖庭，妃主喧呼总狼藉。
> 驱出宫门不敢哭，血泪满面无人色。
> 戴楼门外是青城，匍匐赴死谁敢停？
> 百年涵育尽涂地，死雾不散昏青冥。

---

[1]《金史·哀宗本纪》《金史·崔立传》。
[2] 刘祁：《归潜志》，第130页。

英府亲贤端可怜，[1]白首随例亦就刑。

最苦爱王家两族，二十余年不曾出。[2]

朝朝点数到堂前，每向官司求米肉。

男哥女妹自夫妇，觍面相看冤更酷。

一旦开门见天日，推入行间便诛戮。

当时筑城为郊祀，却与皇家作东市。[3]

天兴初年靖康末，国破家亡酷相似。

君取他人既如此，今朝亦是寻常事。

君不见二百万家族尽赤，八十里城皆瓦砾。[4]

白骨更比青城多，遗民独向王孙泣。

祸本骨肉相残贼，大臣蔽君尤壅塞。

至今行人不叹承天门，行人但嗟濠利宅。

城荒国灭犹有十仞墙，墙头密匝生铁棘。

四月二十日，蒙古军列队，从四面入城。

可能同中都陷落有些不一样，蒙古军进入南京后，没有发生大规模的流血屠杀。

尽管速不台早向窝阔台汗请求，南京负隅顽抗，应该按蒙

[1] 指英王（后封荆王）守纯。

[2] 指长期遭到禁锢的镐厉王永中、卫绍王永济两家族，禁锢期间，两家"长女鳏男，皆不得婚嫁"。

[3] "东市"是汉代长安的刑场，指代行刑之所。

[4] 当时传言南京开封城内有近二百万人，外城周长有八十里，并不属实。

古人的交战规则，实行屠城："金人抗拒持久，师多死伤。城下之日，宜屠之！"不过，当年中都城内完颜承晖的幕僚——耶律楚材，如今已是大汗比较信任的"必阇赤长"（自称"中书令"）。他听到这个消息，火速赶到哈剌和林求见大汗："将士暴露数十年，所欲者土地人民耳。得地无民，将焉用之！"看到窝阔台汗有些心动，深知蒙古人心理的耶律楚材，连忙又添上另外两块砝码——核心技术和掳获物："奇巧之工，厚藏之家，皆萃于此。若尽杀之，将无所获！"[1]

到南京陷落为止，蒙古人对中原汉地的占领，已长达十余年。出于各种机缘接近蒙古统治阶层的中原人，除了耶律楚材，其实还有不少。他们纷纷利用各自的人脉，阻止蒙古军在南京造成更大规模的破坏。[2]

结果，蒙古帝国宣布，这场战争，"罪止完颜氏"一家，又派人清点城内的儒释道三教人士（包括孔子五十一代孙、后来的衍圣公孔元措），医师、工匠、绣女等"技术型人才"，预备押送北上。

不过，视战利品（蒙古语olja）为生命的游牧军队，不可能放过南京城这块送到嘴边的肥肉。

蒙古军先将三教、工匠等人驱赶出城，然后"纵入，大掠"。先出城的"技术型人才"队伍，暂时留在青城大营边上，

---

[1]《元史·耶律楚材传》，宋子贞：《中书令耶律公神道碑》。

[2] 刘因：《中顺大夫彰德路总管浑源孙公先茔碑铭》，姚燧：《郑龙冈先生挽诗序》。

随身细软也被洗劫一空。不久，速不台又借口追究唐庆使团被杀事件，炮制了一些小型血案，陆陆续续杀了不少人。[1]

不过，蒙古军掳掠财宝、人口，似乎有一定时限。不久，全城下达了停止抢掠的禁令。禁令发布后，户部主事王天铎和一些好友，在南薰门附近拼死护下了一百多人，使之免于沦为蒙古人的军驱（士兵的奴隶）。[2]

五月二十二日，南京城的三教、医师、工匠、绣女一行人正式启程，刘祁和太学诸生也在其中。

其实，这支队伍里有不少滥竽充数的难民，混进来只为刀下求生。领队的"人匠达鲁花赤"王德真（山西人），奉蒙古人的命令到太原集中考校这群"工匠"，才发现很多人身无一技之长，什么也做不来。王德真可谓谆谆善诱："大伙儿会扶着锯子锯木头吧？会？那就算'匠人'了，别怕！"接着，他耐心教授这些难民营造的技艺，"积以日月，后皆为良工"。[3]

在此期间，任谁也想不到的是，蒙古军头一个洗劫的目标，就是城内"郑王"的豪宅。据说，崔立眼睁睁看着蒙古人冲入王府，将他多日聚敛的"妻妾、宝玉"整车整车运走，只能号啕大哭，无可奈何。[4]

又过了几天，惊魂甫定的南京百姓渐渐露面，同蒙古士兵

---

[1] 刘祁：《归潜志》，第130页。
[2] 王恽：《王氏家传》。
[3] 胡祗遹：《德兴燕京太原人匠达鲁花赤王公神道碑》。
[4] 刘祁：《归潜志》，第130页。

进行贸易，用最后一点财物，换一些军用干粮充饥。[1]

看起来，占领军确实没给这座都城造成太严重的祸害。这并不是说，战争中的人变得更人道或者更克制了——仅仅因为，此时的南京城，迭经一年来的封锁、大疫、饥荒、兵变、洗劫，正如《青城行》说的，"八十里城皆瓦砾，白骨更比青城多"。再要更凄惨，余地实在也不多了。

元好问是南京沦陷的目击者，他用诗歌记录下了这一切。

诗人看到，男婚女嫁都不曾背井离乡的中原青年，"楚楚儿郎、小小娘"，如今沦为奴隶，成群结队，在蒙古军的驱赶下北上，"却将沙漠换牛羊"。

诗人还看到，城外枯草丛中，时不时露出倒毙百姓的尸身，上面盖着褪了色的青黑领巾。饥肠辘辘的乌鸦，正恶狠狠地盯着尸体。很快，这些遗骸就将化为白骨和尘埃，随风飘散（"六月南风一万里，若为白骨便成尘"）……[2]

不用说，在南京城内，同样是荒墟败砾，枯骨狼藉，寂无人声；入夜之后，磷火荧荧，出没草际……只有孤独的"郑王"陛下，暂时君临着这座没有灵魂，仅剩躯壳的都城。

又过了一年，天兴三年（1234年，南宋端平元年）春，南宋使节邹伸之，北上觐见窝阔台后，在蒙古使节王檝陪同下返回襄阳。这年六月，回程途中，一行人路过南京，收到了城内送来的邀请函（迎状），署名是"南京丞相崔立"。

---

[1] 刘祁：《归潜志》，第130页。
[2] 元好问：《续小娘歌十首》。

当天，崔立亲自出城款待。接风酒宴后，他领着使团到原尚书省都堂下榻。邹伸之走马观花，参观了一圈故宫，感觉大失所望：

> 殿宇皆群小杂居，粪壤堆积。庭下草深数尺，大内诸殿亦然。北人（蒙古人）乘马于殿上，庭草没龙墀。过者不胜故宫黍离之叹！[1]

出了皇城，用邹伸之的话说，同样是一片"荒墟"。如果他仔细看看，大概会发现，城中许多人家的大门上，都插着五颜六色的羽箭。这是此前蒙古士兵实施抢掠时，表示先来后到的标记，门口插着箭的人家，主人大概已经不知所踪，屋里空空如也……

四、郑王碑下"罗生门"

从崔立兵变到蒙古人入城，在这短短两月的过渡期中，南京城内还发生了一起小风波。

坦率地说，这起事件，放到当时无数生灵所受的侮辱、践踏、摧残当中，放到他们的生离死别、痛苦号泣当中，宛如沧海一粟。比起不惜为守护某些伦理价值而殉道的执着、不顾生死拼命救护同胞的勇气，这件事显得太不高尚了；另一方面，

---

[1] 邹伸之:《使北日录》。

比起围城中为了求生避死而不惜背叛出卖亲友、残杀吞噬同类的那些勾当，这件事又显得不够卑劣。

好比白色和黑色重叠造成的灰色地带，这件事反映了普遍意义上的人性。

天兴二年（1233年）二三月间，"郑王"崔立及其爪牙权势如日中天，对全城官民颐指气使、生杀任情，"人或少忤，则横遭诬构，立见屠灭"。[1]这时候，崔立的弟弟，平章崔倚忽然想到，兄长保全了一城生灵，此等旷世奇功，京城官民父老仅仅跪下喊几声"谢丞相得生！"那是不够的，要找大手笔记载下来，铭之金石，流传千古。

崔立一心要当"儿皇帝"，本无心思顾及这种琐事，经不起群小怂恿，就把当时文名最盛的翰林直学士王若虚、左右司郎中元好问等人叫来，大大咧咧说："你们什么时候立块石碑，好好把老子造反的事（反状）写一写？"[2]

崔党要立的这块碑，叫作《功德碑》，自然要歌颂崔立开城投降的"功德"。王、元二人目睹崔立杀二相、选民女、括金银、剃发易服……种种倒行逆施，将来必定遗臭万年，所以不愿应承，又怕得罪人，"立见屠灭"。于是，他们想把这个烫手山芋，丢给以文章知名一时的后辈，刘祁、麻革。

立碑是个集体工作，先撰文，后书丹，再上石。撰文的人有了，是文章大家，还要找书法名家誊写底稿。这个人就是大

---

[1] 元好问：《内翰王公墓表》。

[2] 刘祁：《归潜志》，第131页。

书法家张天锡（字君用，号锦溪书叟）。金朝书法排名第一的赵秉文，去年病逝了，否则，这个不光彩的任务恐怕就要落到他头上。最后，还要找一块大石头刻碑。城内稍微像样的石头，围攻期间都劈碎当了砲弹，崔党相中了尚书省门口一块现成石碑，宋徽宗写的《甘露寺碑》，打算磨掉原碑字迹，重新刻字。

石头不会思考，也不会说话。负责写字的人，只管字体妍丑，不涉及什么是非、曲直、褒贬。所以，最苦恼的，莫过于负责撰文的几位：写得好，名节何在？写不好，杀身之祸立至。写得不坏不好，会被当成感恩不积极，照样有杀身之祸……他们顾虑重重，矛盾百出。最后，不管怎么样，根据记载，碑文肯定是写好了，还有人受了奖励。

儒家文化精英（士大夫），允许利用自己的专业知识，比如，写文章的技艺，来为明显欠缺合法性的统治者（僭主）服务吗？哪怕是在暴力胁迫之下？

传统伦理的标准回答是：不允许。

元好问和刘祁本是同乡世交。刘祁之父刘从益是元好问的长辈，元好问又比刘祁年长十三岁。[1]两人之前关系不错，元好问还写诗称赞："阿京（刘祁字京叔）吾所畏，早生号能文。"但是，金亡不久，就因为撰碑一事，二人谁都不愿承担主要责任，互相指责推诿，大有割袍断义之势。从此往后，就这段往事表过态的文化名人，数不胜数：元好问门人郝经，大学者翁方纲、赵翼、全祖望、王国维，大文豪鲁迅，大汉奸郑

---

[1] 陶晋生：《刘祁与〈归潜志〉》。

孝胥……[1]

　　王、元、刘三人，谁该负主要责任？左右祖者甚多。不过，凡认同传统儒家伦理的人，对三人都没什么恕词。最严厉的比如"谄附逆贼"（赵翼《瓯北诗话》），"偷生恋爵"（乾隆帝评语），等等，觉得他们名节有亏，斯文扫地，难免被钉在历史的耻辱柱上。

　　北魏尔朱荣制造"河阴之变"，连杀太后、幼帝和千余名朝官，拥立孝庄帝。百余名朝官侥幸躲过此劫，尔朱荣下令胡骑将他们围住，拔刀内向，高喊："有能为新君作禅文者，免死！"侍御史赵元则赶紧举手出列，席地起草诏书。杀侄篡位的永乐帝让方孝孺写劝进表，孝孺喊出："死即死耳，诏不可草！"诚然是崇高的理想主义者。但是，他不写，有的是人写。否则，后来诸王群臣上的那几通劝进表，充溢着诸如"功光前烈，德振中兴""尧舜之德，汤武之仁""天命有在，孰得而辞"，又是什么人的大手笔呢？

　　中国的文化精英，平时往往有一种以道自任的责任感和使命感，可是，一遇到现实中的"恶"，他们大多数又显得软弱，甚至虚伪。如果名节、生命不可皆得，文化精英作何选择，往往是权衡利弊得失后作出的一种高度个人化的回应。政治理念、

---

[1] 参见子长：《元好问与崔立碑事件》，降大任：《且莫枉罪元遗山——重评元遗山的气节问题之一》《〈外家别业上梁文〉释考——重评元遗山的气节问题之二》《元遗山气节问题诸说评议——重评元遗山的气节问题之三》。

道德信仰，只能算约束条件之一。现代人估计不会求全责备他们没有达到时代的"最高道德标准"。但是，这段不甚光彩历史的三位主要当事人——王若虚、元好问、刘祁，他们心里清楚，既然做了选择，就得承担道德责任，面对当时和后世的评骘。因此，三人通过不同形式，像芥川龙之介小说的涉案人那样，[1] 留下了自己的"供词"，为自己辩解：

（王若虚的"供词"）[2]

那年正月，西面元帅崔立劫杀奴申、阿不二执政，向城外的鞑靼人投降。不久，崔立的党羽崔倚，伙同尚书省的张正伦、刘仲周等人，巴结讨好崔立，才有了树立《功德碑》这桩混账事。

承蒙圣主赏识，老夫忝居翰林直学士，又是文坛领袖。他们使用尚书省的名义，直接下了堂帖，命老夫撰写碑文。你们不知，当时崔氏的恐怖政权如何凶狠残暴！崔倚仗着兄长的权势，作威作福，只要稍露出些违逆的意思，马上招来杀身之祸。

老夫一看，是祸躲不过，私下告诉裕之（元好问）："他们召老夫作碑，不写，必死无疑，写了，又不免名节扫地，贻笑将来。若是这样，简直是生不如死了！"

于是，老夫思索了一整夜，终于想出一番托词。

---

[1] 见芥川龙之介的短篇小说《竹林中》。
[2] 主要依据元好问的《内翰王公墓表》。

老夫先找到崔倚，装作不明白："诸位要给丞相写功德碑，具体指什么功德？"他很不耐烦，但还是解释："丞相以京城归附大朝（蒙古），城中人口百万，由此有了生路，这不是功德是什么？"老夫说："我们翰林学士，给皇帝写稿。撰写功德碑虽是大好事，按规矩，却不属于'代王言'。何况，丞相代表全城出降，城中朝廷百官，都成了丞相的门客。功德碑要流传千古，后世人看到门客给主子歌功颂德，会不会觉得不可信呢？"……

一句话，老夫故意放低姿态，但始终据理力争。崔倚等人不好反驳，只好退而求其次，找了几个太学生，假冒京城父老的名义，给崔立写了块碑。要说，这几个后生也真是急于求售。听说那个刘京叔，围城期间就经常上章建言。不是还因为撰碑，赏了进士出身吗？反正，此后这事就跟老夫无关了。

（刘祁的"供词"）[1]

某日，尚书省的执达员送来了一个帖子，写着："首领官召赴礼房。"我大吃一惊，想不出找我何事，但还是马上动身了。在门口遇到麻革，麻革说："昨天我见到左司郎中张节，听说，撰碑的事，要落在我们头上，看来是真的。"

到了尚书省礼房，信之（张节）、裕之（元好问）果然说起此事。我推辞："我辈一介布衣，又无功名，不配干

---

[1] 主要依据刘祁自撰《录崔立碑事》，见刘祁：《归潜志》，第131—134页。

这事。再说，有王丈（王若虚）和兄台，岂敢班门弄斧？"
裕之说："这事是京城父老的一片心意，我们的命也是郑
王救的，莫推辞，莫推辞！"

我们又去翰林院见王丈。修撰张子忠、应奉张元美可
以做证。王丈说："这事你们别推辞。尚书省固然可以命令
翰林院写，但这样一来，体现不出京城百姓的心意。你没有
功名，那就是百姓的一分子，写写无妨。"我还是没答应。

上面一连好几天派人督促。我被逼不过，只好写了个
草稿，交给裕之。又过了一两天，又宣我去尚书省，说是
"宰相、执政赐宴"。半路上，裕之找到我，拉着我和麻革
同行。进了左参政的办公室，刘仲周参政作陪，他举杯嘱
咐："大王的碑文，大家都推举诸位，烦劳诸位用心了。"
我和麻革连说："不敢，不敢。"后来，王丈也来了。喝了
数巡酒，天色向晚，我们打算告辞。

这时，裕之伸手拦住我们："省门已经上锁了，今天
喝得痛快，就留宿省中吧！"过了一会，仆役端上了烛台，
又喝了点酒。裕之说："郑王碑文，正好今夜就写了吧！"
我一看，这是蓄谋已久啊！坚决推辞："有诸公在场，岂
敢。"王丈板起脸："碑文由太学名士（指我和麻革）执笔，
郑王都已经知道了。你们再不识好歹，郑王万一觉得是瞧
不起他，到时候我们知识分子都遭殃。何况，你还有祖母、
老母在堂。你好好考虑。"

我心知躲不过，只好说："之前的草稿，诸公又不满
意。馆阁体我也不熟，大家一起商量着写。我署名在诸公

之后，还不行吗？"

于是，裕之开始重写草稿。这时候，王丈说："这篇碑文，就当是裕之替你写的吧。大不了，今后你编自己文集的时候，不收就好了。"说话间，裕之把长长的序文写完了，王丈握笔改动了几个字。后面的铭文，是大家一起定的，只保留了我初稿中的几句。文章虽然客客气气的，但没有过分吹捧崔立。

这时候，已是夜里四更了。裕之让下属抄了一份，在烛火上把原稿烧成灰烬。

王丈、裕之害怕崔立，不敢不应承，又不愿意坏了自己名声，就嫁祸于我们。虚名害人啊！当时如果坚持不肯，激怒了他们，到崔立那里告状，后果不堪设想。我上有老母、祖母，冒不起这个险。但是，文章主要不是我写的，天下人都知道。曹之谦、杨宏道都写过诗，不用我多费口舌了！当时年少无知，现在想来，真是可笑！

（元好问的"供词"）[1]

崔立开城投降以后，上至朝廷，下到草泽，不少无知之辈都以为绝境逢生，感恩戴德，一致推举太学的名流人士，来给"郑王"树碑立传。崔氏一党，权势滔天，杀人如麻，我也受了胁迫，身不由己。

西晋末年的八王之乱，赵王伦杀了贾后，专擅朝政，

---

[1] 主要依据元好问自撰的《外家别业上梁文》。

后来又妄图称帝。齐王同诛杀赵王之后，怀疑名士陆机为赵王起草了《加九锡文》和《禅位表》，差点把他杀了。后来，陆机写了《谢平原内史表》，表明心迹："片言只字，不关其间。事踪笔记，皆可推校。"现在有人构陷我写了郑王功德碑，我的遭遇，竟然和陆机一模一样！

阿京兄弟（刘祁、刘郁）本是我的忘年交。南京开城后，我还向耶律丞相（楚材）推荐过他们。[1] 没想到，我如此遇人不淑，知人不明！那天夜里，阿京等人草撰的初稿，对崔立多有溢美之词。我好心替他们删掉，却遭反咬一口。

大家想想，崔立坐在朝堂上，接过碑文，就下令在自己府上亲自召见阿京，又发下三通告身，特赐阿京兄弟、信之（麻革）"进士出身"。这些实实在在的好处，究竟是谁得了？到头来却让我，一个无辜的人，来替他们承担骂名。

我若真是吮痈舐痔的无耻之徒，活该流放山海偏远之地。只是那些指鹿为马、恩将仇报的人，实在可恨！唉，事情详细经过，我不想重复说了。反正，我问心无愧，谣言久当自息。今后，我只求松声一丘、桃花三洞，不敢妄称金朝遗老，在乡里做个善人便足矣！

---

[1] 南京陷落后才两天，元好问就给大蒙古国的"中书令"耶律楚材写信，推荐了五十四名中州士大夫，请求他予以保全和任用。参见黄时鉴：《元好问与蒙古国关系考辨》。蔡美彪先生在《杜仁杰生平考略》一文中提出，这封书信正是元好问向大蒙古国表示效忠的降表，信中他以文坛领袖自诩，希望得到耶律楚材的青睐，却并未奏效。

谁的说法更可信一点？关于给崔立树碑，迄今只发现了这三份第一手的资料。看来，真相到底如何，或许将永远笼罩上一层迷雾。刘祁回忆，碑文写好后，刚刚刻上石头，蒙古军就开始入城大肆劫掠，城内士人、工匠、僧道统统被驱赶到青城，石碑到底有没有立起来，谁都不知道。历史证据下落不明，对姓名已经刀刻入石、累世难以磨灭的三位撰者来说，算是不幸中的大幸。

蒙古军大掠，只能造成一时混乱。王、元、刘三人，还应该感谢另一个人，正是此人在第二年，天兴三年（1234年）六月二十七日这天，彻底消灭了崔立的肉体。此时，距离金朝灭亡，已经过了半年多。

这段往事，要比几个文化人相互扯皮，惊心动魄得多。

插曲：刺崔

天兴三年春夏之交的一个傍晚，南京城东华门外，古刹皇建院的主持惠安长老，正在殿上诵经。忽然，一个小沙弥慌慌张张跑进来，禀告："师父，有个武夫模样的人，倒在咱们院门外，会不会招来什么强人贼匪？"

惠安出门一看，原来是一个面容俊美的武官，身披甲胄，腰悬金符，此时一身酒气，烂醉如泥，从马上跌了下来，随从手忙脚乱，扶他不起。寺里有人认识他，说这是安平都尉下属的千户，叫李伯渊。

一群和尚好不容易将醉汉抬到了方丈房间，让他躺下休息。许久，李伯渊睁开眼睛，看见长老坐在床边。惠安很严肃地问他："值此大丧乱，将军怎能醉生梦死？男子汉大丈夫，与其沉溺于乱世，何若建立身后不朽之荣名！"

李伯渊听了，冷汗直冒，如梦初醒。第二天，他带着好友黄掴三合元帅，来皇建院拜见惠安，求长老收二人为徒。又过了几天，他们悄悄来见惠安，向他推心置腹："崔立狂竖，乘国家倾危，天子播越，辄敢叛乱乃尔，吾欲诛之久矣！师谓男子身后不朽之荣名，其在是耶？"惠安佯装大惊："何遽出此速祸语！殆非老僧所敢闻者！"李伯渊反复辨明心迹，指天起誓。

惠安知他一片赤诚，才说了实话："不瞒将军，老僧一直留在这个祸乱之地不肯走，就是想伺机报效国家。老僧本是天地间闲人一个，自从在相州（彰德府）遇到了先帝（宣宗），荷国厚恩，迄今二十余年，寤寐都想报答万一。可惜，势单力孤，一事无成。将军肯挺身而出，行非常之事，树万世之名，老僧朝见而夕死，没有一丝遗憾！"

说完，老和尚双手合十，朝李伯渊、黄掴三合跪拜："老僧日夜祈祷，祝将军一举成功！"[1]

当时，在南京城内，想杀崔立的，不止李伯渊二人。

都尉李琦是崔立妹夫折希颜的部下，强娶了某官员之妻。崔立听说他的妻子貌美，想据为己有。李琦知道，崔立夺人妻女，都要找个借口，打发该人远去外地出差。于是，崔立只要派李琦外出，他都把妻子带在身边，寸步不离。崔立大为光火，

---

[1] 曹居一：《李伯渊奇节传》。

折希颜屡次公开羞辱李琦，双方只差公开决裂。

还有都尉李贱奴，原是外城的权东面元帅。崔立兵变之际，李贱奴袖手旁观，崔立对他也有些忌惮。没过多久，"郑王"势力蒸蒸日上，便将昔日同僚当成了要对自己卑躬屈膝的部下，李贱奴愤愤不平。

就这样，一张刺杀崔立的密谋大网，已经悄悄张开。

天兴三年（1234年）六月二十七日，也就是崔立送走南宋的邹伸之使团后不久，南京城附近有宋军出没的消息，就在城内传开了，这是刺崔党放出的烟幕弹。不过，宋军的动向不是空穴来风。就是在这个月，南宋淮西制置使全子才率兵万余人渡淮北上。这是南宋企图利用金亡后的空虚期，规复河南"三京"（汴京、洛阳、归德）的先头部队。这支宋军，七月初就将抵达南京郊外。[1]此时，他们还在三百多里开外的地方缓缓前进。

六月二十八日，日暮时分，外城封丘门突然遭人纵火。夜里，崔立在内寝坐卧不安，"一夕百卧起"。好不容易熬到天亮，李伯渊等人来敦促崔立视察外城。崔立匆匆叫上苑秀、折希颜等几人出发，同时传令：京城男子十五以上、七十以下，都去太庙街集合，准备应急。

出了荆王府大门，崔立隐约感到事有蹊跷。他正要跨上坐骑，佯装一脚踩空，跌了下来，借口身体不适，想打退堂鼓。

---

[1] 南宋此次出兵收复河南失败，史称"端平入洛"。见陈高华：《早期蒙宋关系和"端平入洛"之役》。

李伯渊大声嘲讽："我辈兵家子，偶坠马，又何怪焉！"经不住催促，崔立只好硬着头皮出发。

一行人刚拐到荆王府西边的大街上，迎面骂骂咧咧涌来了一大帮兵痞。有人一边叫喊："冤枉啊，愿丞相为我等做主！"一边不顾保镖阻拦，推搡着凑近崔立马前，一把扯住了坐骑的缰绳。

就在这时，崔立右侧的李伯渊，从鞍上一跃而起，跳到崔立马上，一手抱住崔立，一手握着匕首从后刺。崔立回头看了一眼，失声惊呼："你要杀我？"李伯渊说："杀你又怎样！"或许是有些紧张，更可能是太过兴奋，刀刃将崔立刺个对穿，又洞穿了李伯渊的左掌，两人一起坠落马下。李伯渊挣扎起来，补了一刀，崔立当场咽气。

接着，李伯渊大吼："所诛者，此逆贼耳！他人无与焉！"事先埋伏在街道两侧的刺崔党一拥而上，黄掴三合手刃苑秀，折希颜在队伍后面，看到前面人喊马嘶，以为大舅子和谁起了争执，慌忙上前劝解，也死在了士兵刀下。

李伯渊将崔立尸首系于马尾，一路沿着御街，纵马驰骋，直至承天门前。他看到成千上万的京城百姓渐渐聚拢围观，便朝大家说："立杀害劫夺，烝淫暴虐，大逆不道，古今无有，当杀之不？"大家万口齐应："杀千刀，寸斩之，都难赎其罪！"

李伯渊砍下崔立的首级，跪捧在承天门前，遥祭哀宗，"一军哀号，声动天地"。最后，崔立、苑秀、折希颜三人的尸首，被吊在宫阙前的大槐树上示众，仇家"剖其心生啖之"。[1]

"郑王"的《功德碑》或许确实没来得及立起来，不过，就算立起来了，愤怒的京城民众也会把它敲得粉碎。参与撰碑的三位文士，如今终于可以放下心来。

刘祁已在前一年北上，"由魏过齐、入燕"，辗转两千里，终于回到故乡浑源。此时，他的祖母、母亲都在离乱中去世。目睹二十余年来"所见富贵权势之人，一时烜赫如火烈烈者，迨遭丧乱，皆烟消灰灭无余"，他心灰意冷，独庆幸妻、子尚存，国破而家未亡，筑堂名"归潜"，作为读书隐居之所。

王若虚也早就离开了南京，黄冠草履，徘徊于田舍丘垄间。没过几年，七十高龄的"滹南遗老"（王若虚自号），应刘祁之弟刘郁的邀请，同游泰山的白云生处。他兴致勃勃地告诉友人："汩没尘土中一生，不意晚年乃造仙府！"一行人竹杖芒鞋，攀上黄岘峰。王若虚打发小辈去前方探路，自己垂足坐在一块大岩石上休憩，微阖双目，沐浴在泠泠的山风之中，仿佛入定。良久，仆人上前查看，发觉老人居然已经瞑目而逝。[2]

这样一来，在郑王碑的三位主要当事人中，似乎只有被蒙古人暂时羁押在山东聊城的元好问，以一首《即事》，表达了听到崔立死讯的轻松心情：

---

[1] 以上折中了曹居一《李伯渊奇节传》和《金史·崔立传》的记载。刺杀崔立的千户李伯渊，当年七月投奔南宋，宋元之际又回到了北方，不知所终。

[2] 元好问：《内翰王公墓表》。

逆竖终当鲙缕分，

挥刀今得快三军。

燃脐易尽嗟何及（喻董卓），

遗臭无穷古未闻……

第十一章　覆　巢

一、照碧堂

天兴二年（1233年）夏五月，正当金朝皇室的男女老少在青城肝脑涂地之时，东南二百多里开外，归德城（今河南商丘）内一座寒碜的宅邸里，金哀宗正背着手，在堂上苦恼地徘徊。

堂名"照碧"，是这年三月末，扈从皇帝逃入归德的忠孝军哗变后，金哀宗遭软禁的处所。

归德，与宋朝的历史渊源颇深：它是后周的"殿前都点检、领归德节度使"赵匡胤，即后来的宋太祖的发迹之地，在北宋升为南京应天府；靖康之变后，南宋高宗赵构也在这里登基，观望形势。到了金代，归德只是河南的一座散府，今人罕闻其名。不过，归德的府治所在的县城，在历史上却是如雷贯耳——睢阳（今河南商丘市睢阳区南），著名的睢阳保卫战就发生在此处。

唐肃宗至德二载（757年），张巡、许远，只凭借数千唐兵，据守号称江淮屏障的睢阳城，面对安史叛将尹子琦十几万大军，竟然支撑了十月之久。守军吃光了麻雀、老鼠等一切能果腹的东西，张巡就把爱妾杀了，分给将士吃……这场惨烈无比的围城战，因为"食人"（cannibalism）问题，迄今仍可以引发激烈的伦理讨论。

张巡守睢阳采用的许多战术，堪称典范，写入了历代的守城要诀。例如，将蒿草当箭射到城外，骗围城士卒以为城中矢尽，向敌帅汇报，又埋伏神箭手（南霁云），辨认、狙击查验蒿矢的敌帅，等等。

到了金朝末年，往来经过归德的南宋使节还记得，在城池西门外，赫然耸立着合祀唐代大将张巡、许远的庙宇，又称"双王庙"。城边还有一座雷万春的墓，"环以小墙，榜曰：'忠勇雷公之墓'"。这也是张巡手下的虎将，面中六箭，岿然不动，叛军误以为是木头做的假人。据说，金人骑马经过墓园，往往下马，表示敬意。[1]

其实，归德小城，地势平坦，交通便利，所谓"平衍四达"，算不得多么险要。不过，它地处黄河、淮河流域的重叠处，大小十几条河道纵横交错，不利于骑兵冲突。[2]正大五年（1228 年）秋，金哀宗派白华担任监督，费工百万，对归德城进行了加固。[3]这样一来，四面皆水，城池完好，就成了归德抵御蒙古军围攻的两大倚仗。

金哀宗御驾亲临之前，归德的守将是石盏女鲁欢（知归德

---

[1] 范成大：《揽辔录》，赵永春辑注：《奉使辽金行程录》，第 391 页；又《使金绝句七十二首·雷万春墓》，赵永春辑注：《奉使辽金行程录》，第 410 页。

[2] 宋国荣修，羊琦等纂：（顺治）《归德府志》卷一《地理》。

[3]《金史·白华传》。

府、行枢密院事)。开兴元年(1232年)二月至四月间,归德遭受了蒙古大军的一轮围攻。蒙古军队驻扎在南城外,相传尹子琦就是从这里攻陷睢阳。

起初,城内短缺抛石机石弹,当地乡亲建言:北门西边有一块菜圃,挖出过张巡埋在地下的古砲。女鲁欢派人发掘,居然得到石头砲弹五千多枚,部分砲弹上刻着"大吉"二字,清晰可辨。

围城之前,城内守军还计划挖开凤池渡的河堤,放黄河水淹没城池周边。水利官员劝阻说,按照去年的勘测,这段河堤和城内的龙兴佛塔地势齐平,一旦大水灌入,大家都要遭灭顶之灾,计划没能付诸实施。三月初,蒙古军攻城不克,也打起了决水灌城的主意。万万没想到,挖开决口以后,黄河水"从西北而下,至城西南,入故濉水道,城反以水为固",不但没淹到城内,反而给守城金军帮了大忙。此时,蒙古军统帅才想起要找那个献策决堤的人算账,可此人早已跑得没了踪影。[1]

或许有人相信,这些"奇迹",都是城池守护神张巡、许远的福佑。

天兴二年(1233年)正月十六日破晓,金哀宗在少数侍从的护卫下,从西门仓促逃入了这座"神佑之城"。

没过几天,二十三日,崔立发动兵变,金哀宗的巢穴覆灭。这个坏消息是奉命去南京接回两宫的徒单四喜、术甲塔失

---

[1]《金史·石盏女鲁欢传》。

不带回的。

兵变当天，二人早把皇帝的女人抛在了脑后。城内乱成一团，徒单四喜拉着自己老婆，术甲塔失不背着自己老爹术甲咬住，跟随原雇来护卫两宫的一队忠孝军，打算从东面的曹门夺路而逃。受到卫兵阻拦后，一行人又匆匆转到南面的陈门。这次他们运气不错，把守陈门的裕州防御使阿不罕斜合早已逃走，临时接替的经历官完颜合住给他们放行。金哀宗听到四喜、塔失不回来了，大吃一惊，连忙询问太后、皇后下落。二人回答：京城兵变，来不及入宫。金哀宗气得咬牙切齿："汝父、汝妻独得出耶！"下令将他们斩首示众。[1]

金哀宗思念的人没来，跑出来的都是些他觉得无足轻重的角色。比如，护卫蒲鲜石鲁，他冒死从太庙中抢救出了五张太祖、太宗和后妃的画像（御容），驮着跑到了蔡州，情况类似的还有原东面元帅把撒合。金哀宗责怪这些人在兵变之际"不闻发一矢，而束手受制于人"，也没给什么好脸色。[2]

如今，归德的守备力量，分为两大部分。第一部分是金哀宗抵达前的本地军队。这部分除了原有的镇防军外，还有少数溃兵。前一年（正大九年）正月，徐州行省完颜承立（庆山奴）、元帅完颜兀论，率本部精兵一万五千，驰援京城。他们在睢州（今河南睢县）和归德之间的杨驿店，遭遇了肖乃台、史天泽麾下的蒙汉混编军团。结果，兀论战死，庆山奴被俘，只有三百

---

[1]《金史·徒单四喜传》。
[2]《金史·崔立传》，王鹗：《汝南遗事》。

多名溃卒逃入了归德。[1]这些残部，经过上一轮围攻，基本被石盏女鲁欢整合成了一支军队。

第二部分是外来军队，包括随金哀宗登船的忠孝军骑兵、被撇下的侍卫亲军步兵，还有白撒麾下的残兵败卒，纷纷先后汇入归德。[2]

外来军队进驻归德后，小城一下子变得拥挤不堪，粮草很快也不够了。陆续抵达的金军残部，只好统统打发到归德周边的宿州、徐州、陈州等地就粮。到了三月底，粮食依旧短缺，侍卫亲军也只好分流到外面就粮。城内只留下元帅蒲察官奴的四百五十名忠孝军、元帅马用的七百名归德城防军。[3]

前面说过，蒲察官奴是个职业冒险家，而且热爱赌博，忠孝军月薪丰厚，他就拿这笔钱成天在营中开赌。他的经历非常奇特，在蒙、宋、金三方都混迹过。三峰山兵败，他逃到南宋襄阳，结交上京湖制置使陈赅，两人称兄道弟，一起喝酒。

金军将星大批陨落后，官奴就成了极少数战斗力突出的军官。他曾率数百骑兵冲入蒙古军，"生挟一回纥（西域人）而还"。金哀宗北征卫州，官奴麾下的忠孝军号令明肃，秋毫无犯，白撒的大军却沿途烧杀抢掠，无恶不作，河北百姓"哭声

---

[1]《金史·内族承立传》。

[2] 白撒败回归德后，金哀宗将亲征失败的责任全部推卸给他，囚禁七日，最后饿死狱中。见《金史·白撒传》。

[3]《金史·蒲察官奴传》。一说马用军为二百八十余人，见《金史·哀宗本纪》。

相接，尸骸盈野"。[1]

金哀宗不得不倚仗官奴和忠孝军，却瞧不起这个反复无常的草根元帅。何况，有传言说，官奴和当时盘踞山东的军阀国用安勾结，企图劫持皇帝去海州（今江苏连云港），招集山东豪强，收复北方，如果大事不成，就坐船去辽东。金哀宗派纥石烈阿里合、完颜习显暗中监视官奴，二人反而投靠了官奴。

不过，金哀宗也不信任归德本地的军队。侍卫亲军外出就粮，他一边提醒官奴："女鲁欢尽散卫兵，卿当小心！"一边又装模作样时常召见马用，把官奴晾在一边，公然制造隔阂猜忌。迭经挫折、背叛和失败，宛如惊弓之鸟的金哀宗，只相信他自己，外加身边几个近侍。

侍卫亲军留在归德，多少有些震慑作用。三月二十一日，他们前脚刚走，官奴和马用的冲突就公开爆发了。二十九日，金哀宗下旨，在尚书省临时办公地设酒席招待，宰相居中调停，希望二人和解。不料，这天午夜，酒席刚散，忠孝军就对放松戒备的城防军举起了屠刀。混乱之中，马用被杀，麾下的军队死的死，逃的逃。

第二天天亮，忠孝军把扈从百官驱赶到一所宅子里，大开杀戒。官奴亲自监押女鲁欢（已升为参知政事）至其家，抄家之后，再手刃之。忠孝军都尉马实披甲持刀，闯入照碧堂，企图抓走近侍局直长把奴申。金哀宗听见外间哗变，拔出剑准备

----

[1]《金史·完颜白撒传》。

自卫，看到马实，才愤怒地说："替朕转告元帅，朕左右只有此人，留他一命！"马实慑于皇帝的气势，逡巡而退。

忠孝军兵变，一共杀害了左丞李蹊以下三百多名朝廷官员，外加军官、护卫和平民三千多人。至此，追随金哀宗"亲征"的旧人，几乎被诛戮殆尽。傍晚，官奴跪在孑然一身的金哀宗跟前禀告："石盏女鲁欢等人谋反，臣杀之矣！"金哀宗只好赦免官奴，还升他做枢密副使、权参知政事。

兵变后，金哀宗被软禁于照碧堂。这是城内一处别墅。庭院内，花木扶疏，垂荫匝地，潭水青碧，居然很有一番初夏光景。可是，金哀宗的心却像寒冬一样冰冷。

大金王朝，一度统治着北临荒漠、东接西夏、南与宋国"取淮之中流为界"的广袤疆土。如今，末代皇帝的帝国，就只剩下这可徒步丈量的湫隘之地。归德小城的一个角落，照碧堂外那一圈灰瓦白墙，就是他发号施令的范围。

官奴之变，无非是去年的锄奸匿名信、火烧宰相宅、屠杀蒙古使团等一系列"下克上"事件的高潮。金哀宗觉得，这不是自己的错。他成天在照碧堂上，对着低头不敢吭声的左右侍从，不知是在抱怨，还是在喃喃自语："自古无不亡之国、不死之主。但恨朕不知用人，致为此奴所囚耳！"[1]

蒲察官奴出身寒微，如今却一人之下万人之上，亟待树立威望。他盯上了城外尾随而至的蒙古军。

---

[1]《金史·哀宗本纪》。

蒙古军沿河岸竖立木栅，以城北的王家寺为大本营。他们人数不多，但其中有新卫达鲁花赤撒吉思卜华、肖乃台、史天泽、张柔等人的部队。这几支军队，从南京、卫州一路追到归德，是城内军队的冤家对头。

在内行人眼中，蒙古军扎营的位置颇成问题——太过逼近归德北门，而且是"背水而营"，左右两侧也靠近水道，船舶往来无禁。四月初，速不台召史天泽返回南京议事（大概是讨论入城受降）。临行前，史天泽提醒撒吉思卜华："此岂驻兵之地乎！彼若来犯，则进退失据矣！"撒吉思卜华不听。[1]

据说，金哀宗的亲征大军溃于河北之时，官奴的母亲被蒙古军俘获。逃入归德不久，金哀宗授意官奴，借口索还母亲，与蒙古军大将忒木䚟接洽，试探是否有和谈的希望。官奴对忒木䚟佯称想劫持皇帝投降，换回了老母，趁机与蒙古人频繁接触。双方甚至偶尔坐着船，到水中央赴宴畅饮。蒙古人派出的使节，大都是女真人、契丹人，先后有十几人。蒙古高级军官都在王家寺住宿，这个关键情报，官奴是从此辈口中探听到的。于是，官奴策划了一次特种作战——"斩首行动"（Decapitation Strike）。[2]

---

[1]《元史·史天泽传》。

[2]《金史·蒲察官奴传》对官奴谋划夜袭，有两段相连的文字记载，分别以"故官奴画斫营之策""遂画斫营之策"结尾，明系不同史源的粗糙拼接。第二段记载描述忠孝军张都统哗变，逼迫官奴出城夜袭，此处暂不取。

四月十八日，[1]速不台蒙古军进入南京城的前两天，在夜色掩护下，官奴率领四百五十名忠孝军，口中衔枚，身穿黑衣，从归德城头抛出绳索爬下，在南门外登上了事先隐蔽好的冲锋舟，从东边水道摸黑绕到王家寺背面。他们悄悄清除掉木栅后面的"外堤逻卒"，直扑蒙古军大本营。

此时，已是夜里四更。猝然遭袭，熟睡中的蒙古军官登时乱成一团。过了片刻，他们察觉来袭之敌人数不多，才冷静下来，组织各人的帐前亲兵负隅顽抗，希望坚持到援兵抵达。

这时，官奴部署的第二拨突击队，从北门冲出，乘小船赶来增援。奇袭效果既已达成，此时金军可谓倾城而出。金哀宗亲自登上北门城楼，眺望王家寺方向的火光，还在门外准备了小船，一旦夜袭失败，随时逃往徐州。

第二拨突击队手持在南京围城中大显神威的初级喷火器（飞火枪），枪口喷出赤色火焰，在黑夜中尤其诡异。他们从王家寺四面一拥而上，呼声震天。蒙古军腹背受敌，彻底崩溃，三千五百余人被挤到河中溺死。金军一把火将王家寺和木栅烧成焦炭，赶在敌军增援抵达前，兴高采烈收兵回城。

根据蒙古一方的记载，大将撒吉思卜华在这次"斩首行动"中丧生。[2]此外，还有"薰帅董公，完帅郑公、韩公，

---

[1]《金史·蒲察官奴传》记载夜袭为五月五日，王鹗《汝南遗事》记载为四日，此处采用李冶《太傅忠烈公神道碑》关于董俊死亡日期的记载。
[2]《元史·撒吉思卜华传》。

十千户，皆在死列"。[1]

黑夜中力竭战死的薰帅董公，是时年四十八岁的董俊。[2]
这是后来元朝赫赫有名的军功世家薰城董氏的第一任当家。另
一大汉人世侯家族顺天张氏的第一任当家张柔，眼看王家寺北
面、西北各个阵地先后崩溃，带着直系部队，战战兢兢藏到河
堤下方。官奴撤退前顾不上他们，他们才全身而退。[3]

夜袭王家寺是一场多年罕见的胜仗。

凯旋回城后，金哀宗将官奴的权参知政事中的"权"字去
掉，改为真授，加左副元帅，赏赐御马。然而，参知政事，在
金末仿佛是个被诅咒的官职，官奴的两位前任（完颜奴申、石
盏女鲁欢）的下场就是见证。

城北的蒙古军大营崩溃后，军事威胁在短期内得到缓解，
金哀宗也不用准备小船偷逃亡徐州了。他和近侍们觉得，归
德绝非久住之地，听说南面的蔡州，"城池坚固、兵众粮广"，
是个不错的选择。

官奴早先去蔡州出过差，清楚那里不但抵近南宋边境，各
方面条件也远不如归德，执意反对。王家寺之战后，天兴二年
（1233年）五月十五日，官奴、阿里合带领百名忠孝军骑兵，
前往归德南面一百余里的亳州（今安徽亳州），留下其他人在

---

[1] 姚燧：《侍卫亲军都指挥使李公神道碑》。传主李伯祐当时是史天泽部将。
[2] 《元史·董俊传》，李冶：《太傅忠烈公神道碑》。
[3] 元好问：《顺天万户张公勋德第二碑》。

归德监视金哀宗。官奴一去就是大半个月，不知有何图谋。[1]

早先就有谣传，官奴伙同国用安，要劫持皇帝去海州；后来，又谣传他要劫持皇帝投降蒙古军；现在又谣传他想逼皇帝退位，自己去光复山东，不行再把皇帝献给南宋赎罪。总之，谁都不明白，这个桀骜不驯又反复多变的脑袋里，到底在思考什么，反正有一点是肯定的：不准去蔡州。官奴已经当众宣布："敢言南迁者，斩！"

不过，金哀宗是个性格比较刚强的君主，绝不可能任人摆布宰割。在他授意下，内侍局殿头宋珪（乞奴），奉御吾古孙爱实、纳兰忔荅，护卫女奚烈完出、范陈僧、王山儿等人密谋诛杀官奴。

六月六日，在金哀宗的屡次催促下，官奴很不情愿地从亳州返回。双方再次讨论去就问题，金哀宗一再表示，希望去蔡州。双方话不投机，不欢而散。史称，官奴"愤愤而出，至于扼腕顿足，意趣叵测"。最后的谈判破裂，金哀宗决心动手。

当天，金哀宗派近侍宣旨：在照碧堂召见两位参政——张天纲和官奴，商议军机大事。官奴刚进照碧堂，就发现气氛不对，官员只有他一人到场，照碧堂中，金哀宗负手背身而立，缓缓转过身，冷喝了一声："参政！"

官奴还来不及答应，埋伏在门后的女奚烈完出突然闪出，挺刃刺入官奴肋下，金哀宗也拔出剑，砍入官奴肩膀。官奴浑

---

[1]《金史·李喜住传》。李喜住时在亳州，建议官奴西迁："留辎重于蔡，选军扈从入圣朵（寨），就武仙军，遂入关中。"

身是血，慌忙转身想逃，纳兰忔苔和吾古孙爱实二人从后面扑上来，将官奴杀死。

元人郝经的《照碧堂行》，对金哀宗"照碧堂中亲讨贼"（郝经《汝南行》）补充做了一番生动描绘：

> 事急壮士能感激，决计惟当下手先。
> 卿为其易朕为难，传呼便诏将军（官奴）见。
> 升堂进谒遽令前，太阿倒持仍使看。
> 王敦但觉赤日压，全忠甚骇浃背汗。[1]
> 倚门力士（完出）惊盼瞠，面无肉色复肉膻。
> 胆定徐徐索剑还，径斫逆贼肩膂断。
> 照碧堂红血满壁，手刃不觉御衣溅。
> ……

从这首诗看，似乎在发出刺杀暗号前，金哀宗先要求观赏一下官奴佩带的名剑（"太阿倒持仍使看"），解除了他的武装，发难之际，又顺势用此剑斫伤官奴。这个情节，与《金史》记载颇有出入，或是诗人浪漫的想象。

官奴被杀后，金哀宗宣召他的党羽觐见。白进在照碧堂前被杀，阿里合半路发现不妙，被乱箭射成了刺猬。城内数百名忠孝军，听说主将身亡，纷纷披甲上马，准备拼个鱼死网破。

---

[1] 据说东晋明帝察访权臣王敦营地时，王敦梦见赤日环城而惊醒；唐昭宗令权臣朱温（全忠）为他系鞋带，意欲左右下手除之，朱温汗流浃背。

金哀宗派人佩戴虎符，前往安抚，又亲自登上归德城的双门，宣布大赦，任命范陈僧、王山儿出任元帅，接管忠孝军。[1]

古往今来，大权旁落，依靠种种手段失而复得的皇帝有很多，但是，极少人有胆量持剑亲自动手，不惧血溅御衣。比曹魏的高贵乡公幸运，孤注一掷而能全身而退的皇帝——比如，事变前先喝了蛊酒壮壮胆，接着手刃尔朱荣的北魏孝庄帝——就更加凤毛麟角了。手握寒光四射、散发淡淡血腥味的铁剑，金哀宗踌躇满志，仿佛又寻回了一点正大初年的勇锐之气。郝经《照碧堂行》形容他此刻的心理是"此时便亡心亦足，外敌虽强无内难"，也许并不贴切。至少在这短短的一刻，金哀宗想到的绝不是亡国，而是后来不吐不快的豪言壮语："至于宋人，何足道哉！朕得甲士三千，纵横江淮间有余力！"[2]

六月十八日，金哀宗一挥马鞭：走，南下蔡州！

二、防御专家仲德

天兴二年（1233年）六月十八日，金哀宗及其扈从队伍，冒着大雨从归德启程南下。当时的天气记录是"连日暴雨，平地水数尺"。[3]起初，金哀宗和他的近侍还可以坐船，情形不至于

---

[1]《金史·蒲察官奴传》《金史·宋珪传》。据后一种资料，刺杀官奴之地为"临漪亭"。

[2]《金史·完颜娄室传》。

[3]《金史·五行志》。

太过狼狈。那些在岸上跟着御舟亦步亦趋的文武官员，只能徒步踩在齐膝深的泥淖中，沿途摘些青枣等野果充饥，掉队的人很多。没几天，自参政张天纲以下，"足胫尽肿"，苦不堪言。[1]

六月十九日，金哀宗一行人抵达亳州。围观的父老看到，皇帝骑着马，身披一件黄色袍子，头戴黑色斗笠，前方只有两位举着青、黄色旗帜的护卫，后面有人张着黄伞，随从不过二三百人，五十多匹马，仪卫萧条，行色匆匆。

御驾在亳州休整了一天，第二天继续南下。此时，天空仿佛裂开了一道巨大的口子，暴雨下得更加猛烈，满世界都是白花花的雨水，前方道路也被冲毁。听说，户部侍郎韩铁住从南京赶来，想加入金哀宗的队伍，正遇上大雨倾盆，洪水横流，一不留神，骑马跌入深沟，扑腾两下就消失了。[2]

没办法，御驾只好进入亳州城南的双沟寺中避雨。昔日青烟缭绕、人头攒动的伽蓝，如今仿佛荒山废寺。金哀宗走进山门，寺内"蒿艾满目，无一人迹"，他流下两行热泪，仰天长叹："生灵尽矣！"[3]

六月二十六日，蔡、息、陈、颍等路便宜总帅，镇南军节度使乌古论镐率父老千人，在蔡州城（即蔡州的州治汝阳城）门外迎候圣驾，伏拜于马前。

说来也巧，金哀宗一行刚进入蔡州，连日来的暴雨忽然就

---

[1]《金史·乌古论镐传》。这是描述金哀宗幸蔡途中经历最详细的记载。

[2] 王鹗：《汝南遗事》卷一。

[3]《金史·乌古论镐传》。

停了，艳阳当空，接下来是一连好几个月的大旱天气。大家都觉得，这不是什么好征兆。[1]

不管怎样，金哀宗的小朝廷，终于有了一个相对安全的避难所，不用成天为蒙古游骑心惊肉跳，或担心被洪水冲走。为表感激，七月初，金哀宗下旨：升乌古论镐为御史大夫，蔡州城内官吏军民人等，集体晋升散官二等，为皇帝出行张罗奔走的人升职事官一等，同时颁布了一道针对蔡州境内的特赦：

> 天方悔祸，少宽北顾之忧。人亦告劳，爰启南巡之议。惟今蔡郡，实古豫川，干戈以来，市井如故。介孤墉而抗敌，出众力之输勤。及闻临幸之初，愈谨奉迎之礼。人以至于垂泣，朕亦为之动怀。宜沛恩私，曲加慰浣。
>
> 自天兴二年七月一日昧爽以前，据蔡州管内支郡属县，杂犯死罪以下，并行释免。官吏军民，各覃恩两重。归德以南经过去处，曾经应办者迁一官。百姓逃亡户绝者抛下地土，听人恣耕，并免差税。自来拖欠官房、地基、军需等钱，俱免追征。连年兵饥，多有暴露骸骨，仰所在官司如法埋瘗。
>
> 呜呼！奉畜尔众，敢辞亳邑之迁！时迈其邦，尚获周家之助。咨尔有众，体予至怀，故兹诏示，想宜知悉。[2]

---

[1] 王鹗：《汝南遗事》卷一。

[2] 宇文懋昭撰，崔文印校证：《大金国志校证》，第367—368页。亦见王鹗：《汝南遗事》卷一。

八月二十三日，是金哀宗的生日——"万年节"。这是他头一次在京师以外的地方过生日。金哀宗思念被蒙古人押送北上的仁圣太后（他呼为"阿婆"），[1]偷偷涕泣，左右侍从不忍仰视。

这一天，还在为金朝坚守的州郡孤岛，通过各种途径送来的贺表依然有二十多封。[2]皱着眉头看着这一沓贺表，金哀宗更是悲从中来。毕竟，大金王朝的全盛时期，五京十九路的京、府、州，共计一百七十九座，如今名义上也只剩下十分之一。更要紧的，他遣使分头去各地催促发兵勤王，依然迟迟毫无音讯。

皇帝周围的其他人，似乎要比他心宽得多。到了蔡州，暂时不用风餐露宿、担惊受怕，四面八方陆续进献布帛、米麦、肉脯、茶、蜜等各种物资，生活条件比在归德大大改善。[3]于是，皇帝左右的近侍人员，不少居然开始"娶妻、营业（业指田地房产）"，仿佛过上了太平日子。[4]

在蔡州城内，并非所有居民都十分欢迎金哀宗一行人到来。河北人窦默在战火中失去了所有亲人，贞祐南渡后，他孑然一身，辗转来到蔡州避难。窦默盘算，皇帝到了蔡州，蒙古兵迟早尾随而至。他收拾行装，悄悄出了城，干脆躲到了南宋境内的德安（今湖北安陆）。在南宋，窦默深入钻研程朱理学，后来因缘际会，进入了元世祖忽必烈的幕府，经常向这个蒙古

---

[1]《金史·后妃传》。

[2] 王鹗：《汝南遗事》卷三；《金史·哀宗本纪》。

[3]《金史·乌古论镐传》。

[4]《金史·完颜仲德传》。

皇帝灌输儒家的三纲五常和帝王心术。[1]

窦默这样头脑清醒的人毕竟是少数。此前，蔡州城在乌古论镐的守备之下，一直处于半戒严状态：出城樵采的人，必须用墨水在脸上涂上标记，回城核验；携带钱物出城，官方还要强制征收15%的赡军税，气氛颇为紧张。七月，金哀宗到来后，戒严措施全部取消："驰门禁，通众货"，城内外的商贩又逐渐活跃，蔡州百姓举手加额，欢呼雀跃。一日之间，公私多年贮藏的美酒，就喝得一滴不剩。[2]

受这份乐观情绪的感染，金哀宗也开始放松警惕。

七月初六，皇帝下旨，修葺城内的"见山亭"和蔡州同知衙门，作为"游息之所"。完颜仲德劝谏说："古来人君遭遇国难，流离失所，无不痛自贬损，才能树立中兴大业。如今，各地州郡降的降，破的破，只剩下一座蔡州孤城。这里虽不比宫阙，较之前大家风餐露宿，却好了不少。唯愿圣主爱惜民力，不要因大兴土木导致百姓离心。"金哀宗略感羞愧，撤回了此前的圣旨。

没过多久，金哀宗又发出密旨，让内侍殿头宋珪在乌古论镐之妻蒲察氏的协助下，遴选城内未出嫁的闺女，预备充实后宫佳丽，很快就挑中了数名女子。完颜仲德又劝谏说："天子后妃，职在承宗祧、广继嗣。臣风闻圣主派人选取良家子，以备后宫，臣知道，圣主一定不是为了美色，而是为了江山社稷

---

[1] 《元史·窦默传》。

[2] 王鹗：《汝南遗事》卷一；《金史·乌古论镐传》。

考虑。但是，外间无知小民听说此事，只会觉得如今汴京陷没，七庙乏祀，两宫播迁，圣主不图报仇雪耻，却先求处女，仿佛要在此久居。民愚而神，不可不畏！"金哀宗怫然不悦，也只好解释："六宫失散，朕身边没人伺候。爱卿既然这么说，朕只留下粗通文墨的一人，其他人都遣散了吧！"[1]

事实上，整座"陪都"都沉浸于太平节令的欢乐气氛，大概只有一个人除外。

尚书右丞兼枢密副使完颜仲德，自幼颖悟不群，文武兼备。他是女真人，早年进入侍卫亲军见习，本可以凭借这个出身，仕途无忧，他却折节求学，手不释卷，金章宗泰和三年（1203年）进士及第，历任州县。贞祐动荡，他被蒙古人俘虏，不到一年就学会了蒙古话，率万人反正，金宣宗特授邳州（今江苏邳州）刺史。哀宗即位后，仲德先后出任归德府同知、徐州（今江苏徐州）行院、关陕以南行元帅府事、巩昌（今甘肃陇西）知府兼行总帅府事。

前面说过，得知京师被围，仲德提着一千孤军，从驻地出发，以野菜充饥，辗转五六百里，才在南京城门口勉强追上了金哀宗的"亲征"大军。这时，他同留居南京的妻儿，已经五年没有见上一面了。论忠诚、担当和能力，仲德都不愧史家的评价——"南渡之后，一人而已。"

不过，这份辉煌履历中的另外两笔，很少有人注意：兴定

---

[1] 王鹗：《汝南遗事》卷一；《金史·乌古论镐传》。

初年，仲德出任邳州刺史。到任后，他"增筑城壁，汇水环之"，才把邳州城改造成一座设防要塞。正大初年，仲德出任徐州行院。徐州的条件比邳州稍好，城东、西、北三面都有黄河环绕，唯独南面地势平坦，缺乏掩护。仲德"叠石为基，增城之半"，不但加固了城墙，又疏浚护城壕，引来河水灌满，把徐州也改造成一座深沟高垒的要塞。[1]

可见，仲德拥有永备筑城和野战筑城（permanent/field fortification）的丰富经验，尤其擅长因地制宜的城池防御。这样的人才，在那个年代的历史记录中非常罕见。在蒙古一方，只有顺天万户张柔，先后在保州（今河北保定）、亳州、杞县（今河南杞县南）和大都修筑城防工事，也是金元之际一流的军事工程专家。[2]在这个领域，仲德算是张柔的前辈。

不像合达、陈和尚或官奴，完颜仲德没展露过惊艳的战略才华，没打过漂亮的野战，更不是叱咤疆场的勇将。实际上，战争打到这个地步，金哀宗左右即使有孙武、吴起复生，韩信、白起再世，也无济于事了。仲德，恰恰是此刻的金哀宗和蔡州城最需要的人——一个意志坚定、经验丰富的防御专家。

然而，在行家看来，蔡州城抵御围攻的条件，着实不怎么样。蔡州坐落在开封南边四百多里的淮河平原上。从小城再往

---

[1]《金史·完颜仲德传》。

[2] 关于作为筑城专家的张柔，参见周思成：《元初汉人世侯张柔与金元之际北方的军事筑城》。

南走百余里，就是淮河，过了淮河，就进入了南宋境内。淮河的支流汝河（汝水）从西北蜿蜒东下，先后流经蔡州的北、东两面，但干流距离城池较远，难以起到屏障作用。所幸的是，汝河有一条小支流——练江，从西边流过来，在城池北面汇入汝河；南门外则有一片湖泊，湖水深达数丈，名为"柴潭"。[1] "北守练江""南守柴潭"，成为这里唯一的局部地形优势，但是，充其量也只能给围攻军队制造一些麻烦。

金哀宗驻跸归德的时候，就有人替他系统分析过南下蔡州有"六不可"：

1. 归德环城皆水，围攻军队难以靠近；蔡州没有这样有利的屏障。

2. 归德粮草不足，但可以从周边水域打捞鱼虾、芡实作为补充；蔡州如果被围，就没有这样的资源。

3. 王家寺夜袭后，蒙古军没有再围困归德，无非是改变了策略，打算趁城内军队出逃，跟踪追击。

4. 蔡州距离南宋边境不到百里，南宋如果和蒙古联手，给兵给粮，祸不可解。

5. 归德守不住，还可以从水道东行，前往徐州；蔡州如果失守，就是死路一条。

6. 如今正值暑雨季节，河南千里泥淖，金哀宗体型肥

---

[1] 王鹗：《汝南遗事》卷三："蔡之东、北，皆汝水，而西、南二面汇水以为固。"亦见金镇等纂修：(康熙)《汝宁府志》卷一。

硕，不便鞍马，仓促遇敌，恐有不测。[1]

以上是国用安派人用蜡丸书从山东送到归德的报告，但主要反映了蒲察官奴的意见。遗憾的是，金哀宗一意孤行，等到了蔡州，才发觉悔之晚矣。[2]

尽管各种条件不如人意，完颜仲德还是利用合围前的七、八两个月时间，加紧部署城池防御。

金军在蔡州城南面的柴潭两岸、北面的练江，都修筑了临时性的防御工事。在城墙四面分别设立了"四隅讥察官"（从八品），由曾任汝阳县令、熟悉本地情况的王鹗［正大元年（1224年）词赋状元］统辖，负责监督城内外的人口流动，维护城墙、楼橹；另设"四隅和籴官"，高价收买民间余粮，共储备了粮食一万七千余石。[3]这一次，金人还汲取了南京大疫的教训，在城中设了一个惠民司，安排随驾的太医轮流值勤，二名年老的进士负责抓药，密切关注和应对城内的伤病和瘟疫。[4]

---

[1] 王鹗：《汝南遗事》卷一；《金史·国用安传》。

[2] 为此，金哀宗特意嘱咐尚书省赡养官奴的母亲和妻子，见《金史·蒲察官奴传》。

[3] 王鹗：《汝南遗事》卷三。

[4] 《金史·哀宗本纪》。惠民司至少在金世宗时期就有了，"掌修合发卖汤药"，从六品，隶属尚书省礼部，有令、丞、直长、都监等官，见《金史·百官志》。陈学霖先生认为是海陵王时期"惠民局"的扩大机构。见 Hok-Lam Chan: *The Fall of the Jurchen Chin: Wang E's Memoir of Ts'ai-chou under the Mongol Siege*（*1233—1234*），p.130.

以上是基础的围城动员体制。一个月以来出入无禁、欢歌醉舞的蔡州，总算再度被拉回到半戒严状态。

鉴于城内兵力不足，金哀宗遣使四出，在周边地区征集援兵，加上城内的军队，一共"得精锐万人"，分为亲卫军、路分军、都尉军、镇防军、保甲军（民兵）五个等级。不久，宿州（今安徽宿州）副总帅高刺哥，鲁山（今河南鲁山）元帅元志，息州（今河南息县）忠孝军蔡八儿、王山儿等人也纷纷率部来援。[1]

援兵越来越多，粮草反倒不敷分配，只好一再拣选，将部分"疲软军"以及随军家属，护送到附近州县就粮。金哀宗打算将剩下的精兵分为三等，并按等级发放口粮：上等军每月八斗，中等军六斗，下等军五斗。

明目张胆的歧视性分配制度，必然引发麻烦。完颜仲德设计了一套竞争分配机制：每五天举行一次全军范围的射箭比赛。用弓的，距离一百二十步；用弩的，距离二百步。每人十支箭，每射中靶心一箭，赏三升麦；射到靶子上，即使偏了，也给二升麦。几轮比试下来，上军、中军实际得到了额外口粮。赛场外，各军都踊跃训练，那些技艺高超的射手，金哀宗亲自赐酒犒劳，还可以起到激励士气的额外效果。[2]

仲德还找出了一位军火专家——术甲咬住，这是前南京南面元帅，崔立之变后，他跟着儿子术甲塔失逃到了归德。徒单四喜和术甲塔失因未能救出两宫，金哀宗一气之下，下令

[1] 王鹗：《汝南遗事》卷二。
[2] 王鹗：《汝南遗事》卷三。

处死，咬住却跟着哀宗一行来到了蔡州。[1]如今，在仲德的极力推荐下，金哀宗不计前嫌，任命咬住为工部侍郎兼军器监使，负责打造盔甲兵器，限期一月。咬住生性不苟言笑，平时就经常冷着一张脸，人送外号"隔年笑"，但确实精通业务，这批装备及时完工，城内士气又为之一振。[2]

最后，仲德深知，围城中人的心理往往比城墙更脆弱，要死守蔡州，正面激励远远不够，必须有令行禁止的严明军纪。金末军队风气败坏，进入蔡州的各路人马，不是骄兵悍将、横行无忌，就是贪生怕死、不堪一战。甚至，同一群人往往兼备这两种品性。

仲德和张天纲商量，整肃纪律，收拾人心，首先从金哀宗身边的近侍下手，杀鸡儆猴。恰好有四个人撞上了枪口：护卫女奚烈完出（诛杀官奴有功）、近侍局直长粘合斜烈、奉御陈谦、权近侍局直长完颜泰和（内族）。他们嫌蔡州生活条件太艰苦，经常吃不饱，表示要去北面的陈州就食，还公然口出怨言。张天纲当即下令，将四人押出城门，任其所之，就是不准回头。四人战战兢兢走到汝水南岸，就遇到了巡逻的蒙古游骑，无一幸免。城内军民听到这个消息，纷纷拍手称快。[3]

接下来，轮到臭名昭著的忠孝军遭到整肃。八月十日，忠

---

[1] 术甲咬住的经历，见陈学霖先生的考证。Hok-Lam Chan: *The Fall of the Jurchen Chin: Wang E's Memoir of Ts'ai-chou under the Mongol Siege* (*1233—1234*), p.126.

[2] 王鹗：《汝南遗事》卷二。

[3]《金史·张天纲传》。

孝军提控李德等十余名军官，骑马直接闯入尚书省驻地，扬言每月军饷不如以前丰厚，破口大骂，污言秽语不堪入耳。仲德下令将这些人五花大绑，押到都堂，痛责六十大板。

听说此事，金哀宗责备仲德："这支部队作战得力，如今正要仰仗他们，怎么不稍加优容，下手这么狠？"仲德回答："危急存亡之秋，录人之功而隐人之过，这是圣主的恩德。但是，身为将帅，却不能宽纵属下，要做到小犯则决，大犯则诛。强兵悍卒，不管打仗如何生猛，都不可使一日不遵军法。官奴之变就是血淋淋的教训。如今，必须不惜代价整肃纪律。一切赏赐之权，都归圣主所有，至于处罚违法乱纪之徒，一切责任，臣一人承担！"金哀宗陷入了沉默。

据说，这番御前对话传出，"军士闻之怖惧，至于亡，不敢犯"。[1]

八月五日，在蔡州城东北的见山亭前，金哀宗举行了一次阅兵。[2]看到"军威稍振"，他多少心感宽慰。他身边的近侍和大臣，更是十分乐观，觉得蔡州可以长期坚守。

完颜仲德的想法恰恰相反。在仲德心目中，蔡州只是一个中间站，可以从此继续往西，实现之前规取陕西、巴蜀的战略宏图。早在七月，他就推动颁布了《进马迁赏格》：凡进献一匹装具齐全的战马，升官一等，二匹升官二等……马匹不足，加以强制征用，违抗或匿藏者治罪。好不容易凑够了千余匹战

---

[1] 王鹗：《汝南遗事》卷二；《金史·完颜仲德传》。
[2] 《金史·哀宗本纪》。

马，交给枢密院佥事抹捻兀典管理。[1]这支快速机动力量，不是用来守城，而是为长途西征预备的。

可惜，金哀宗和他的亲信丝毫没有离开的意思。仲德只好每天在府邸里深居燕坐，闭上双眼，唏嘘不已。[2]两个月来，他脑袋里始终只装着两个问题：还剩多少时间？还能再做什么？

若没有完颜仲德的殚精竭虑，小小的蔡州城，必定顶不住蒙古军第一回合的冲击。

三、宋军报到！

对蒙古帝国来说，这场始于1211年的漫长"围猎"，已经接近尾声。

参加最后围猎的蒙古军，由塔察儿（Tachar，又名倴盏）任总指挥官，统率原速不台麾下的张柔、苫彻拔都儿，还有肖乃台、史天泽等人的部队。塔察儿是成吉思汗时代的"四杰"博尔忽的侄孙，参加过潼关、河中和南京等地的围城战斗，经验也很丰富。[3]

此刻，蒙古帝国的主人大汗窝阔台，依然留在数千里之外的草原中心——即将成为新帝国首都的哈剌和林附近。大汗带着宫廷四季迁徙，过着有规律的生活：春天在迦坚茶寒之地放

---

[1] 王鹗：《汝南遗事》卷一。

[2]《金史·完颜仲德传》。

[3] 参见上述诸将在《元史》中的本传。

鹰，夏天在月儿灭怯土的金色大帐中避暑，秋天在古薛纳兀儿的清澈湖水边斋戒，冬天到汪吉的木栅营地围猎野兽。[1]"世界的合罕"徜徉于美酒、音乐、射箭和摔跤比赛之间，觉得犯不着大老远跑到帝国的边陲（汉人的"中原"），给垂死的猎物致命一击。所以，1453年君士坦丁堡围攻战中，骑着白马、披着红氅的拜占庭末代皇帝和骑着黑马的奥斯曼土耳其苏丹，隔着城墙遥遥对视的壮观场景，注定不会出现在蔡州城下。

后来，窝阔台汗列举了"自坐我父亲的大位之后"，自己毕生的四功、四过。其中，四功是"一件平了金国，一件立了站赤（驿站体系），一件无水处教穿了井，一件各城池内立探马赤（镇戍军）镇守了"。[2]尽管如此，淮河岸边的小城蔡州发生的一切，只是帝国不断扩张的边陲的又一起小事件。蒙古帝国的世界史《史集》，讲述金朝末代皇帝从南京（Namkīng）出逃后，死在了哈剌沐涟（黄河）一条运河畔的无名城市，既没有提到归德，也没有提到蔡州。

所以，毫不奇怪，塔察儿等蒙古军几乎是从容不迫，甚至有些慢条斯理地朝着蔡州集结。

八月二十三日，金哀宗的生日"万年节"这天，金军接到情报："敌人大势（蒙古军主力）"已穿过西北方向的钧州、许州，距离蔡州二百余里。[3]

---

[1]（波斯）拉施特：《史集》第二卷，第69—71页。
[2]《元朝秘史》第281节。
[3] 王鹗：《汝南遗事》卷三。

八月二十九日，护送"疲软军"三千及其家属外出避难的金军，在蔡州南面六十里处，突然遭遇蒙古军，只有百余人逃回。[1]

虽然缓慢，但毋庸置疑，蒙古人的猎圈在一点一点不断缩紧。

九月九日黎明，寒气袭人，地面漂浮着一层淡淡的积雾。在城内的镇南军节度使衙门，金哀宗率群臣、官兵举行了一次非同寻常的拜天典礼。

在每年的重五、中元、重九这三天，举行拜天之礼，据说是辽朝传下来的传统习俗。女真人的重九拜天，一般在都城外举行，只简单地用一个刻成木船形状的盘子，盛上食物作为祭品，高高架着，祭祀上天。皇帝率领太子、百官行完拜礼，饮过福酒，通常还会举行射柳、马球之类的体育比赛。[2]

这次蔡州城内的拜天，朴素得不能再朴素。皇帝没有通天冠、绛纱袍、玉辂、大辇一类的舆服礼器。行礼之际，也没有太常乐队的钟鼓伴奏。不久前，护卫蒲鲜石鲁从南京太庙抢救出的太祖太宗御容，只能草草安置在蔡州乾元寺。为此举行"奉安吉礼"，就需要乐队。有人建议，太常雅乐没有，蔡州市井的迎亲唱戏之乐也很热闹。王鹗反驳："世俗之乐，岂可施帝王之前！"只好作罢。[3]

---

[1] 王鹗：《汝南遗事》卷三。

[2]《金史·礼志》。

[3] 王鹗：《汝南遗事》卷一。

没有了烦琐的礼乐，拜天礼回归到女真初兴时那种质朴的肃穆，反倒是好事。

金哀宗拜天那一刻，节度使衙门内外，文臣、武将、侍卫亲军、忠孝军、镇防军、士、农、工、商……无不沉默肃立。天——苍青色的，无所不覆，喜怒无常而又默默无言的神秘宇宙力量，不管被称为"天"（汉人）、"腾格里"（突厥—蒙古人）、Abka（女真人），还是"没"（西夏人），是东北亚民族共同的神圣信仰。此刻，蔡州城内的人，不论他们为着生存，为着守护，还是为着信念，不论他们是女真人、契丹人、汉人、党项人、突厥人，还是蒙古人，也不论他们出于什么机缘，汇聚到这个弹丸之地，心中都不约而同涌起一种莫名的悲悯，还有同仇敌忾的勇气。

拜天完毕，金哀宗向全军训话：

> 国家开创以来，务广恩德，涵养汝等，百有余年。汝等或荣绍世封，或秀拔民伍，被坚执锐，积有岁时。于此艰危，与朕同患，可谓忠矣！
>
> 今敌人将至，正汝等扼腕吐愤，立功报国之秋。纵死王事，不失为忠孝之鬼，比之奴颜婢膝，甘从叛逆者，不犹愈乎？
>
> 况汝等立功，常恐不为朝廷所知；今日临敌，朕所亲见，汝等其勉之！

接着，金哀宗吩咐端来美酒，亲自斟酒分赐给在场的将士，每人一杯。

第一轮酒还没赏赐完，城外的斥候骑兵就冲进来禀告："敌兵数百骑，突至城下！"[1]金军将士纷纷踊跃请战，有人兴奋得连盔甲都来不及穿就冲出去厮杀。金军的突击锐不可当，蒙古军慌忙后撤。

第二天，九月十日，塔察儿带着几百名帐前亲兵，来到城下。他亲自前出到东面城墙外，令通事（口译译员）大喊："城中速降！当免杀戮，不然无噍类矣！"宣告这种"最后通牒"，几乎是蒙古军在欧亚各地攻城前的标准交战程序。

这次，金军准备更加充分。金哀宗登上东门城楼观战。忠孝军元帅蔡八儿带着一百多名弓弩手，从城脚下事先挖好的暗门冲出，偷偷渡过汝河，对准岸边的蒙古前锋"左右交射之"，另一支骑兵部队绕到蒙古人后方偷袭，生擒二人而归。[2]

第二轮试探过后，蒙古军很长时间没有再靠近城墙，而是按照传统的围城战术，开始修筑"长垒"，即攻城防线（环绕线）。[3]

金军内部有人建议，应趁蒙古军"工役未竟，人马远疲"，全力出击，先给他们来个下马威。金哀宗等人顾虑城内军队成分复杂，人心未定，即便一击得手，军队出了城，未必肯再回

---

[1]《金史·哀宗本纪》。

[2] 宇文懋昭撰，崔文印校证：《大金国志校证》，第366页；《金史·忠义传》。

[3]《金史·哀宗本纪》。

来死守，没有答应。[1]此后十几天，金军只是不断加强战备，迎接即将来临的猛烈围攻：

九月十日，蔡州城正式进入戒严状态。

九月十五日，施行粮食配给。宰相以下，直到小兵，每人每月支粮六斗。

九月十八日，强制征粮。私人存粮不得过八斗，十岁以下五斗，其余全部充公，藏匿者处死。括粟特派员照例"穴地扑墙，少不容贷"，强征到粮食二万五千余石。

金哀宗的御用术士武亢，出身天文卜算世家，父亲是司天管勾武祯。武亢现任司天长行（司天监的见习吏员），[2]推算灾异相当准确，但脾气古怪，朝中人缘很差。金哀宗请他推算，蔡州城的围攻何时能解除？武亢回答："明年正月十三日，城下无一人一骑矣。"简单的预言，初看十分乐观，仔细想想，却令人毛骨悚然。金哀宗没想那么多，大笑着吩咐下去：粮食配给就按这个日期估算，确保期限内不缺粮就行！[3]

九月二十三日，新任命的守城官员集体登上城头，各就岗位。四座城门加派近侍（奉御）一人，随时巡视。四面城墙的守御长官如下：

[1] 宇文懋昭撰，崔文印校证：《大金国志校证》，第366—367页。

[2] Hok-Lam Chan: *The Fall of the Jurchen Chin: Wang E's Memoir of Ts'ai-chou under the Mongol Siege*（*1233—1234*），p.80.

[3] 王鹗：《汝南遗事》卷二；《金史·方伎传》。

内城：殿前右卫将军、权左副都点检完颜斜烈（正），都尉王爱实（副）

东面：总帅孛术鲁娄室（正），都尉完颜承麟（副）

南面：御史大夫、权参知政事乌古论镐（正），总帅元志（副）

西面：殿前都点检兀林荅胡土（正），忠孝军元帅蔡八儿（副）

北面：忠孝军元帅、权殿前右副都点检王山儿（正），元帅纥石烈柏寿（副）[1]

十月一日，蒙古军的攻城防线修筑完成，"耀兵于城下，旗帜蔽天"。日暮之前，蒙古军发动了一次试探性进攻，焚毁城郭外围的四个关城后撤退。[2]夜幕降临，蒙古军各部同时点燃营火，城头的守军望见远处忽然亮起一道巨大的火圈，将幽暗的天空照得通红，沉郁的鼓角声此起彼伏，不觉失声大喊。

长垒完成后，蒙古军并未急于攻城。反倒是金军小股部队频繁出城夜袭，但没有取得什么战果。[3]

守城官兵享受每月固定的配给，还可勉强糊口。括粟之后，普通百姓虽说限留八斗，但这是最高额，大多数人恐怕连八斗

---

[1] 王鹗：《汝南遗事》卷三。记载与《金史·哀宗本纪》有异，暂从《汝南遗事》。

[2] 宇文懋昭撰，崔文印校证：《大金国志校证》，第366页；《金史·完颜仲德传》。

[3] 王鹗：《汝南遗事》卷三。

存粮都没有。黑市上的粮食自然也买不起，因为"斗米白金十两"。[1]十月十日，万余名饥民聚集在尚书省前，请求放他们出城自谋生路，没有得到满意的答复，就在内城举行了游行示威，"大呼于道"。金哀宗听到喧闹，问清原委，同意放饥民出城。但是，每座城门每天只限一千人，巡查四座城门的近侍官员逐日清点。奉御完颜绛山负责北门，他看这些饥民可怜，多放了一些人出去，被责罚四十大杖。不久，守军发现，出城的饥民经常把城内情况泄露给敌人，下令禁止再放人出城。[2]

十月十二日，为了缓解粮食危机，金哀宗吩咐，拨出十艘官船，让饥民到护城河的水面上打捞一些菱芡、荇草果腹。此令一出，百姓蜂拥而至。不几天，护城河就被捞得清澈见底，半根漂着的水草也没了。饥民只好挖掘土里的野菜根茎，同牛马等牲畜的骨头混在一起煮烂了吃。

过了不久，饿红了眼的人又开始对旁人下手，"空街净巷，往往缢人而食之"——独自行路的人，经过某条幽深的巷子口，黑暗中很可能蓦地伸出一根绳索，死命勒住他，直到断气，然后，凶手们就像一群饿狼扑上来，片刻之间就将死者脔割分食。[3]

十月十六日，蒙古军的大部队前出到城东、北两面，在矢

---

[1] 王鹗：《汝南遗事》卷三。

[2]《金史·完颜绛山传》；宇文懋昭撰，崔文印校证：《大金国志校证》，第366页。

[3] 王鹗：《汝南遗事》卷三。

石所及范围之外才略微试探，巡查东门、北门的护卫把亦把然、奉御蒲察亭干就偷开城门，单骑出降。[1]

眼看敌人尚未认真攻城，城内就要陷入无政府状态，甚至危及城防，金哀宗只好组建一支特别治安军队。十一月初，他选中了一个性格冷酷暴虐的军队头子——殿前右副点检阿勒根移失剌，[2]封他为"宣差镇抚都弹压"，[3]下属四名弹压官（张大亨、傅楫、纳兰柏端、乌古论斜烈），"四隅讥察官"也拨归他统率，专一负责维持城内秩序。职官六品以下、军官提控以下，阿勒根移失剌都有权现场处决。

上任头一天，阿勒根移失剌就下令，在闹市口立了一根长竿，杀人吃人的歹徒，一经发现，斩首示众，首级就一直挂在

[1] 王鹗：《汝南遗事》卷三。此据《汝南遗事》（《畿辅丛书》本）。《丛书集成初编》排印的《汝南遗事》（《指海》本）将此事以及紧连此事的另外三天记载（十月十六日、十七日、二十日和二十五日）一并误刊于十一月目下。陈学霖已指出这一错误。参见 Hok-Lam Chan: *The Fall of the Jurchen Chin: Wang E's Memoir of Ts'ai-chou under the Mongol Siege*（*1233—1234*）, p.43.

[2] 王鹗：《汝南遗事》卷四。王鹗形容阿勒根移失剌"素苛暴，有犯必诛，血流于市"。

[3] "弹压"是镇压之意。金宣宗时期开始设置弹压官，主要负责维护城市治安巡逻。黑龙江出土过金代汉文九叠篆的"都弹压所之印""省弹压之印"（《黑龙江古代官印集》，第94—98页）。不过，"宣差镇抚都弹压"是此时临时创设的官名，应理解为"宣差，兼镇抚，兼都弹压"，陈学霖先生译为一长串："imperial messenger/ chief disciplinarian for the surveillance and pacification of the military and civilians"（皇帝特使，兼军、民监督安抚总督察）。参见 Hok-Lam Chan: *The Fall of the Jurchen Chin: Wang E's Memoir of Ts'ai-chou under the Mongol Siege*（*1233—1234*）, pp.101—102.

竿头。史称，"犯者少止，然遇夜亦不能禁"。白昼，弹压官率领兵丁在城内四处击柝巡逻。然而，只要夜幕降临，幽暗的残垣断壁之间，仍然是食人者统治的王国。

铁腕镇压，并不能减缓饥荒。很快，军队士兵也忍受不了饥饿的折磨，加入了杀人越货的行列。

阿勒根移失剌上任不久，就破获了一起特大刑事案件。有一伙大盗，共七八人，心狠手辣，四处作案，"屠人之家，而夺其食"，弄得城内人心惶惶。案件侦破后，这伙大盗幕后的保护伞也暴露在光天化日之下，居然是忠孝军的中级军官——提控一人、都统一人。忠孝军是战斗主力，金哀宗下过密旨：忠孝军违纪违法，需要向皇帝本人请示处分。金哀宗想特赦二人，在元帅王山儿的坚持下，才将二人处死。[1]

官兵百姓缺粮，金哀宗本人过得也很糟心。皇帝的口粮自然可以保证，但是，金哀宗喜欢吃鱼。蔡州东、北面的汝河里有鱼，可是，河面常有自上游漂下、泡得苍白腐烂的浮尸。汝河里捞上来的鱼，金哀宗只看了一眼，就蹙着眉头推到一边。这时的护卫统领——殿前左副都点检温敦昌孙（本姓王，金宣宗王皇后侄儿），身材短小，性格温和，很早就结识金哀宗。金哀宗带出的近侍旧人，到了蔡州，就只剩下温敦昌孙等寥寥数人。看到圣主食不下咽，他也愁苦万分。

温敦昌孙常常领兵去城外巡逻。有一次，他发现西门外练江里的鱼又多又肥，但是这一河段距城数里，逼近敌营，只能

---

[1] 王鹗：《汝南遗事》卷三。

动用军队出城捕捞。此后，温敦昌孙每天最重要的工作，就是在武装护卫下，出城捕捞，一次就能带回一千多斤鱼，宫里吃不完，还可以分给守城官兵。可惜，蒙古人很快发觉了金军的新动向。十月二十五日，温敦昌孙带着捕捞上来的鱼回城，半途遇到了蒙古军重兵埋伏，护卫一哄而散。温敦昌孙惦记着圣主晚膳的鲜鱼羹，坚持不肯退走，最终力战阵亡。[1]

九月至十月的围城，是蔡州之战的前半阶段。在这两个月当中，蒙古军就像守候在陷阱边上的猎人一样，耐心等待落入陷阱的孤狼挣扎着耗尽气力。另一方面，他们如此慢条斯理，从容不迫，还有另外一个重要原因。

天兴二年（1233年）十一月五日，蔡州城南面城楼上的瞭望哨，发现了一个更让人心寒的现象：在柴潭南岸，忽然涌出了一大群此前没见过的军队。他们的旌旗、甲仗，都比蒙古军齐整，鼓角节奏也大不一样。许多士兵身穿绯、紫两色的号衣，还绣有特殊的番号。

蔡州城南面的防御长官乌古论镐收到紧急报告，慌忙登上城楼勘察。凭借多年镇守南方战线的经验，乌古论镐一眼就判断出这是何方军队——他面色煞白，声音颤抖："快……快去禀告圣主，这……这是宋军！"

---

[1] 王鹗：《汝南遗事》卷三。据《汝南遗事》（《畿辅丛书》本）和《金史·哀宗本纪》，温敦昌孙战殁当在十月。《汝南遗事》（《指海》本）将此事误刊于十一月目下。不过，《宋史·孟珙传》记载，"殿前右副点检温端"被宋军俘虏后凌迟，而宋军抵达正在十一月初。不过，《宋史》或许有误。

五日抵达蔡州南边的这支宋军，是经过南宋宰相史弥远、郑清之首肯，委托京湖制置使兼知襄阳府史嵩之派出的。鄂州江陵府副都统制孟珙为主将，京西忠顺军统制江海为副将，麾下一共两万宋兵，还带来了粮草十余万石。[1]

　　就在这年春天，蒙古使节王檝来到襄阳，与南宋商议夹攻蔡州，"且求兵、粮"。如今，宋人忠实履行了这个约定。[2]

　　南宋朝廷考虑，联蒙灭金，或可一雪前耻；但也有人提醒，宣和年间联金灭辽，教训惨痛，如今蒙古贪婪，宜防后患。最终，宋人判断，反正金朝已如风中残烛，救不活了，而不管是雪靖康之耻，还是收复"三京"，都不能马上同新兴的北方强权撕破脸。如此一来，做个顺水人情，趁机试探一下北方的虚实又何妨？其实，为了铲除金朝在江淮以北的残余势力，蒙古几次遣使约盟，何尝不是想多试探一下即将接壤的这个庞然大物——南宋的虚实呢？

　　北宋联金灭辽，南宋联蒙灭金，最终结果都是灾难性的。

　　不过，不用急于嘲笑古人缺乏历史智慧。不论宋人出不出手，契丹、女真的覆灭都难以挽回。既定的国际秩序突然崩溃，暴起的北方政权动向不明朗，在这种形势下，先参与分赃，追求短期利益的最大化，未尝不是一种相当理性的选择。宋人后来的惨败，根源在于误判自身实力，而这种错误，在国际政治

---

[1] 南宋援军的兵、粮数量，各书记载不同，这里参考了胡昭曦先生的考证，见《宋蒙（元）关系史》，第68页。

[2] 刘克庄：《孟少保神道碑》。

中简直太常见了。

至于金朝一方，既然南下蔡州，不可能不把对宋战略纳入通盘考虑。面对边境蠢蠢欲动的宋人，金哀宗一方面企图以"唇亡齿寒"来劝诱，[1]一方面，却又放不下"甲士三千，纵横江淮"的美梦。

七月，金哀宗刚在蔡州安顿下来，扶沟县招抚司知事刘昌祖就上书，建议以金军为前锋，后面跟着大群河南饥民，大举伐宋，他的豪言壮语是："官军在前，饥民在后。南践江、淮，西入巴、蜀！"金哀宗颇为心动，嘱咐参政张天纲召见。虽然这明显是个不切实际的空想，还是赏了来人一个尚书省差委官的虚衔。[2]

八月，金哀宗又通过蜡丸书，向陕西行省粘葛完展送去密令，要求他集结西线的残兵，九月前往饶峰关同金哀宗会师，图谋袭取南宋的兴元（今陕西汉中）。[3]

看来，比起联宋抗蒙，金哀宗对欺负"柔懦不武，若妇人然"的南宋，显然期待更高。可偏偏事与愿违，八月二日，部署在蔡州西北面舞阳（今河南舞阳，距蔡州百余里）境内的青尖山招抚卢进报告：目击百余名鞑靼骑兵，护送少数蛮子装扮的人向北行进。派人前去侦察，说是鞑靼使节王檝从襄阳返回，南宋也派了人（邹伸之使团）北上报聘。南宋使

[1] 王鹗：《汝南遗事》卷二；《金史·哀宗本纪》。

[2] 王鹗：《汝南遗事》卷一；《金史·张天纲传》。

[3]《金史·哀宗本纪》。

团携带了大批辎重，看样子应该是献给鞑主的礼品，所以护卫甚严。[1]

据说，金哀宗听到这个消息，"惊悸无人色"。[2]

从七八月开始，在蔡州东边和南边的唐州、邓州、息州等地，金军和南宋军实际已经处于交战状态，金哀宗寄予希望最大的援军——武仙，也被孟珙统率的宋军击溃。[3]

其实，南宋军队作为敌军而不是盟军，出现在蔡州城外，对这一点，金哀宗并不是毫无心理准备。即便如此，当他亲耳听到，这个最糟糕的局面组合居然真的发生了，还是独自呆坐了好半晌，一言不发。

四、攻城竞赛

宋军的抵达，让蔡州围城的形势发生了翻天覆地的变化。

这倒不是说，蒙古军少了二万援军和粮草，就一定无法攻克蔡州。也不是说，南宋积极参与消灭垂死的金国，使得金哀宗"纵横江淮"的美梦顿成泡影，如今天下虽大，他已无处可去。更不是说，小小的蔡州城，在东亚两大势力的联合碾压下，必然迅速崩溃。

当然，这些都很重要。不过，南宋军队抵达产生的最直接

---

[1] 王鹗：《汝南遗事》卷二。
[2] 宇文懋昭撰，崔文印校证：《大金国志校证》，第367页。
[3]《金史·哀宗本纪》。

影响，是引入了一种非常奇特的精神要素——争胜心，或者说，竞赛精神。

据说，自从宋军入伙后，蒙古军一改一个多月来懒洋洋的做派，全力加速建造攻城器械，"斫木之声，闻于城中，城中大恐"。[1]

南宋军队的司令官孟珙（湖北人），祖上参加过岳家军，他和父亲孟宗政，长期在荆襄战区同金军进行小规模战争。孟家的嫡系部队"忠顺军"，主要募自河南南部的唐、邓、蔡三州的青壮。[2]因此，来援的这支南宋军队，堪称金人的老对手。

孟珙精通将略，经验丰富，更妙的是，他对蒙古人那一套礼节也非常娴熟。塔察儿派了三名亲信兔花忒、没荷过出、阿悉，先期迎接宋军。孟珙身为一方总帅，却放下架子，带他们一起射猎，夜里点起篝火，围坐帐前，用匕首扎着滋滋流着油的烤肉，互相送到嘴边，大嚼大饮（"割鲜而饮"）。等见到了塔察儿，蒙古大帅亲手给孟珙斟上马奶酒，不住夸赞他："你杀得武仙，好！"据说两人还结为"安答（兄弟）"。[3]

孟珙同蒙古军约定，严密划分围攻地段，防止金军在两军的接合部乘隙突围：宋军负责蔡州城的东、南两面，包括柴潭，蒙古军负责蔡州城的西、北两面。孟珙特意嘱咐塔察儿：

---

[1] 宇文懋昭撰，崔文印校证：《大金国志校证》，第368页。

[2]《宋史·孟珙传》。

[3] 刘克庄：《孟少保神道碑》；《宋史·孟珙传》。这两种文献对蔡州围攻的记载大抵相同，但细节上稍有出入，可以相互补充。

"已戒南军（宋军）毋入北营，汝亦当戒北军毋入南寨！"[1]

两支一度略带敌意，如今居然并肩作战的军队，在彼此目光的注视下，都起了一争短长的豪情壮志。如同雷班托大海战中的威尼斯和热那亚军队，或者诺曼底登陆后冲向柏林的巴顿军和蒙哥马利军，从宋军到达那一刻起，蒙、宋两军就在不停暗中较劲：看看究竟是塔察儿的黑色马尾纛，还是绣着"忠顺"大字、垂着火焰旗脚的宋军大旗，会率先插上蔡州的城头。

天兴二年（1233年）十一月五日，在蔡州南面的柴潭南岸，南宋军队军容齐整，锣鼓喧天，举行一次阵前检阅，试图先声夺人，并将劝降通告用弓箭射入城内。紧接着，宋军派敢死队冲向城下，很快就冲到城门边上。金军奋起反击，矢下如雨，勉强击退了敌军。金军评价，"敌人甚勇"。[2]

面对蒙宋联军咄咄逼人的攻势，城内金军束手无策，又不甘心坐以待毙。

这时候，冒出来一个江湖骗子，自称乌古论先生。金宣宗时期，此人自诩全真教的得道真仙，道号"麻帔先生"。他装出一副疯疯癫癫的模样，数九寒冬，只穿一件麻布单衣，赤裸双足，在雪地里健步如飞，很有教祖"王疯子"（王重阳）的风范。凭借兜售秘传的"房中之术"，他唬住了不少贵族，南

---

[1] 刘克庄：《孟少保神道碑》。
[2] 王鹗：《汝南遗事》卷三；宇文懋昭撰，崔文印校证：《大金国志校证》，第367页。

京城内的豪门，竞相尊奉。金宣宗召他入宫，请教秘术。后来，乌古论与大长公主（金哀宗姐姐）私通，金宣宗正要下旨秘密逮捕他，他已闻风而逃，改名换姓，被乌古论镐收容，到了蔡州。乌古论镐为他在城外营建道观，他照旧饮酒食肉，无所不为，甚至和乌古论镐的老婆勾勾搭搭。这桩丑事，家中无人不知，只是都不忍心告诉乌古论镐。

十一月十五日，乌古论先生通过金哀宗身边的近侍，请求面圣。他提出了一个解决粮食危机的"妙招"，而且是一劳永逸：全城军民集体修炼他传授的内丹之术，服食一种叫作"元气"的神秘能量，可以"不费官粮"而"经久抗敌"。金哀宗等人看出，此人显然是个活宝。完颜仲德还希望再压榨一下他的价值，建议说，蒙古人既然迷信巫师，不妨把他好好供起来，吓唬一下蒙古人，或许还能激励士气，也算是一种心理战术。在张天纲的极力反对下，此举最终还是作罢。

过了一阵，乌古论先生再次请求面圣。他装出一副成竹在胸的样子，见到金哀宗也不跪拜，只是倨傲地拱拱手，扬言：贫道愿意出城，当面游说鞑靼主将。实际上，他是想趁机出逃。金哀宗有些不耐烦，问左右侍从："这人到底什么来路？"当天值日的尚书省郎中移剌克忠、员外郎王鹗悄悄禀告，这就是当年勾引大长公主的"麻帔先生"。金哀宗勃然大怒，当场下令将他拖出去，找个没人的地方绞死。[1]

十一月二十三日，又有一名下级军官石抹虎儿声称他有

---

[1] 王鹗：《汝南遗事》卷四；《金史·乌古论镐传》。

"奇计"退敌。在尚书省大堂上，当着众多宰执、廷臣的面，虎儿拿出一张手绘面具，说是给战马套在头上用的。面具看似狮子的脸孔，但特别狰狞丑恶。接着，他像变戏法似的，一件一件亮出自己发明的特殊装具——战马的护足和护尾，都是麻布编织的，涂得漆黑。

虎儿一本正经地解释："诸位大人，鞑靼唯一的凭仗就是马，要对付敌人，先要对付敌人的战马。我军先用常规马队诱敌，边战边退。等敌军进入埋伏圈，我派出几百匹训练好的战马，穿上我设计的怪兽道具，在脖颈上拴上大铃铛，选壮士骑乘，出其不意冲出来，敌军战马一定会吓得乱蹦乱跳。我军乘胜追击，必定大获全胜。战国时，齐国将军田单用火牛阵大破燕军，用的就是此策。"

仲德将方案上报，金哀宗转过头问张天纲："你觉得如何？"张天纲苦笑说："敌众我寡，就算这次吓走了敌人，难保不卷土重来。我看，这些小把戏不顶用，浪费了工料和人力，还让敌人瞧不起，不值，不值！"[1]

看来，金哀宗君臣并不昏聩，不至于像靖康年间的汴京，或贞祐年间的南京那样，尽出些昏招、蠢招。但是，围城的形势依然无比严峻。

十二月四日，蒙古军的攻城器械打造完毕，大声鼓噪，声闻于城内。尽管蔡州周边水道纵横，土质松软，不便挖掘地道，

---

[1] 王鹗：《汝南遗事》卷四；《金史·张天纲传》。

但是，大批抛石机、攻城塔、攻城锤和云梯，还是从西、北两个方向，向城墙逼近，声势骇人。[1]

七日，蒙古军掘开了练江的河堤，引河水外流，露出光秃秃的河床，蔡州从此失去了西面的最大屏障。[2]

九日，蒙古军将兀林荅胡土麾下的金军驱逐出了西墙外侧的拦马墙。《金史》记载，这一天，"大元兵破外城"。[3]

紧接着，蒙古军集中大量抛石机和攻城塔、锤，猛攻城墙西南角。金军拼死抵抗，战斗一时呈胶着状态。第二天，蒙古军把进攻重心移到了西北角，依然未能取得进展。

十一日，东面城墙的防御长官孛术鲁娄室升任权参政，率领嫡系部队，充实城内的机动支援部队，协助完颜仲德支援危急地段。原副长官完颜承麟接替他主持东面防御。[4]

十四日，孛术鲁娄室带着麾下的五百名精锐突击队员，趁夜色偷偷从西门潜出。他们事先将干草扎成捆，淋上油脂，制成火炬，每人随身携带若干，打算纵火焚毁蒙古军的营寨和攻城器械。不料，突击队潜行不远，就被城外的暗哨发现。蒙古军在营外埋伏了几百张强弩，守株待兔。娄室等人刚点燃火把，还没来得及投掷，弩箭就铺天盖地而至，突击队员顿时死伤狼藉，其中一箭射入娄室口中，"堕二齿，流血昏愦"。他被手下

---

[1] 宇文懋昭撰，崔文印校证：《大金国志校证》，第368页。
[2] 王鹗：《汝南遗事》卷四；《金史·哀宗本纪》。
[3] 《金史·哀宗本纪》。
[4] 王鹗：《汝南遗事》卷四；《金史·哀宗本纪》。

抢救回城后，昏迷了一天一夜。[1]

这时候，投降的金军士兵向蒙古人告密：西门北侧的"凤子楼"，内部结构脆弱，且微露棱角，是理想的砲轰目标。

十六日，蒙古军全力进攻西面。砲兵部队集中大量抛石机，瞄准西门城楼，抛射出无数石块和引火物。果然，没过多久，"凤子楼"就在熊熊烈火中轰然倒塌，一时间，烟尘弥漫，木屑横飞，惨叫声此起彼伏，近旁的守军顿时陷入混乱。

趁此机会，数千蒙古军迅速冲过拦马墙，用铁锥扎入城墙土壁，准备攀爬夺城。金军回过神来，打开西门，大举出击。两军混战于拦马墙内外，拼死肉搏，"手刃相持，内外杀伤甚众"。日暮前，蒙古军暂时后撤休整。

十七、十八两日，蒙古军昼夜不休，轮番猛攻西面。

终于，十八日，西面城墙沦陷。不过，金军事先有所防备——在被破坏的西城内侧，他们用木栅修筑了一圈临时的半月城，前方还挖掘了深深的壕沟。蒙古军尽管登上了城墙，一时难以突入城内，只好先在城头搭建一些临时工事。[2]

据说，夺取西城后，塔察儿下令：各部不要冒进，观望一下城内守军是否会自行崩溃。金军抓紧这个空隙，在临时城墙内外又添筑了不少"堡楼、硬栅"。由于储备的建材早就消耗一空，街边院内大大小小的树木也砍得干干净净，最后只好拆毁周边的民居。目击者回忆，从城墙边上一直到市中心，四五

---

[1] 宇文懋昭撰，崔文印校证：《大金国志校证》，第368页。
[2] 宇文懋昭撰，崔文印校证：《大金国志校证》，第368页。

里的地界内，弥望萧然。曾经人烟稠密的九陌通衢，只剩下一段一段的空墙，犹自兀立不倒。[1]

不管代价如何惨重，西面城墙的形势暂时稳定了下来：蒙古军成功守住了宽达一百余步的突破地段，金军死死扼守蒙古军的进路，双方"南北相距"，一时胜负难分。

十二月初以来，负责进攻东、南两面的南宋军队，同样遭遇了激烈抵抗。

宋军先攻东面，孛术鲁娄室此时尚未调走，他巧妙组织防御，甚至组织了几次大规模的反击。[2]宋军在城下苦战了整整两天，未能前进一步。见到东面无懈可击，孟珙只好将攻势转移到了南面。[3]

南面更是一块难啃的骨头——因为有柴潭。

南门外的柴潭，地势比南边的汝河高出五六尺，深不见底。当地相传，潭水幽黑，底下潜伏着一条龙，一遇惊扰，便会兴风作浪。当地人遇到旱灾，就把水牛驱赶到潭中，祭祀龙神，称为"搅潭"，往往奏效。[4]

金军大肆渲染散布柴潭的传说，在南宋军队中引发了一定的畏惧心理。一些来攻的南宋士兵，踏上柴潭岸边搭建的木板

---

[1] 王鹗：《汝南遗事》卷四。

[2]《宋史·孟珙传》提到"金兵万人自东门出战"，人数当有所夸大。

[3] 王鹗：《汝南遗事》卷四。

[4] 王鹗：《汝南遗事》卷四。

堤道，透过木板的缝隙，看到脚底下黝黑的水面，寒冬腊月居然也不封冻，越看越觉得，在水的深处仿佛真的盘踞、游动着什么神秘莫测的生物，腿不禁有些发软，厮杀时嗓子里喊出的声音，都不自觉弱了几分。

更难对付的是，在柴潭外侧，金军修筑了复杂的桥梁通道和防御工事（"柴潭楼"）。在柴潭内侧，正对着的城墙上，金军将原有城楼加固，层层安置巨型弩砲，提供远程火力支援。巨弩一发，声响凄厉，洞穿数人，宋军十分忌惮。金军还在城楼顶上装了一个绚烂夺目的"金"字，仿佛在嘲讽和挑衅。

南面的防御长官乌古论镐，自恃柴潭之固，起初全然不把南宋军队放在眼里。没想到，战斗刚一打响，宋军抛石机发射的砲石，遮天蔽日，差点就把城楼击塌。仲德率应急队紧急驰援，才没有酿成灾难性后果。[1]

宋军在南面血战竟日，第一天就俘虏金军一百多名，斩首三百余级，"逼柴潭立寨"。第二天，宋军大举围攻"柴潭楼"。孟珙一马当先，抢登"柴潭楼"，诸军鱼贯而上，与金军在工事各处展开贴身肉搏，最终扫清了柴潭外围的金军。驻守"柴潭楼"的五百三十七名金军残部，全数沦为俘虏。

当天日暮，孟珙摆下庆功宴，犒劳有功将士。酒过三巡，孟珙起身朗声说道："各位壮士！柴潭并非天险，金字楼上的巨弩，射程虽然远，但是，只要冲到城墙脚下，就进入了射击

---

[1] 王鹗：《汝南遗事》卷四："移攻南城，权参政乌古论易之，砲击城楼几仆"。

死角。如今，南面城墙唯一的掩护，就是柴潭了。只要决堤排干潭水，很快就能率先夺城！"

下属提醒，金军修筑的柴潭大堤颇为坚固，一时半会难以掘开。孟珙说："所谓坚固，那是两处堤首。两侧并非如此，我们就从两侧动手！"[1]

十二月七日，就在蒙古军掘开练江的几乎同时，宋军也掘开了柴潭。湍急的潭水奔流而出，汇入南面地势低洼的汝河河道。[2]宋军一拥而上，投入事先准备好的大捆木柴和干草，越过柴潭，高喊着冲击南门。

金军守军，目睹转眼之间，柴潭水面迅速收缩，潭下也没有什么护国神龙，一时惊慌失措。

此时，获悉盟军达成重大突破，塔察儿火速派遣名将张柔，率领五十名"拔都军"（敢死队）前来支援。他们也穿过柴潭，抢登南面城墙。[3]不料，张柔还没攀登到一半，城头守军垂下铁钩，钩住了他身边的两名士兵，又钩住了张柔，拼命往城上拖拽。

眼看盟友就要沦为俘虏，孟珙连忙率领亲兵赶来救援。柴潭下方地势低矮，孟珙等人纷纷拔出佩剑，向铁钩上方的绳索砍去，绳索应声而断。孟珙大着胆子，背对着城上火力，抱着

---

[1] 刘克庄：《孟少保神道碑》。

[2] 王鹗：《汝南遗事》卷四："汝岸深浚，故决之以入。"

[3] 张柔带领的突击队，《孟少保神道碑》记载是五十人，《宋史·孟珙传》记载是五千人，"千"疑为"十"字之误。

张柔撤了回来。此时，张柔全身已经"中流矢如猬"，被射成了刺猬。好在他冲锋陷阵时，习惯披挂好几层铠甲，否则，日后在崖山之战中消灭南宋最后抵抗的元朝名将张弘范，就没有机会出生在这个世界上了。[1]

孟珙见一时难以登上城墙，只好收兵撤回南岸。

第二天拂晓，宋军准备在南门发动决定性一击。但是，他们借着微光往柴潭方向看了一眼，顿时目瞪口呆。

原来，头天夜里，一场莫名其妙的冬雾，浓郁得伸手不见五指，忽然笼罩柴潭周边。一夜之间，潭水暴涨，本来干涸得只剩一洼积水的水面，居然再次扩大了许多。[2]

其实，复涨后的柴潭，很难再给宋军造成太大的阻碍，但是，目睹这个奇迹，金军士气为之大振。金哀宗宣布，来年将举行盛大的典礼，祭祀潭底的神龙，并册封为"护国灵应龙王"。[3]

---

[1] 刘克庄：《孟少保神道碑》；《宋史·孟珙传》。在元好问的《顺天万户张公勋德第二碑》中，这起事件被粉饰成南宋军队"瞻望不进"，张柔率二十多名敢死队，徒步涉水冲击金军大阵，"左右荡决，莫有当其锋者"，看得宋军官兵钦佩不已。不过，元好问的记载并不可信。参见 Hok-Lam Chan: *The Fall of the Jurchen Chin*: *Wang E's Memoir of Ts'ai-chou under the Mongol Siege* (*1233—1234*), p.158. 张柔的第九子张弘范，生于1238年，金亡四年之后。

[2] 陈学霖先生认为有大暴雨随云雾而至，参见 Hok-Lam Chan: *The Fall of the Jurchen Chin*: *Wang E's Memoir of Ts'ai-chou under the Mongol Siege* (*1233—1234*), p.113.

[3] 王鹗：《汝南遗事》卷四；《金史·哀宗本纪》。

蔡州城能在联军的猛攻下坚守一个多月，显然不是光靠天助。城内所有能动员的人力，都已经分配到四面城墙，参加防守："敢匿一丁者，全家处斩，邻人绞罪。"在围城中，男丁都上了前线，身体健壮的妇女，自古就要走上城头，负责后勤工作，《墨子》中称为"丁女子"。为了不让敌人察觉守军减员严重，蔡州城内的妇女，统一身穿男子衣冠，运输弹药粮草。[1]完颜仲德的妻子说："形势危急，城破之日，妇人怎能置身事外？"她带头动员高级官员的家眷，单独组成一支军队，专门运送矢石，照看伤病。[2]

围城期间，金哀宗多次亲自登上城头巡视防务，激励士气。出行途中遇到军民，他总是不厌其烦地反复叮嘱、劝慰。后勤人员为守城将士熬制的肉汤，金哀宗亲自品尝，唯恐味道太淡。从城头抬下来的伤兵，他也下马仔细探问，甚至亲手给他们的创口敷药。

十二月十九日，西面城墙沦陷后的第二天，金哀宗将珍贵的御用器皿统统搬出来，分发给有功将士。二十四日，他见到逃生无望，又下旨：杀掉御马五十匹、官马一百五十匹，将马肉送给城头的将士食用，补充体力。这时候，尚厩内只剩下十匹御马，城中大小官员，只有仲德、张天纲等四五名宰执，加上都弹压阿勒根移失剌，有资格骑乘马匹，其他人等一概步行。[3]

---

[1] 宇文懋昭撰，崔文印校证：《大金国志校证》，第368页。

[2] 《金史·列女传》。

[3] 王鹗：《汝南遗事》卷四。

自蔡州合围之后，仲德没有回家休息过片刻。他一直坚持在最前线存抚将士，所有阵亡的将校军官，仲德无不亲自吊唁，"哭之尽哀"。[1]

受到了金哀宗君臣的感召，蔡州城内"军民感泣，人百其勇"。[2]"军士踊跃，视死如归，人以不得出战为愧"。[3]

尽管士气不衰，以一敌二的惨烈战斗造成的重大损失，金军却无法承受。据统计，十二月短短一个月，先后在守城战斗中战殁的高级军官，就包括一名总帅、三名元帅、二名都尉，至于"总领、提控以下，不可胜纪"。[4]

五、幽兰轩的烈火

天兴三年（1234年）正月初一，农历新年。这一天，蔡州那一圈处处残破的城墙，仿佛是截然不同的两个季节——冬天和春天的分界线。

在城外，气氛热烈，如同暖春。孟珙收到了宋理宗特意从杭州发来的"御札"，写满了嘉奖和勉励的话。[5]南、北两支大军，在营中举行了盛大的联欢活动，"正旦会饮，鼓吹之声，

[1]《金史·完颜仲德传》。
[2] 宇文懋昭撰，崔文印校证：《大金国志校证》，第368页。
[3] 王鹗：《汝南遗事》卷四。
[4] 王鹗：《汝南遗事》卷四。
[5] 刘克庄：《孟少保神道碑》。

四望相接"。[1]蒙古人和南宋人，就像在余温尚存的猎物尸体边提前庆祝丰收的两个猎手。

在城内，冷寂如寒冬，外援断绝，饿殍遍地。城头的守城士兵，只能忍饥挨饿，遥望哀叹。不久前，落入宋军手中的俘虏透露：围城内已经断粮三月，鞍鞯、皮靴、破鼓，统统煮烂吃光了，又听任老弱互相残杀饱腹；守城士兵每天的标准餐，是用人和牛马的骨头拌着野菜，煮烂了熬成稀粥；作战不力的小队，往往全队处斩，脔割死者的肉，分发给其他士兵。[2]

对金人来说，天兴三年的元旦，是以一件令人无比绝望的事件结束的。

两个多月前，蔡州围城向四面八方送出了最后的求援密信。信中苦苦哀求，各地金军残部——国用安（兖王）、武仙（恒山公）、赛不（徐州行省）、完展（陕西行省）、兀典（息州行省），陈、颍、宿、寿、泗各州官兵，还有保聚山寨的各路义兵，期以明年元旦，到蔡州城下集合，进行最后的会战。

元旦这天，夜幕降临，城内的守军抱着最后一丁点希望，按照信中的约定，在城池最高处燃起了明亮的赤红火炬，作为"总攻"信号。

然而，在这片蓝黑色苍穹的笼罩下，除了凛冽的寒风吹得火炬噼啪作响，远处偶尔飘来敌营的酒肉香味、南腔北调猜拳

---

[1] 宇文懋昭撰，崔文印校证：《大金国志校证》，第369页；《金史·完颜仲德传》。

[2]《宋史·孟珙传》。

行酒的喧嚣，孤城四周的冬夜，一片寂静，并无任何其他的声响……[1]

正月初五，由于西面城墙的缺口牵制了大量守军，其余地段的防御严重削弱，金哀宗把宫中承应人全部派往东、南、北城墙的雉堞后方，舍人、牌印和省部令史也临时充当起砲夫，负责拉拽砲索。皇帝自己身边只留下少数几名近侍服侍。[2]

正月初九，蒙古军在西城墙上开凿出五处通道，从容不迫地冲入金军的木栅。双方围绕这道临时城墙，鏖战了一整天。日暮时分，蒙古军才撤退，临走前宣称"来日复集"。[3]

这天半夜，城内文武官员刚刚就寝，忽然接到宫内的紧急传召。他们走进金哀宗的行宫，只见皇帝面色苍白憔悴，但是镇静从容。金哀宗表示，城池旦夕难保，万一有不测，他现在就打算退位，由东面城墙的防御长官完颜承麟（皇室疏属）入继大统。承麟仓促奉诏赶来，还披着全副甲胄。他跪下大哭，死活不肯答应。

金哀宗亲手捧着玉玺，塞到承麟手中，轻轻拍拍他的肩膀："朕传位给你，也是万般无奈之举。朕如今体态臃肿，一旦城池陷落，乱军之中，无法骑马驰骋。你平时素称能干，又懂军

---

[1] 王鹗：《汝南遗事》卷三。

[2] 王鹗：《汝南遗事》卷四。

[3] 宇文懋昭撰，崔文印校证：《大金国志校证》，第369页；《金史·完颜仲德传》。

事，愿上天保佑你躲过这次劫难，我大金的国祚不致传到朕就断绝，列祖列宗不至于无人祭祀，不得血食！"

说话间，远处的天空已经微露鱼肚白。宣徽使温敦、佥东上阁门使仆散斜不失，扶着承麟的手，引导他坐上御座。到场的百官三跪九叩，算是完成了新主的登基大典。殿上的文武百官，只有忠孝军元帅蔡八儿不肯跪拜，他生气地大吼："事至于此，有死而已！安能更事一君乎！"[1]

金哀宗临危传位，想给金国保留一线血脉，只是原因之一。更重要的是，他觉得，死亡并不可怕，做亡国的末代君主，哪怕只是名义上的，他死都不甘心。这是金哀宗的最后一点尊严。可悲，可叹！

出南京"亲征"前，金哀宗就表示，厌恶自己"无罪亡国"；官奴之变后，他又表示："自古无不亡之国、不死之主。"去年十二月十八日，西城外郭陷落，金哀宗就做好了殉国的准备。他对近侍倾诉：

> 我为金紫十年，太子十年，人主十年。自知无大过恶，死无恨矣！所恨者，祖宗传祚百年，至我而绝，与自古荒淫暴乱之君等为亡国，独此为介介耳！

过了一会，他又自言自语：

---

[1] 宇文懋昭撰，崔文印校证：《大金国志校证》，第369页；《金史·忠义传》。

古无不亡之国。亡国之君，往往为人囚絷，或为俘献，或辱于阶庭，闭之空谷。朕必不至于此！卿等观之，朕志决矣！[1]

不做青衣行酒的晋怀帝，不做饿死台城的梁武帝，不做孝服拜庙的昏德公（宋徽宗）、重昏侯（宋钦宗），这几乎成了金哀宗的一种执念或任性，挥之不去。

西城陷落后，金哀宗就给自己准备了最后的归宿。

这是蔡州同知衙门后园的一所小竹屋，环境清幽，名字也很别致，叫作"幽兰轩"。金哀宗将随身用品和信玺放入小屋中，命人在竹屋周围堆积干草、柴火、木炭，下令："死便火我！"[2]

正月十日拂晓，金哀宗传位给承麟后，在近侍护送下，平静地走入小屋，合上木门，悬梁自缢。

承麟得知金哀宗驾崩，率领百官在小竹屋外罗拜号泣。承麟回过头对群臣说：先帝在位十年，勤俭宽仁，图复旧业，有志不就，委实可哀！不如谥号为"哀"吧！后来，中原汉族士大夫认为，"哀"字不足以概括他的一生，于是以《左传》"国君死社稷"的"义"，改谥为"义宗"。金哀宗身边的侍臣、草泽的文士、后世的史家，都对他多有同情和褒扬。

不管是可"哀"，还是就"义"，一个十年如一日，无比尽

---

[1]《金史·哀宗本纪》。
[2] 刘克庄：《孟少保神道碑》。

责地履行了末代皇帝这个角色的人,终于能够卸下这副千钧重担。史家姚从吾用三句话概括哀宗的一生:"谋挽危局""忍辱守汴""力战殉国"。这是非常中肯的评价。[1]

金哀宗自缢后不久,他身边仅剩的几名近侍:权点检完颜斜烈、承御石盏氏、近侍局大使焦春和、内侍局殿头宋珪,纷纷自杀。斜烈临死前叮嘱绛山(就是当初宽纵饥民出城而遭到杖责的那名奉御):"点火,执行圣主遗诏。"

霎时间,火焰就吞没了幽兰轩。[2]

正月十日,黎明时分,就在城内新旧君主更替的那一刻,蒙古军也尽全力发起了最后的攻势。

完颜仲德从其他三面城墙抽调出全部得力人手,编成一千精锐,在西门附近与蒙古军展开死斗,寸步不让。火光、浓烟、箭雨、兵刃的碰撞声,令人头晕目眩。各种语言和方言的呐喊声、呻吟声,此起彼伏……

蒙古军和金军从卯时(五六点钟),一直苦战到巳时(上午九点多)。[3]

就在此时,金军后方有人惊呼:"快看南城上! 宋军旗帜!"

---

[1] 姚从吾:《姚从吾先生全集(三):辽金元史讲义——乙·金朝史》,第229页。

[2] 宇文懋昭撰,崔文印校证:《大金国志校证》,第370页;《金史·完颜绛山传》。

[3] 《金史·完颜仲德传》;宇文懋昭撰,崔文印校证:《大金国志校证》,第269页。

再回头一望，子城的上空也冒起了一股浓浓的黑烟——那是幽兰轩。

原来，这天清早，孟珙按照约定，率领宋军悄无声息地逼近蔡州南门，在"金"字砲楼下，搭好了云梯。趁金军的注意力被西边的血战吸引，三声激越的大鼓声响起，宋军突击队迅速冲上云梯，抢登城墙。

根据南宋功劳簿的记载，第一个冒死将旗帜插上城头的士兵，名叫马义，紧跟马义登上城墙的士兵叫赵荣。在二人身后，以孟珙为首的一万名宋军，高喊着"杀！"如潮水般涌入城内。看到盟军还在西面城墙苦战，孟珙赶紧派人打开正西门，放下吊桥，召唤塔察儿的蒙古军入城。[1]

外城彻底沦陷的时刻，承麟刚刚走出行宫，正在部署防御，只听"四面鼓噪夹攻，声震天地"。[2]在如此绝望的处境下，金军居然没有总崩溃的迹象，而是同蒙宋联军在城内各处展开了激烈的巷战。有人描述：

> 栅拔而烬，则负户；短兵顿，则张空拳；肉薄骨并，眦裂齿碎。[3]

---

[1] 刘克庄：《孟少保神道碑》；宇文懋昭撰，崔文印校证：《大金国志校证》，第369页。

[2] 宇文懋昭撰，崔文印校证：《大金国志校证》，第369页；《金史·哀宗本纪》。

[3] 郝经：《许郑总管赵侯述先碑铭》；又见郝经：《汝南行》。

正午时分，完颜仲德清楚，抵抗已经到了尽头。他将手中被鲜血染红的剑插入地里，转过头对身边幸存的将士说："吾君已崩，吾何以战为？吾不能死于乱兵之手，吾赴汝水，从吾君矣！诸君其善为计！"官兵纷纷互相勉励："相公能死，吾辈独不能耶？"五百多人集体跳入汝河自尽，其中包括两位参政孛术鲁娄室、兀林荅胡土，总帅元志，以及三名元帅王山儿、纥石烈柏寿、乌古论桓端。[1]

宋军攻占南门之时，俘虏了守御长官乌古论镐。后来，宋人将他押至息州城下，令他招降守军。乌古论镐不肯屈从，最终被杀。[2]

参政张天纲也被宋军俘虏。前面说过，他被押送到临安后，当着知府薛琼的面，毫不畏缩："我金之亡，比汝二帝何如？"宋理宗听到臣子转奏这番话，亲自召见张天纲。宋理宗问他："天纲，真不畏死耶？"张天纲回答："大丈夫患死之不中节尔，何畏之有！"后来不知下落。[3]

子城陷落后，不得已成为"末代皇帝"的承麟，也死于乱军之中。他始终身穿连月来在东面城墙上血战时的那套盔甲，实无片刻黄袍加身。

午后，蒙、宋两军在幽兰轩前会师。

此时，小竹屋早已化为了一堆焦黑的灰烬，唯有星星残火

---

[1]《金史·兀林荅胡土传》。

[2]《金史·完颜仲德传》《金史·乌古论镐传》。

[3]《金史·张天纲传》。

在忽明忽暗闪着，几缕青烟缓缓升上阴沉沉的天空。[1]

灰烬前，孤零零跪着一个人——绛山。蒙古军官有些讶异："你是何人？为何不跟着别人逃走？"绛山说："我等着收拾我家皇帝的遗骨。"军官大笑："你自己的小命尚不能保，还有闲心替他收尸？"绛山昂首回答："你尽忠你的君主，我尽忠我的君主。先帝在位十余年，中兴大业未成而身先死，我不忍看到他尸骸暴露，被草草葬进万人坑里。等我办成了这件事，就算千刀万剐，我也甘心！"

塔察儿得知此事，连称这是"奇男子"。尽管他已经同孟珙约好，中分金哀宗的骨骸，[2]还是允许绛山收拾了几撮废墟中央的灰烬，用破布包裹好，在汝河岸边为金哀宗立了一座无名坟墓。[3]

有记载说，正月十日，也就是蔡州陷落这天，"日大赤，无光，京索间，雨血十余里"。[4]上一年，金哀宗的御用术士武亢预言："蔡城有兵丧之兆……三军苦战于西垣（西城墙），前后有日矣。城壁倾颓，内无见粮，外无应兵，君臣数尽之年也！"

---

[1] 刘克庄：《孟少保神道碑》。

[2] 后来，宋理宗以金哀宗遗骨祭告太庙，连同孟珙带回的金太祖"武元皇帝"谥玺以及龙袍、玉带、牌印等物，以"亡金国宝"的名目，发付大理寺狱库贮藏。见《宋史·理宗本纪》《宋史·舆服志》。

[3] 宇文懋昭撰，崔文印校证：《大金国志校证》，第370页；《金史·完颜绛山传》。

[4] 宇文懋昭撰，崔文印校证：《大金国志校证》，第371页。

他还预言："明年正月十三日，城下无一人一骑矣！"[1]

天兴三年（1234年）正月十三日，蔡州陷落后的第三天，蒙古、南宋的两支大军，大清早就撤营启程，一南一北，分道扬镳。蔡州城下，居然真的再无一人一骑。

张柔将军和他的救命恩人孟珙将军，在城门口脱下头盔，握手，举起马鞭道别。

二人未必料得到，下次在河南战场上邂逅，他们将是你死我活的仇敌。

---

[1]《金史·方伎传》。武亢在城破后跳河自尽。

尾声：又见黄河渡

天兴三年（1234年）正月过后，大金国连同它的皇帝、将帅、官僚机构和暴力机器，就从东亚世界消失了。

从1211年蒙古南下，到1234年蔡州陷落，二十三年，看似短暂，可对于生活在金国版图上的8413136个家庭、53532151位居民来说，[1]他们身受的剧烈而恐怖的冲击，远远强于一场超大规模的自然灾害，比如超级地震，或者超级瘟疫。皈依全真教的金末诗人王元粹有一首避难诗，诗中哀叹："嗷嗷二十载，何时见升平？我生值世乱，世乱难为生。"[2]这大概是那个年代所有人共同的心声。

天崩地陷，人伦剧变，神州陆沉。这一切结束后，成千上万的人，从围城中、从废墟中、从山寨中、从囚牢中、从地穴中，从五花八门的藏身处缓缓走到阳光下，发现他们曾经熟悉的那个世界，早已不复存在。莎翁将海难的幸存者形容为"被大海吞噬，又被吐出"（all were sea-swallow'd, though some cast

---

[1] 这是校正后的泰和七年（1207年），即蒙古入侵四年前的人口和户籍数字。见吴松弟：《中国人口史》第3卷《辽宋金元时期》，第210页。

[2] 元好问编：《中州集·王元粹》所收《八月二十三日夜走西山》，此诗似作于三峰山之战后。

again）的人。[1]他们正是这样的"幸运儿"。毕竟，有太多的人已经没有机会再看一眼这个残破的世界了。

其实，就在三支大军还在汝水岸边，围绕着一座小小的土城鏖战的时候，甚至就在"陪都"南京开封城投降后不久，幸存下来的金朝子民，就已经开始重新整顿他们的生活。文化精英们忙于重新构建各种关系网络和互助圈子，保存关于家族、王朝和文化的各种记忆。更多的普通人，他们亟待恢复一种相对正常的生计。

贞祐年间，河朔动荡，金朝举国南迁。当年，无数人扶老携幼，渡过黄河，穿过那段痛苦揪心的逃难之路，艰难地在河南安顿下来。如今，南京和蔡州先后沦陷，他们不得不草草收拾行装，再度北上。

许多人是主动北上避难——战火从大河以北，延烧到大河以南，饥荒、瘟疫、盗匪处处肆掠。他们临时的家园，早就沦为蒙古、金、南宋，以及无数或合法或非法的地方势力混战的修罗场。更多的人是被迫北上，特别是蒙古军强制迁徙的大量人口。据说，单单史天泽一军，就招降了河南老幼十万余口，武装护送北渡。

金泰和七年（1207年），开封府有三十万户、一百五十多万人口。可到了壬子年（1252年，蒙哥汗二年），整个汴梁路（开封府的扩大版）仅有十二万户、六十多万人口，远远没有

---

[1]《暴风雨》第二幕第一场。

达到贞祐南渡（1214年）前的水平。[1]换句话说，金国灭亡之际，因为战火、疾疫和流徙，贞祐南迁到河南的数百万北中国居民，竟完全从此地消失……

贞祐南渡、壬辰北渡，这两大事件注定深深烙印在那个年代每一个个体和家族的历史记忆中。[2]

难民们返回北方的故里，只会发现家园早已"不独人非物亦非"。[3]但是，即便要走到这一步，他们还需要克服千难万险。当年南下途中好不容易脱身的"鬼门关"黄河渡口，如今又出现在眼前。

大河上下，渡口犹存。昔日提铃长唱的埽兵、冷漠贪婪的金朝稽查官，却已是过眼云烟。如今把守这些黄河渡口的，是另一群人。其中，有地方豪强、割据军阀委任的各色河渡官和巡检，也有蒙古人设置的搜检关卡，均相当于官府撑腰的剪径强盗。

渡口两旁，还有一些全副武装的军队，正瞪大眼睛，严厉审视着拥挤在渡口希望过河的难民。由于蒙古军掳掠北上的河南人口，大量半路逃亡，占领军通过了极其严酷的《藏亡法》，凡是收留或帮助这些逃亡奴隶的人，一经发现，全家处死，邻里连坐。[4]黄河渡口这个南北必经之地，正是他们拦截、搜查

[1] 吴松弟：《中国人口史》第3卷《辽宋金元时期》，第212页、第305—306页。

[2] 参见洪丽珠：《危机即转机——金蒙之际华北新家族史的建构》。

[3] 王若虚：《再致故园述怀五绝（其一）》。

[4] 宋子贞：《中书令耶律公神道碑》。

逃亡"生口"(奴隶)的重点地区。

李志远,道号"无欲子"。南京陷落时,他是城内一座全真道观(丹阳观)的住持。李志远在全真教的终南山"祖庭"——大重阳万寿宫,[1]拜"七真"之一马钰的弟子碧虚真人杨明真为师,后来又得到丘处机高徒,洞真子于善庆的推荐,到南京住持丹阳观。

崔立兵变,速不台入城后,城内一片混乱。李志远和几位道友,杂在难民队伍里北上。他们走到汲县附近,发现这里的渡口(原金朝的"顺天桥")已被封锁,守卫贪得无厌,不给贿赂绝不放行。乌泱泱的难民积压在黄河岸边,哭喊声震天。连日来,在风雪中冻死,饿死,想尽办法浮渡到河中央,却遭遇风浪溺死的人,数以万计。

李志远等人怂恿于善庆上前,同河渡守卫理论,"以阴骘开谕":求他们高抬贵手,放难民过河,大大积攒阴德,冥报就算不在此生,也会泽及子孙……

几位全真仙师把嘴皮子都磨破了,守卫才勉强同意放行。

目睹此情此景,心怀悲悯的李道士没有继续北上,孤身一人留了下来。不久,他在渡口北面不远的胙城(今河南延津)附近,觅得一片荒地,建了一所灵虚道观,专心劝化那些"贪残狠戾"的河渡守卫。[2]

---

[1] 全真教祖王重阳的炼化和遗蜕归葬之地。

[2] 何道宁:《终南山重阳万寿宫无欲观妙真人李公神道碑》,王恽:《卫州胙城县灵虚观碑》。

此时，祖籍临漳（今河北邯郸）的王政，也驮着老父亲和少数细软，焦急地站在推搡喊叫的难民队伍中等待渡河。

贞祐南渡时，王父带着王政，把家搬到了陈州的项城（今河南周口）。那时，"河南迫隘，民不聊生"，王家居然颇有浮财，在当地买田置业，重新组建了一个小康之家。南京陷落，河南州县已无片瓦之地足供安身。王政尽散家财，雇了两辆马车，载着父母和几位老弱乡亲，自己扶着妻子徒步跟着车队，一路北上。

到了黄河渡口，河渡守卫不由分说，强行抢走了他家的马车。一行人只好彼此扶持，艰难跋涉二百多里，回到了老家临漳。

王政的母亲经不起沿途颠簸，半路上就去世了。当时，他们急于躲避兵灾，只好暂时将王母的遗体安置在一个荒无人烟的小村落里。王政牢牢记住了村落的名字和周边的地貌，指天发誓："政他日若不死，必当取母骸以归葬！"

多年后，王政真的实现了这个誓言。[1]

祖籍泽州（今山西晋城）的申继贤一族，也在贞祐南渡时迁往河南。南京沦陷后，申继贤的父亲，同自己的父母和哥哥在难民队伍中走失。申老爹踏遍了千里荆棘之地，百般搜寻，却依然找不到亲人的踪迹，"日夜号哭"。

或许申老爹的至诚感动了上天。有一天，他结识了一个崔

---

[1] 张之翰：《王君行状》。

姓道士，二人聊起来，发现彼此是同乡，老家都在泽州。虽然不抱太大希望，申老爹还是把自己父母、哥哥的年甲和姓氏详细告诉了崔道士，托他云游四方之际，顺便寻访。

不料，过了几年，崔道人居然领着一个年轻人回来了。这是申老爹大哥的儿子，名叫天锡。崔道人高兴地告诉申父：你家老大人也健在，可以前去团聚了！[1]

不懈寻觅在离乱之中失散的亲人，不只有申家，却不是所有家庭都如申家一般幸运。

祖籍太原的史子桓，是元好问的好友。他和老父亲也在南京陷落后失散。渡过黄河后，史子桓"周流数万里，历六七十城"，跋山涉水，风雪无阻，"饿体冻肤而不顾，箝口槁肠而不恤，穷天地之所覆载，际日月之所照临"，花了整整五十年的时间寻找父亲。

他对朋友说："我已经快七十岁了，但是，这个心愿未了，死不瞑目！"[2]

除了满世界寻找失散家人的人，大乱甫定后，原金朝的文化精英，比如杨奂、元好问、刘祁、王鹗等人，也有更多的机会重访燕京（中都）、汴京（南京）、蔡州这些曾经的围城之地。

金亡后四年，在耶律楚材的推动下，大蒙古国在中原地区举行了一次准科举考试，设词赋、经义、论三科，史称"戊

---

[1] 魏初：《申氏父子庆会诗引》。
[2] 魏初：《申氏父子庆会诗引》，郝经：《送太原史子桓序》。

戌选试"。这次选试，取中儒士四千多人，然而待遇却没有簪花游城、曲江赐宴，仅免于沦为蒙古军人的奴隶罢了。不过，五十三岁的杨奂老夫子"两中赋论第一"，耶律楚材力荐他出任河南路征收课税所长官兼廉访使。第二年，杨奂巡察至汴京，当地官员在故宫长生殿设宴招待。他趁机考察了金宫殿遗址，写成一篇《汴故宫记》。[1]

蔡州陷落后，王鹗被蒙古军俘虏。一名军士用锁链绑着他和另外九人，准备处决。幸运的是，一行人半路遇到了张柔。张柔觉得王鹗器宇不凡，将他救下，带回了保州。后来，王鹗成为元世祖忽必烈的文学侍从，忽必烈的即位诏书、建元诏书，都出自他的手笔。王鹗曾专程向忽必烈告假，来到汝河岸边，希望祭拜一下故主金哀宗的墓。到了岸边，他才得知，墓穴早已沉入河底，大哭而还。[2]

金亡后，元好问在蒙古统治下又生活了二十四个年头。在此期间，他蒐集了金朝百年的诗人作品，汇编成《中州集》，给前朝的历史辑录了百余万字的材料；他更写下了数以千计的诗作，其中有不少是专为金故都燕京、汴京创作的怀旧名篇。

然而，在笔者看来，这些作品，似乎都不如黑泽明电影《蜘蛛巢城》片头的哀歌，更适合作为本书的结语：

---

[1] 元好问：《杨公神道碑》；《汴故宫记》，见杨奂：《还山遗稿》卷上。
[2] 苏天爵辑撰，姚景安点校：《元朝名臣事略》，第241页。又见《元史·王鹗传》。

看那充满欲念的古城遗址，
游魂野鬼仍然徘徊不散。
人的欲望，
就如惨烈的战场。
不论古今，
都永不变改……

参考文献

原始资料

阿尔达扎布译注：《新译集注〈蒙古秘史〉》，呼和浩特：内蒙古大学出版社，2005年。

边像纂修：嘉靖《蒲州志》，国家图书馆藏明刻本。

陈规等著，林正才注释：《守城录注译》，北京：解放军出版社，1990年。

董学礼纂修：康熙《裕州志》（乾隆五年补刊本），《中国方志丛书》影印本。

傅朗云编注：《金史辑佚》，长春：吉林文史出版社，1990年。

郝经著，秦雪清点校：《郝文忠公陵川文集》，太原：山西人民出版社，2006年。

贾敬颜校注，陈晓伟整理：《圣武亲征录》，中华书局，2020年。

贾敬颜：《五代宋金元人边疆行记十三种疏证稿》，北京：中华书局，2004年。

金镇等纂修：康熙《汝宁府志》，国家图书馆藏清刻本。

顾祖禹：《读史方舆纪要》，北京：中华书局，2005年。

李修生等编：《全元文》，南京：凤凰出版社，2004年。

李杲、张年顺等主编：《李东垣医学全书》，北京：中国中医药出版社，2006年。

李心传编撰：《建炎以来系年要录》，北京：中华书局，1956年。

李心传撰，徐规点校：《建炎以来朝野杂记》，北京：中华书局，2000年。

李曾伯：《可斋杂稿》，《宋集珍本丛刊》本。

李志常著，党宝海译注：《长春真人西游记》，石家庄：河北人民出版社，2001年。

刘克庄：《后村先生大全集》，《四部丛刊初编》本。

刘祁著，崔文印点校：《归潜志》，北京：中华书局，1983年。

刘一清撰，王瑞来校笺：《钱塘遗事校笺考原》，北京：中华书局，2016年。

刘因著，商聚德点校：《刘因集》，北京：人民出版社，2017年。

彭大雅、徐霆撰，许全胜校注：《黑鞑事略校注》，兰州：兰州大学出版社，2014年。

任文彪点校：《大金集礼》，杭州：浙江大学出版社，2019年。

宋濂等撰：《元史》，北京：中华书局，1976年。

苏天爵辑撰，姚景安点校：《元朝名臣事略》，北京：中华书局，1996年。

陶宗仪：《南村辍耕录》，北京：中华书局，1959年。

脱脱等撰：《金史》，北京：中华书局，1975年。

脱脱等撰：《宋史》，北京：中华书局，1977年。

王鹗：《汝南遗事》，《丛书集成初编》本。

王鹗：《汝南遗事》，《畿辅丛书》本。

王恽著，杨亮等校注：《王恽全集汇校》，北京：中华书局，2013年。

王致远：《开禧德安守城录》，《续修四库全书》本。

魏初：《青崖集》，《文渊阁四库全书》本。

吴广成撰，龚世俊等校证：《西夏书事校证》，兰州：甘肃文化出版社，1995年。

徐梦莘：《三朝北盟会编》（全二册），上海：上海古籍出版社，1987年。

阎凤梧主编：《全辽金文》，太原：山西古籍出版社，2002年。

姚燧著，查洪德点校：《姚燧集》，北京：人民文学出版社，2011年。

耶律楚材著，谢方点校：《湛然居士文集》，北京：中华书局，1986年。

叶绍翁撰，沈锡麟、冯惠民点校：《四朝闻见录》，北京：中华书局，1989年。

佚名编，汝企和点校：《续编两朝纲目备要》，北京：中华书局，1995年。

佚名撰，王瑞来笺证：《宋季三朝政要笺证》，北京：中华书局，2010年。

元好问著，姚奠中主编，李正民增订：《元好问全集》，太原：山西古籍出版社，2004年。

元好问纂，常振国点校：《续夷坚志》，北京：中华书局，1986年。

元好问编：《中州集》，北京：中华书局，1959年。

宇文懋昭撰，崔文印校证：《大金国志校证》，北京：中华书局，1986年。

臧懋循选编，王学奇主编：《元曲选校注》，石家庄：河北教育出版社，1991年。

赵珙撰：《蒙鞑备录》，王国维遗书本，上海：上海古籍书店，1983年。

赵万年：《襄阳守城录》，《笔记小说大观》本。

赵永春辑注：《奉使辽金行程录》（增订本），北京：商务印书馆，2017年。

曾公亮等撰，陈建中、黄明珍点校：《武经总要》，北京：商务印书馆，2017年。

周景柱纂修：乾隆《蒲州府志》，《新修方志丛刊》影印本。

朱翌：《猗觉寮杂记》，《丛书集成初编》本。

（波斯）拉施特主编，余大钧、周建奇译：《史集》三卷，北京：商务印书馆，1986年。

西蒙·圣宽庭原著，让·里夏尔法译、注释，张晓慧译：《鞑靼史》，朱玉麒主编：《西域文史》第十一辑。

（伊朗）志费尼著，何高济译、翁独健校订：《世界征服者史》，南京：江苏教育出版社，2005年。

Hok-Lam Chan: *The Fall of the Jurchen Chin: Wang E's Memoir of Ts'ai-chou under the Mongol Siege（1233-1234）*, Franz Steiner Verlag, Stuttgart, 1993.

Maulana, Minhaj-ud-Din, Abu-Umar-i-Usman（Author）, Major H.G. Raverty（Tr.）: *Tabakat-i-Nasiri: A General History of the Muhammadan Dynasties of Asia, Including Hindustan; from A.H. 194（810 A.D.）to A.H. 658（1260 A.D.）and the Irruption of the Infidel Mughals into Islam*, Vol.2, London: Gilbert & Rivington, 1881.

研究论著

陈高华：《元史研究论稿》，北京：中华书局，1991年。

陈学霖：《金宋史论丛》，香港：香港中文大学出版社，2003年。

蔡美彪：《乣与乣军之演变》，《元史论丛》第2辑，北京：中华书局，1983年。

党宝海：《外交使节所述早期蒙金战争》，《清华元史》第3辑，北京：商务印书馆，2015年。

到何之（梁太济）：《关于金末元初的汉人地主武装问题》，《内蒙古大学学报》1978年第1期。

狄宝心：《元好问年谱新编》，北京：中国文联出版社，2000年。

都兴智：《论金宣宗"九公封建"》，《北方文物》2009年第1期。

盖山林：《阴山汪古》，呼和浩特：内蒙古人民出版社，1991年。

冯永谦：《金长城的构造形式、特点与定名》，《东北史地》2009年第5期。

符海朝：《元代汉人世侯群体研究》，保定：河北大学出版社，2007年。

韩儒林：《穹庐集》，石家庄：河北教育出版社，2000年。

韩志远：《略论金抚州地区在蒙金战争期间的战略地位及元武宗在抚州建元中都的军事原因》，《文物春秋》1998年第3期。

何平立：《蒙金战争略论》，《军事历史研究》1994年第2期。

黑龙江省文物考古工作队编：《黑龙江古代官印集》，哈尔滨：黑龙江人民出版社，1981年。

洪丽珠：《危机即转机——金蒙之际华北新家族史的建构》，《元史及民族与边疆研究集刊》2018年第1期。

胡保峰：《略论金都南迁后金朝形势与宋金关系》，《漯河职业技术学院学报》（综合版）2003年第4期。

胡鸿：《能夏则大与渐慕华风：政治体视角下的华夏与华夏化》，北京：北京师范大学出版社，2017年。

胡小鹏：《窝阔台汗己丑年汉军万户萧札剌考辨——兼论金元之际的汉地七万户》，《西北师范大学学报》（社会科学版）2001年第6期。

胡昭曦主编：《宋蒙（元）关系史》，成都：四川大学出版社，1992年。

黄宽重：《南宋军政与文献探索》，台北：新文丰出版公司，1990年。

黄时鉴：《木华黎国王麾下诸军考》，《元史论丛》第1辑，北京：中华书局，1980年。

黄时鉴：《元好问与蒙古国关系考辨》，《历史研究》1981年第1期。

霍明琨、胡晔：《试析金宣宗迁都开封》，《北方文物》2009年第4期。

贾洲杰：《金代长城初议》，《内蒙古大学学报》（哲学社会科学版）1979年第Z2期。

降大任：《元遗山论》，太原：三晋出版社，2017年。

金宝丽：《蒙古灭金史事研究》，中央民族大学历史文化学院2011年博士学位论文。

孔庆赞：《北宋东京四城制及其对金中都的影响》，《历史研究》1991年第6期。

李浩楠：《论金代的忠孝军》，《北方文物》2008年第2期。

李鸿宾：《金界壕与长城》，《中国边疆史地研究》2008年第3期。

李晓斌：《成吉思汗首次伐金时间考》，《内蒙古社会科学》1999年第2期。

李锡厚：《金朝的"郎君"与"近侍"》，《社会科学辑刊》1995年第5期。

李锡厚、白滨：《中国政治制度通史》（第七卷·辽金西夏），北京：人民出版社，1996 年。

李锡厚、白滨：《辽金西夏史》，上海：上海人民出版社，2016 年。

李中琳、符奎：《1232 年金末汴京大疫探析》，《医学与哲学》（人文社会医学版）第 29 卷第 6 期（2008 年）。

刘晓：《成吉思汗公主皇后杂考》，《民族史研究》第 5 辑（2004 年）。

刘晓：《宋元时代的通事与通事军》，《民族研究》2008 年第 3 期。

刘春迎：《金代汴京（开封）城布局初探》，《史学月刊》2006 年第 10 期。

刘海年：《战国齐国法律史料的重要发现——读银雀山汉简〈守法守令等十三篇〉》，《法学研究》1987 年第 2 期。

刘浦江：《松漠之间：辽金契丹女真史研究》，北京：中华书局，2008 年。

陆峻岭、何高济：《从窝阔台到蒙哥的蒙古宫廷斗争》，《元史论丛》第 1 辑，北京：中华书局，1980 年。

彭占杰：《金代长城初论——兼论〈金界壕考〉》，《辽金史论集》第 6 辑。

邱靖嘉：《〈金史〉纂修考》，北京：中华书局，2017 年。

三军大学编著：《中国历代战争史》第 13 册，北京：中信出版社，2012 年。

单远慕：《金代的开封》，《史学月刊》1981 年第 6 期。

史卫民：《中国军事通史》第 14 卷《元代军事史》，北京：

军事科学出版社，1998年。

史卫民、晓克、王湘云：《〈元朝秘史〉"九十五千户"考》，《元史及北方民族史研究集刊》第9期，1985年。

史卫民：《蒙古汗国时期蒙古左、右翼军千户沿袭归属考》，《西北民族研究》1986年第1期。

史卫民：《元代军队的兵员体制与编制系统》，《蒙古史研究》第3辑，呼和浩特：内蒙古大学出版社，1989年。

石坚军：《"斡腹"考述》，《内蒙古大学学报》（哲学社会科学版）2008年第5期。

石坚军：《1227—1231年蒙金关河争夺战初探》，《内蒙古社会科学》（汉文版）2010年第1期。

石坚军：《蒙金三峰山之战新探》，《兰州学刊》2010年第10期。

陶晋生：《女真史论》，台北：食货出版社，1981年。

陶晋生：《宋代外交史》，台北：联经出版事业股份有限公司，2020年。

唐长孺、李涵：《金元之际汉地七万户考》，《文史》第11辑，北京：中华书局，1981年。

谭其骧主编：《中国历史地图集》，北京：中华地图学社，1975年。

王昊：《汴京与燕京：南宋使金文人笔下的"双城记"》，《中国高校社会科学》2016年第2期。

王庆生编著：《金代文学编年史》（上下），北京：中华书局，2013年。

王星光、郑言午：《也论金末汴京大疫的诱因与性质》，《历史研究》2019年第1期。

王曾瑜：《金代的开封城》，《史学月刊》1998年第1期。

王曾瑜：《金朝军制》，保定：河北大学出版社，1996年。

王曾瑜：《宋朝军制初探》（增订本），北京：中华书局，2011年。

王兆春：《中国古代军事工程技术史》，太原：山西教育出版社，2007年。

吴松弟：《中国人口史》第3卷《辽宋金元时期》，上海：复旦大学出版社，2000年。

萧启庆：《内北国而外中国：蒙元史研究》（上下册），北京：中华书局，2007年。

徐苹芳：《中国城市考古学论集》，上海：上海古籍出版社，2015年。

姚从吾：《姚从吾先生全集（三）：辽金元史讲义——乙·金朝史》，台北：正中书局，1977年。

姚家积：《元代的"驱军"和军驱》，《中国史研究》1985年第1期。

亦邻真：《成吉思汗与蒙古民族共同体的形成》，《内蒙古大学学报》1962年第1期。

余大钧：《〈元史·太祖纪〉所记蒙金战事笺证稿》，《辽史金史元史研究》，北京：中国大百科全书出版社，2009年。

曾震宇：《论南宋史籍有关金卫绍王"遇害"诸记载》，《宋史研究论文集》第11辑，成都：巴蜀书社，2006年。

张秉仁：《略论蒙古南宋联合攻金之战》，《新史学通讯》

1955 年第 5 期。

张良：《大河南徙与拒河北流——金代治河决策所涉诸问题考述》，《汉学研究》第 37 卷第 2 期。

张帆：《论金元皇权与贵族政治》，《学人》第 14 辑，1998 年。

赵琦：《金元之际的儒士与汉文化》，北京：人民出版社，2004 年。

赵永春：《金宋关系史》，北京：人民出版社，2005 年。

《中国军事史》编写组：《中国历代军事工程》，北京：解放军出版社，2005 年。

周峰：《金代近侍初探》，《内蒙古社会科学》1998 年第 2 期。

周思成：《元初汉人世侯张柔与金元之际北方的军事筑城》，《元史及民族与边疆研究集刊》，2018 年第 2 期。

朱玲玲：《蒙金三峰山之战及其进军路线》，《军事历史研究》1987 年第 4 期。

（日）三上次男著，金启孮译：《金代女真研究》，哈尔滨：黑龙江人民出版社，1984 年。

（日）外山军治著，李东源译：《金朝史研究》，牡丹江：黑龙江朝鲜民族出版社，1988 年。

（日）大葉昇一：《モンゴル帝國＝元朝の軍隊組織－とくに指揮系統と編成方式について》，《史学雜誌》95 编 7 號，1986 年。

（英）李约瑟、（加）叶山著，钟少异等译：《中国科学技术史》第五卷第六分册《军事技术：抛射武器和攻守城技术》，北京：科学出版社，2002 年。

（美）丹尼斯·塞诺著，北京大学历史系民族史教研室译：《丹尼斯·塞诺内亚研究文选》，北京：中华书局，2006 年。

（美）弗兰克·A. 基尔曼、费正清著，门洪华等译：《中国的战争行为》，北京：人民出版社，2016年。

（美）欧阳泰著，张孝铎译：《从丹药到枪炮：世界史上的中国军事格局》，北京：中信出版社，2019年。

（法）若米尼著，刘聪、袁坚译：《战争艺术概论》，北京：解放军出版社，1986年。

Duncan B. Campbell, *Besieged*: *Siege Warfare in the Ancient World*, New York: Osprey Publishing, 2006.

Geoffrey Hindley, *Medieval Sieges & Siegecraft*, New York: Skyhorse Publishing, 2009.

H. Desmond Martin, *The Mongol Army*, *Journal of the Royal Asiatic Society of Great Britain and Ireland*, Apr, 1943（No.1）.

Hsiao Ch'i-ch'ing, *The Military Establishment of the Yuan Dynasty*, Cambridge: Harvard University Press, 1978.

Joseph Needham, Robin D. S. Yates, *Science and Civilisation in China*, *Volume 5*, *Chemistry and Chemical Technology Part 6*, *Military Technology Missiles and Sieges*, New York: Cambridge University Press, 1994.

Liddell Hart, *Grosse Heerführer*, Düsseldorf-Wien: Econ Verlag, 1968.

Rolf Fuhrmann, *Die Langen Kerls-Die Preussische Riesengarde 1675/1713—1806*, Berlin: Zeughaus Verlag, 2007.

Timothy May, *The Mongol Art of War*, Yardley, PA: Westholme Publishing, 2007.

这本书是一部从围城战（siege warfare）角度展开叙事的金朝亡国史。

公元1211年到1234年间，在北方中国发生的一系列历史事件，是新兴的蒙古政权甫一踏出草原即发动的最大规模征服战争，是大金王朝顽强抵抗外敌侵袭，"图存于亡，力尽乃毙"的悲壮历史，也是生活在金朝疆域内的数千万生灵，在惨烈战火中饱受蹂躏、颠沛流离的哀史。

这段历史之惊心动魄，丝毫不逊于南宋灭亡。遗憾的是，金史学者和蒙元史学者似乎都不怎么关注。

讲到这段历史的遭际，笔者不免想起金庸先生的《射雕英雄传》。为了履行嘉兴醉仙楼的比武之约，郭靖从大漠草原出发，由张家口进入中都，再经山东，南下江浙。他穿过的正是本书讲述的那个由蒙、金、宋三国构成的"天下"。

"蒙古灭金"虽是这部小说的时代背景，有时甚至推动情节的发展，但是，除了完颜洪烈父子，金朝的君臣百姓和他们的遭遇，在整部小说中实际处于"缺位"的状态。主人公忧心南宋的命运，快意于仇家王朝的覆灭。末了，郭靖超脱一己的家国情仇，看清了蒙古征服造成中原生灵涂炭，"城破户残，尸骨满路"。然而，这一切给他带来的触动，终归远远比不上他替成吉思汗攻克中亚撒马尔罕后，目睹"成千成万座房屋兀自焚烧，遍地都是尸骸，雪满平野，尽染赤血"所受到的震撼和被迫进行的反思。

以南宋视角的原民族主义（proto-nationalism）为基调，残忍暴虐的"金狗"形象，从开篇说书人口中的《叶三姐节烈记》开始，贯穿小说始终。金朝疆域内无数的普通个体，在蒙古人掀起的历史巨浪中浮沉、受难或毁灭的体验，却被推到了幕后。

笔者期待，通过这本小书，读者能看到一个很不一样的十三世纪初的"天下"。

笔者选择了围城史这样一个特殊视角来呈现这段历史。这样做，一方面固然因为，经过野狐岭、三峰山这两次大规模野战，金军大兵团被歼，围绕大大小小的城池、堡垒、山寨进行的战斗，遂成为迄于金亡最主要的战争形态。金国的首都和几个陪都的惨烈沦陷，更是战争的决定性事件。另一方面，叙事围绕着静态和有限的空间点展开，自有便利之处，文献记载相对集中，线索也不会太散乱。

围城史的线索，将燕京、开封、蔡州这三颗最大的珠子，加上河中、归德等几颗小珠子串联到一起。于是，同一时期在辽东、河北、山东、山西、河南和陕西其他地区发生的战事及其全局影响，书中只能一笔带过，甚至只好忍痛割舍。不过，叙述围城的历史，不等于只讲城墙以内发生的事件。从书中可以看到，城墙以外的远方发生的事件，往往决定着围城的命运。

国内的学术类或普及类历史写作，一向极少涉足围城史。中国古代历史上，在明清以前，就有许多场惊心动魄的城池攻防战：悬瓠、玉璧、台城、太原、睢阳、开封、德安、襄阳……其中一些要塞还经历过不止一次的惨烈围攻。可惜，关于这些围城战争，留下来的记载相对稀少，对于大量的关键细节往往语焉不详。难怪有汉学家觉得，中西方对待这个历史题材的态度，从荷马史诗《伊利亚特》（传颂希腊联军围攻特洛伊的事迹）开始就分道扬镳了。十四世纪以前，围攻（siege）从来是地中海和近东世界最主要的军事冲突形态。进入火药时代后，基督教国家与奥斯曼帝国之间仍然打过好几次精彩的要塞攻防战役。

笔者一度痴迷于搜集和阅读西方出版的各类围城史书籍，并且一直觉得，金人刘祁回忆开封围城的《录大梁事》、王鹗回忆蔡州围城的《汝南遗事》，这两份历史文献，比起1453年奥斯曼帝国攻陷君士坦丁堡前，军医尼科洛·巴尔巴罗（Nicolo Barbaro）撰写的围城日记（*Giornale Dell'Assedio Di Costantinopoli 1453*）这类史料，生动性毫不逊色，史料价值更加珍贵。况且，几座金都的沦陷，其历史意义，实在也不亚于君士坦丁堡的陷落。因此，很早以前，笔者就动过念头，要写一本关于金末开封和蔡州围城的作品。

2013年，笔者在德国图宾根大学访学，凑巧在图书馆中翻到了陈学霖先生的英文著作《女真金朝的衰亡：王鹗对蒙古围攻蔡州的回忆》[*The Fall of the Jurchen Chin: Wang E's Memoir of Ts'ai-chou under the Mongol Siege (1233—1234)*]，不禁心下狂喜。《汝南遗事》是根据王鹗的围城日记整理成的，从天兴二年（1233年）六月一直记录到天兴三年（1234年）正月五日，也就是蔡州陷落、金朝灭亡的五天前，共四卷、一百零七条。清代纂修《四库全书》，从《永乐大典》中辑出此书，已非全帙。陈先生是辽金史专家，时任教于华盛顿大学，他撰写此书，还得到过傅海波、罗伊果、陶晋生等众多名家的襄助。颇为遗憾的是，这部著作只是按照汉学家的治学传统，从历史编纂学和文献学角度为《汝南遗事》作了提要、英译和校注，无法替代笔者长年翘首以盼的"围城史"。关于刘祁的《录大梁事》，则有德国汉学家海尼希（Erich Haenisch）等人编的《两大帝国的毁灭：1232年与1368—1370年亲历记》（*Zum Untergang zweier Reiche: Berichte von Augenzeugen aus den Jahren 1232—33 und 1368—70*）。可惜此书太难觅得，笔者一直无缘寓目。

《隳三都》这本书，笔者的写作体验和写《大汗之怒：元朝征伐日本小史》很不一样。最大的差异源于客观的研究基础：写忽必烈东征日本，史料不多，但有大量的先行研究可以依傍。光是日本学者关于"蒙古袭来"的论著，就堪以汗牛充栋来形容。相反，写蒙古灭金，史料相对丰富，前人的研究成果却很少。少数相关主题（三峰山战役、开封城历史）虽有一些优秀的学术成果，毕竟缺乏如李天鸣先生的《宋元战史》这样一部严谨详尽的全史可以仰仗，许多领域的研究尚属空白。笔者在写作过程中，遇到许多具体问题，不免做一些细微考证、研究，搜集和分析前人未曾注意的材料，或对某些前人熟知的材料做另一种解读，等等。笔者下的功夫有限，仅堪服务于全书的内容和主旨。期待不久的将来，研究金元历史的时贤，能出版一部立意宏大、考证谨严的《蒙金战史》，嘉惠学林，功莫大焉。

限于体例，本书写作所参考的全部学术论著，未能在正文中一一注出，只能列入"参考文献"之中，在此谨向这些研究成果的作者表示由衷的谢意。北京大学历史学系张帆教授、党宝海副教授，汉唐阳光总经理尚红科先生，于百忙之中垂阅全稿，提出了宝贵的修改意见，友人张鸿昌设计师为本书绘制了"南宋—西夏—金"总图，在此一并谨致谢忱！当然，书中如仍有疏漏和错误，实因笔者学识谫陋所致，恳请读者批评指正！

2020年7月10日
于北京家中